CSR-Erfolgssteuerung

Rosemarie Stibbe

CSR-Erfolgssteuerung

Den Reformprozess verstehen, Reporting und Risikomanagement effizient gestalten

Rosemarie Stibbe
Hochschule Bonn-Rhein-Sieg – University of Applied Sciences
Sankt Augustin, Deutschland

ISBN 978-3-658-21328-2   ISBN 978-3-658-21329-9 (eBook)
https://doi.org/10.1007/978-3-658-21329-9

Die Deutsche Nationalbibliothek verzeichnet diese Publikation in der Deutschen Nationalbibliografie; detaillierte bibliografische Daten sind im Internet über http://dnb.d-nb.de abrufbar.

Springer Gabler
© Springer Fachmedien Wiesbaden GmbH, ein Teil von Springer Nature 2019
Das Werk einschließlich aller seiner Teile ist urheberrechtlich geschützt. Jede Verwertung, die nicht ausdrücklich vom Urheberrechtsgesetz zugelassen ist, bedarf der vorherigen Zustimmung des Verlags. Das gilt insbesondere für Vervielfältigungen, Bearbeitungen, Übersetzungen, Mikroverfilmungen und die Einspeicherung und Verarbeitung in elektronischen Systemen.
Die Wiedergabe von allgemein beschreibenden Bezeichnungen, Marken, Unternehmensnamen etc. in diesem Werk bedeutet nicht, dass diese frei durch jedermann benutzt werden dürfen. Die Berechtigung zur Benutzung unterliegt, auch ohne gesonderten Hinweis hierzu, den Regeln des Markenrechts. Die Rechte des jeweiligen Zeicheninhabers sind zu beachten.
Der Verlag, die Autoren und die Herausgeber gehen davon aus, dass die Angaben und Informationen in diesem Werk zum Zeitpunkt der Veröffentlichung vollständig und korrekt sind. Weder der Verlag, noch die Autoren oder die Herausgeber übernehmen, ausdrücklich oder implizit, Gewähr für den Inhalt des Werkes, etwaige Fehler oder Äußerungen. Der Verlag bleibt im Hinblick auf geografische Zuordnungen und Gebietsbezeichnungen in veröffentlichten Karten und Institutionsadressen neutral.

Springer Gabler ist ein Imprint der eingetragenen Gesellschaft Springer Fachmedien Wiesbaden GmbH und ist ein Teil von Springer Nature.
Die Anschrift der Gesellschaft ist: Abraham-Lincoln-Str. 46, 65189 Wiesbaden, Germany

Vorwort

Ein Blick in die globalen, supranationalen und nationalen CSR-Strategien und CSR-Aktionspläne zeigt, dass sich die CSR-Definition, die CSR-Reichweite sowie die CSR-Inhalte vor dem Hintergrund des politischen CSR-Transformationsprozesses „gewandelt" haben. Das CSR-Verständnis in Europa und in Deutschland basierte jahrzehntelang auf dem Prinzip der Freiwilligkeit bzw. der freiwilligen Übernahme gesellschaftlicher Verantwortung. Seit 2009/10 hat sich das internationale, supranationale und nationale CSR-Verständnis allerdings verändert. CSR ist heute ein Mix aus Freiwilligkeit und gesetzlicher Verbindlichkeit. Unternehmen werden auf der Grundlage verbindlicher Vorgaben zur Implementierung von Risikomanagementprozessen in den Wertschöpfungs- und Lieferantenketten aufgefordert und müssen seit 2017 zu einem großen Teil ihrer gesetzlichen CSR-Berichterstattungspflicht nachkommen.

Zahlreiche große Unternehmen und KMU haben im vorstehenden Zusammenhang inzwischen erkannt, dass sich eine CSR-Implementierung rentiert, indem Türen für Absatzmärkte geöffnet und Risiken-und Reputationsschäden vermieden werden. Aktuelle empirische Studien zeigen allerdings, dass CSR als dualer Erfolgsfaktor in den Modulen „Gesellschaft" und „Wettbewerbsvorteil" nur dann erfolgreich sein kann, wenn CSR strukturell im Unternehmen und in den Geschäftsprozessen verankert und die Fortschritte und Ergebnisse messbar sind. Eine adäquate CSR-Erfolgssteuerung bildet heute die Basis erfolgreicher Unternehmen.

Das vorliegende Buch richtet sich an Studierende, die durch ihr Studium befähigt werden sollen, als Vordenkende, Umsetzende sowie Kommunikatorinnen und Kommunikatoren eine CSR-Erfolgssteuerung unter Berücksichtigung der betriebswirtschaftlichen Besonderheiten von CSR zu implementieren und eine CSR-Berichterstattung adäquat in Abhängigkeit von der Unternehmensgröße und unternehmensindividuellen Relevanz von CSR umzusetzen. Neben Studierenden verschiedener Fachrichtungen bilden auch Praktikerinnen und Praktiker die Zielgruppe dieses Buches. Das Buch soll die aktuelle CSR-Relevanz für große aber auch mittlere und kleine Unternehmen (KMU) transparent machen und Umsetzungsblockaden und – hemmnisse abbauen. Die Analyse wird daher mit Hinweisen zu Beratungs- und Unterstützungsangeboten, Praxisleitfäden, Orientierungshilfen und zahlreichen Good-Practice-Beispielen großer Unternehmen und KMU abgerundet.

An dieser Stelle danke ich Frau Anna Pietras vom Springer-Verlag, ohne deren Aufmunterung zur Veröffentlichung und zahlreichen Unterstützungen im Zuge der Erstellung des Manuskriptes das Buch nicht zustande gekommen wäre.

Sankt Augustin, im
April 2019

Rosemarie Stibbe

Inhaltsverzeichnis

1 **CSR-Reformprozess – CSR-Verbindlichkeiten und CSR-Erfolgssteuerung im Fokus der Unternehmensführung** 1
   1.1 Problemstellung 1
   1.2 Zielsetzung und Aufbau der Analyse 2

2 **CSR-Erfolgssteuerung – politische Perspektive** 5
   2.1 CSR-Paradigmenwechsel – CSR-Begriff und CSR-Inhalte im Wandel 6
      2.1.1 CSR – ein politischer Transformationsprozess 8
      2.1.2 CSR – von der Freiwilligkeit bis zur gesetzlichen Verbindlichkeit 14
   2.2 CSR-Risikomanagement und CSR-Berichterstattung im Fokus der CSR-Erfolgssteuerung 23
      2.2.1 Umsetzung der VN-Leitprinzipien für Wirtschaft und Menschenrechte 25
      2.2.2 Umsetzung der OECD-Leitsätze für multinationale Unternehmen 29
      2.2.3 Umsetzung der CSR-Berichterstattung 31
   2.3 Zwischenfazit: CSR-Verbindlichkeiten treffen große Unternehmen und KMU 37
   Literatur 40

3 **CSR-Erfolgssteuerung – Unternehmensperspektive** 43
   3.1 CSR-Paradigmenwechsel – CSR- versus Nachhaltigkeitsmanagement 44
   3.2 Wettbewerbsvorteile und Mehrwert von CSR 46
   3.3 Steuerung und Fortschrittsmessung des CSR-Erfolges – Notwendigkeit und Möglichkeiten 48
      3.3.1 CSR-Erfolgsfaktoren und CSR-Erfolgspotenziale 48
      3.3.2 CSR-Intangibles – Umfeldradar und Früherkennung 52

		3.3.3	Traditionelle Kennzahlen und CSR-Indikatoren............	56

        3.3.3   Traditionelle Kennzahlen und CSR-Indikatoren............   56
        3.3.4   Kennzahlenkataloge – Stakeholder und Risikomanagement....   58
        3.3.5   Praxisleitfäden – Orientierungshilfen und individuelle
                Beratungsangebote................................   64
   3.4   Zwischenfazit – CSR-Implementierung und CSR-Risikomanagement
        im Fokus erfolgreicher Unternehmen.........................   71
   Literatur...   72

4   CSR-Risikomanagement – Best-Practice-Rahmenwerke und Good-Practice-Beispiele..   77
   4.1   Risiko- und Chancenmanagement im Fokus der
        CSR-Erfolgssteuerung...................................   78
   4.2   CSR-Risikomanagement versus formales Risikomanagement........   78
        4.2.1   CSR-Risikomanagement gemäß internationaler
                CSR-Verhaltenskodizes............................   79
        4.2.2   Formales Risikomanagement gemäß CSR-RUG –
                Transparenz und Lernprozess für CSR-Einsteiger...........   81
   4.3   CSR-Risikomanagement auf der Basis anerkannter
        Berichterstattungsrahmenwerke – Umsetzungsschritte und Good-
        Practice-Beispiele......................................   89
        4.3.1   Nachhaltigkeitsberichterstattung gemäß Global Reporting
                Initiative (GRI)...................................   91
        4.3.2   Nachhaltigkeitsberichterstattung gemäß Deutscher
                Nachhaltigkeitskodex (DNK)........................   118
   4.4   Fazit – CSR-Leistungsindikatoren sichern Wettbewerbsvorteile
        großer Unternehmen und KMU...........................   135
   Literatur...   137

5   Schlussbetrachtung aus Ausblick – CSR-Risikomanagement erreicht große Unternehmen und KMU................................   143

Abbildungsverzeichnis

Abb. 1.1	CSR-Erfolgssteuerung – Aufbau der Analyse. (Quelle: eigene Darstellung)	3
Abb. 2.1	CSR-Paradigmenwechsel im historischen Rückblick. (Quelle: eigene Darstellung)	7
Abb. 2.2	CSR-Transformationsprozess – von der globalen Ebene bis auf die Ebene der Unternehmen. (Quelle: eigene Darstellung)	8
Abb. 2.3	CSR – soziale versus gesellschaftliche Verantwortung von Unternehmen. (Quelle: eigene Darstellung)	9
Abb. 2.4	CSR-Reformprozess – von der Freiwilligkeit zur gesetzlichen Verbindlichkeit. (Quelle: eigene Darstellung)	16
Abb. 2.5	CSR-Gütekriterien. (Quelle: eigene Darstellung)	17
Abb. 2.6	Das aktuelle nationale CSR-Verständnis der Bundesregierung. (Quelle: eigene Darstellung)	20
Abb. 2.7	Ableitung verbindlicher CSR-Maßnahmen (Stand: Januar 2018). (Quelle: eigene Darstellung)	21
Abb. 2.8	Sichtweisen der CSR-Erfolgssteuerung. (Quelle: eigene Darstellung)	22
Abb. 2.9	Verbindliche CSR-Verpflichtungen. (Quelle: eigene Darstellung)	24
Abb. 2.10	Risikomanagement in Wertschöpfungs- und Lieferantenketten. (Quelle: eigene Darstellung)	25
Abb. 2.11	Verbindliche NAP-Elemente. (Quelle: eigene Darstellung)	26
Abb. 2.12	CSR-Erfolgssteuerung – Risikomanagement, Fortschrittsüberwachung und Berichterstattung im Fokus der OECD-Leitsätze. (Quelle: eigene Darstellung)	30
Abb. 2.13	Sichtweisen der CSR-Berichterstattung. (Quelle: eigene Darstellung)	32
Abb. 2.14	CSR-Transformationsprozess. (Quelle: eigene Darstellung)	34
Abb. 2.15	Globale Sorgfaltspflicht – Relevanz für große Unternehmen und KMU. (Quelle: eigene Darstellung)	38
Abb. 3.1	CSR-Erfolgssteuerung auf Unternehmensebene. (Quelle: eigene Darstellung)	45
Abb. 3.2	Traditionelle CSR-Sichtweise versus aktuelle CSR-Sichtweise. (Quelle: eigene Darstellung)	46

Abb. 3.3	Wettbewerbsrelevanz von CSR. (Quelle: eigene Darstellung)	47
Abb. 3.4	Module der CSR-Erfolgssteuerung. (Quelle: eigene Darstellung)	48
Abb. 3.5	CSR-Gütekriterien als duale CSR-Erfolgsfaktoren erfolgreicher Unternehmen. (Quelle: eigene Darstellung)	49
Abb. 3.6	Intangiblemanagement ist Stakeholdermanagement. (Quelle: eigene Darstellung/in Anlehnung an Stoi 2003, S. 176/erweiterte Darstellung)	53
Abb. 3.7	Balanced Scorecard – „Story-of-Strategy" (Auszug)/Ursache-Wirkungsbeziehungen einer CSR-Implementierung. (Quelle: eigene Darstellung)	56
Abb. 3.8	Ausschnitt einer stakeholder-basierten Zurechnung der CSR-Aufwendungen und Kennzahlenbildung. (Quelle: eigene Darstellung/in Anlehnung an BMAS 2012, S. 21 ff.)	58
Abb. 3.9	CSR-Berichterstattungspflicht – Best-Practice-Rahmenwerke. (Quelle: eigene Darstellung)	59
Abb. 3.10	Themenspezifische GRI-SRS im Überblick. (Quelle: eigene Darstellung; Daten entnommen GRI-SRS 101 2016 bis GRI-SRS 419 2016)	60
Abb. 3.11	GRI-SRS Leistungsindikatoren des DNK [Ausschnitt]. (Quelle: eigene Darstellung; Daten entnommen aus RNE 2017, 2019)	63
Abb. 3.12	EMAS-Kernindikatoren. (Quelle: eigene Darstellung; Daten entnommen aus UGA 2010)	64
Abb. 3.13	Mit den GRI-SRS auf dem Weg zur CSR-Erfolgssteuerung. (Quelle: eigene Darstellung; in Anlehnung an GRI SRS 101 2016, S. 3)	70
Abb. 4.1	CSR-Erfolgssteuerung – CSR-Risikomanagement versus formales Risikomanagement. (Quelle: eigene Darstellung)	79
Abb. 4.2	CSR-Risikomanagement versus formales Risikomanagement. (Quelle: eigene Darstellung)	80
Abb. 4.3	Risikomanagementprozess – Kernelemente der ISO 31000:2018. (Quelle: in enger Anlehnung an DIN 2018, S. 16)	82
Abb. 4.4	Risikomanagement gemäß CSR-RUG – Schwachstellen aus der Perspektive der CSR-Erfolgssteuerung. (Quelle: eigene Darstellung)	85
Abb. 4.5	Zusammenwirken von Risiko- und Nachhaltigkeitsmanagement am Beispiel der BMW-Group. (Quelle: eigene Darstellung; Daten entnommen aus BMW-Group 2017a, S. 97 ff.)	85
Abb. 4.6	Risiko- und Chancenmanagement – Good-Practice-Beispiele. (Quelle: eigene Darstellung)	86
Abb. 4.7	Risikobewertung am Beispiel der BMW-Group. (Quelle: in enger Anlehnung an BMW-Group 2017a, S. 98)	87
Abb. 4.8	Risiken und Chancen der BMW-Group [Ausschnitt]. (Quelle: in enger Anlehnung an BMW-Group 2017a, S. 99)	87
Abb. 4.9	Formales Risikomanagement – Schwachstellen aus der Perspektive der CSR-Erfolgssteuerung. (Quelle: eigene Darstellung)	88
Abb. 4.10	Wesentlichkeitsverständnis – CSR-RUG versus NAP. (Quelle: eigene Darstellung)	90

Abb. 4.11	Nach GRI-Leitlinien berichtende Unternehmen (2006–2016). (Quelle: Daten entnommen aus GRI-Database o.J.)	92
Abb. 4.12	Zusammenwirken der GRI-SRS. (Quelle: eigene Darstellung)	93
Abb. 4.13	CSR-Erfolgssteuerung gemäß GRI-SRS – CSR-Risikomanagement im Fokus! (Quelle: eigene Darstellung)	94
Abb. 4.14	CSR-Transformationsprozess auf der Basis der CSR-Berichterstattung. (Quelle: eigene Darstellung)	95
Abb. 4.15	Visuelle Darstellung der Priorisierung von Themen. (Quelle: in Anlehnung an GRI-SRS 101 2016, S. 11)	96
Abb. 4.16	Wertschöpfungskette der BMW-Group. (Quelle: BMW 2017b, S. 10)	104
Abb. 4.17	Zusammenwirken von traditionellem Risikomanagement und CSR-Risikomanagement. (Quelle: eigene Darstellung)	107
Abb. 4.18	Identifizieren und Priorisieren der wesentlichen Themen. (Quelle: eigene Darstellung)	111
Abb. 4.19	Wesentliche Handlungsfelder des Volkswagen Konzerns nach CSR-RUG und GRI Standards. (Quelle: in enger Anlehnung an: Volkswagen AG 2017, S. 29)	113
Abb. 4.20	GRI-SRS 103 (Managementansatz) – Risiko- und Chancenmanagement im Fokus! (Quelle: eigene Darstellung)	114
Abb. 4.21	GRI-SRS 412 (Menschenrechte) – Umsetzung der VN-Leitprinzipien für Wirtschaft und Menschenrechte/NAP	115
Abb. 4.22	DNK-Kriterien – Berücksichtigung der CSR-RUG- und NAP-Vorgaben (Quelle: eigene Darstellung; Daten entnommen RNE o.J.-b)	119
Abb. 4.23	Nachhaltigkeitskonzept gemäß DNK (Kriterien 01 bis 10). (Quelle: eigene Darstellung; Daten entnommen RNE 2017, S. 34 ff.)	124
Abb. 4.24	Nachhaltigkeitsaspekte gemäß DNK (Kriterien 11 bis 20). (Quelle: eigene Darstellung: Daten entnommen RNE 2017, S. 44 ff.)	131
Abb. 4.25	Risiko- und Chancenmanagement gemäß DNK. (Quelle: eigene Darstellung)	131
Abb. 4.26	DNK-Kriterium 17 (Menschenrechte) – Umsetzung der VN-Leitprinzipien für Wirtschaft und Menschenrechte/NAP	132
Abb. 4.27	CSR-Risikomanagement und Stakeholdermanagement am Beispiel der FD-Textil GmbH. (Quelle: eigene Darstellung; Daten entnommen: RNE o.J.-c)	133
Abb. 4.28	CSR-Erfolgssteuerung auf der Basis relevanter GRI-Erfolgsindikatoren am Beispiel der FD-Textil GmbH. (Quelle: eigene Darstellung; Daten entnommen: RNE o.J.-c)	135

Tabellenverzeichnis

Tab. 3.1	GRI-Leistungs-Indikatoren „Ökologie/Umweltbelange"	61
Tab. 4.1	GRI-SRS 101.1 – Prinzipien der Berichterstattung (vgl. Quelle: GRI-SRS 101 2016, S. 7 bis 16)	98
Tab. 4.2	Kriterien „In Übereinstimmung mit den GRI-Standards" (Quelle: GRI-SRS 101 2016, S. 23 – gekürzte Darstellung)	100
Tab. 4.3	Gründe für die Auslassung gemäß GRI-SRS (Quelle: GRI-SRS 101 2016, S. 24)	102
Tab. 4.4	GRI-SRS 102 (Allgemeine Angaben) – globale Sorgfaltspflicht im Fokus der Berichterstattung (Quelle: GRI-SRS-102 2016, S. 11 ff.)	103
Tab. 4.5	GRI-SRS 102 – Strategie und CSR-Risikomanagement im Fokus der Berichterstattung (vgl. GRI-SRS-102 2016, S. 12 ff.)	105
Tab. 4.6	GRI-SRS 102 – Stakeholdermanagement und systematischer Wesentlichkeitsprozess (vgl. GRI-SRS-102 2016, S. 19 ff.)	109
Tab. 4.7	Stakeholdergruppen und Dialogformen am Beispiel der BMW-Group (vgl. BMW Group 2017b, S. 25)	112
Tab. 4.8	GRI-Leistungs-Indikatoren „Umweltbelange"	117
Tab. 4.9	GRI-Leistungs-Indikatoren „Lieferantenmanagement"	118
Tab. 4.10	Strategie (01 bis 04) – DNK (RNE 2017, S. 34 ff.)	121
Tab. 4.11	Prozessmanagement (05 bis 10) – DNK (RNE 2017, S. 37 ff.)	123
Tab. 4.12	DNK-Leistungsindikatoren „Prozessmanagement" (RNE 2017, S. 38 ff.)	125
Tab. 4.13	DNK-Nachhaltigkeitsaspekt „Umweltbelange" – DNK (RNE 2017, S. 45 ff.)	127
Tab. 4.14	DNK-Leistungsindikatoren „Umweltbelange" (vgl. RNE 2017, S. 46 ff.)	129
Tab. 4.15	DNK-Nachhaltigkeitsaspekte „Menschenrechte" (RNE 2017, S. 56 f.)	130
Tab. 4.16	DNK-Leistungsindikatoren „Menschenrechte" (RNE 2017, S. 57 f.)	130

Abkürzungsverzeichnis

Abb.	Abbildung
AG	Aktiengesellschaft
BMAS	Bundesministerium für Arbeit und Soziales
BMDW	Bundesministerium für Digitalisierung und Wirtschaftsstandards
BMEL	Bundesministerium für Ernährung und Landwirtschaft
BMJV	Bundesministerium für Justiz und Verbraucherschutz
BMU	Umweltbundesamt
BMU	Bundesministerium für Umwelt, Naturschutz und Reaktorsicherheit
BMW	Bayerische Motorenwerke
BMWi	Bundesministerium für Wirtschaft und Energie
BMZ	Bundesministerium für wirtschaftliche Zusammenarbeit und Entwicklung
BPA	Bundespresseamt
bzw.	beziehungsweise
bzgl.	bezüglich
CERES	Coalition for Environmentally Responsible Economies
COP	Communication on Progress
Co. KG	Compagnie Kommanditgesellschaft
Co. KGaA	Compagnie Kommanditgesellschaft auf Aktien
CH_4	Methan
c. p.	ceteris paribus
CR	Corporate Responsibility
CSR	Corporate Social Responsibility
CSR-RUG	CSR-Richtlinienumsetzungsgesetz
DCGK	Deutscher Corporate Governance Kodex
DGCN	Geschäftsstelle Deutsches Global Compact Netzwerk
DGNV	Deutsche Gesellschaft für die Vereinten Nationen e. V.
DRS	Deutsche Rechnungslegungsstandards
EMAS	Eco-Management and Audit Scheme
EU	Europäische Kommission

e. V.	eingetragener Verein
FEA	Financial Experts Association e.V.
G7	Gruppe der Sieben (Deutschland, Frankreich, Italien, Japan, Kanada, Vereinigtes Königreich, Vereinigte Staaten)
G 250	Gruppe der 250 weltweit größten Unternehmen
GIZ	Gesellschaft für Internationale Zusammenarbeit
GmbH	Gesellschaft mit beschränkter Haftung
GRI	Global Reporting Initiative
GRI-SRS	GRI-Sustainability Reporting Standards
i.d.R.	in der Regel
IHK	Industrie- und Handelskammer
ILO	International Labour Organization
IMA	Interministerieller Ausschuss
i.S.e.	im Sinne eines/einer
ISO	International Organization for Standardization
i.V.m.	in Verbindung mit
KMU	kleine und mittlere Unternehmen
LA	Lenkungsausschuss
NAP	Nationaler Aktionsplan zur Umsetzung der VN-Leitprinzipien für Wirtschaft und Menschenrechte
NGO	Non-Governmental Organization
OECD	Organization for Economic Co-Operation and Development
Pkt.	Punkt
RDCGK	Regierungskommission Deutscher Governance Kodex
RoI	Return on Investment
RNE	Rat für Nachhaltige Entwicklung
SDG's	Sustainable Development Goals
s.o.	siehe oben
t	Tonne(n)
u.a.	unter anderem; und andere
UBA	Umweltbundesamt
UN	United Nations
VDI	Verein Deutscher Ingenieure
VN	Vereinte Nationen
WBCSD	World Business Council for Sustainable Development
WCP	Weltklimaprogramm Wasser
WRI	World Resource Institute

CSR-Reformprozess – CSR-Verbindlichkeiten und CSR-Erfolgssteuerung im Fokus der Unternehmensführung

1.1 Problemstellung

Im Jahr 1992 wurde in Rio de Janeiro die erste globale Nachhaltigkeitsstrategie der Vereinten Nationen (VN), die sogenannte Agenda 21, von mehr als 170 Staaten verabschiedet. Die Agenda 21 sollte der sich abzeichnenden fortschreitenden Schädigung der Ökosysteme entgegenwirken. Es besteht auf sämtlichen politischen Ebenen Einigkeit, dass Unternehmen als integraler Bestandteil des Gesamtsystems „Gesellschaft" maßgeblich zur nachhaltigen Entwicklung und somit zur Umsetzung oder aber Nicht-Umsetzung der globalen Nachhaltigkeitsstrategie der VN beitragen. Die Verantwortung für ökologische und soziale Auswirkungen ihrer Geschäftstätigkeit wird Unternehmen daher vollständig zugewiesen. Unternehmen müssen allerdings bereit sein, diese gesellschaftliche Verantwortung (englisch: Corporate Social Responsibility – CSR) zu übernehmen.

Ausgehend von der Erkenntnis, dass Unternehmen maßgeblich zur Realisierung der nachhaltigen Entwicklung beitragen, fördern die Europäische Kommission und die Bundesregierung die gesellschaftliche Verantwortung von Unternehmen bereits seit vielen Jahren. Das CSR-Verständnis in Europa und in Deutschland basierte zunächst auf dem Prinzip der Freiwilligkeit bzw. der freiwilligen Übernahme gesellschaftlicher Verantwortung von Unternehmen. Seit 2011 setzt sich allerdings auf sämtlichen politischen Ebenen die Erkenntnis durch, dass eine große Anzahl an Unternehmen ihrer gesellschaftlichen Verantwortung in vielen relevanten Belangen auf der Basis des Freiwilligkeitsprinzips nicht nachkommt. Aufgrund nicht-nachhaltiger Handlungs- und Produktionsweisen zahlreicher Unternehmen und den darauf basierenden negativen Entwicklungstrends (z. B. Klimawandel, Artensterben, Dürre, Hunger, Wassermangel, Menschenrechtsverletzungen) ist die Umsetzung der nachhaltigen Entwicklung aktuell nicht möglich. Die vorstehende Problematik wird in der neuen Nachhaltigkeitsstrategie der VN, der Agenda 2030, aufgegriffen. Mithilfe der ab 2016 für alle Nationen gültigen Agenda 2030 sollen zukünftig weltweit nachhaltige Produktionsmuster und Handlungsweisen etabliert werden. Vor dem Hintergrund der vorstehenden Entwicklung kommt mit einer an Relevanz gewinnenden Bedeutung die Forderung auf, dass Unternehmen nicht nur Verantwortung für ihr eigenes Handeln, sondern auch für ihre Zulieferketten übernehmen müssen. Die Europäische Kommission und die Bundesregierung distanzieren sich mit Blick auf die Umsetzung der Agenda 2030 in zahlreichen Bereichen von dem CSR-Freiheitsprinzip. Der politische Ruf nach mehr Transparenz unternehmerischer Verantwortung und stärkeren Kontroll- und Überwachungsmechanismen wird immer lauter. CSR-Verbindlichkeiten und gesetzliche Vorgaben prägen das neue CSR-Verständnis, das große Unternehmen und KMU vor neue Herausforderungen stellt.

1.2 Zielsetzung und Aufbau der Analyse

Das vorliegende Buch soll den CSR-Paradigmenwechsel auf der Basis des politischen CSR-Transformationsprozesses transparent machen und den Charakter von CSR als dualen Erfolgsfaktor verdeutlichen. Studierende und Praktiker sollen erkennen, dass sich eine CSR-Implementierung für Unternehmen aus betriebswirtschaftlicher Sicht lohnt. Es wird gezeigt, dass CSR als dualer Erfolgsfaktor in den Modulen „Gesellschaft" und „Wettbewerbsvorteil" nur dann erfolgreich sein kann, wenn CSR strukturell im Unternehmen und in den Geschäftsprozessen verankert ist und die Fortschritte und Ergebnisse messbar sind. Im vorstehenden Zusammenhang werden vor dem Hintergrund der betriebswirtschaftlichen Besonderheiten von CSR Managementsysteme, Instrumente und Konzepte auf der Grundlage international anerkannter CSR-Verhaltenskodizes, supranationaler und nationaler Gesetzesvorgaben sowie Praxisleitfäden, Kennzahlenkatalogen, CSR-Kennzahlen und Kennzahlen vorgestellt, mithilfe derer eine schrittweise Implementierung einer CSR-Erfolgssteuerung realisiert werden kann. Die Gesamtanalyse ist in Abb. 1.1 schematisch dargestellt. Einer fundierten Einführung in jedem Kapitel folgt die Vertiefung relevanter Aspekte, die mit anschaulichen Good-Practice-Beispielen abgerundet werden.

1.2 Zielsetzung und Aufbau der Analyse

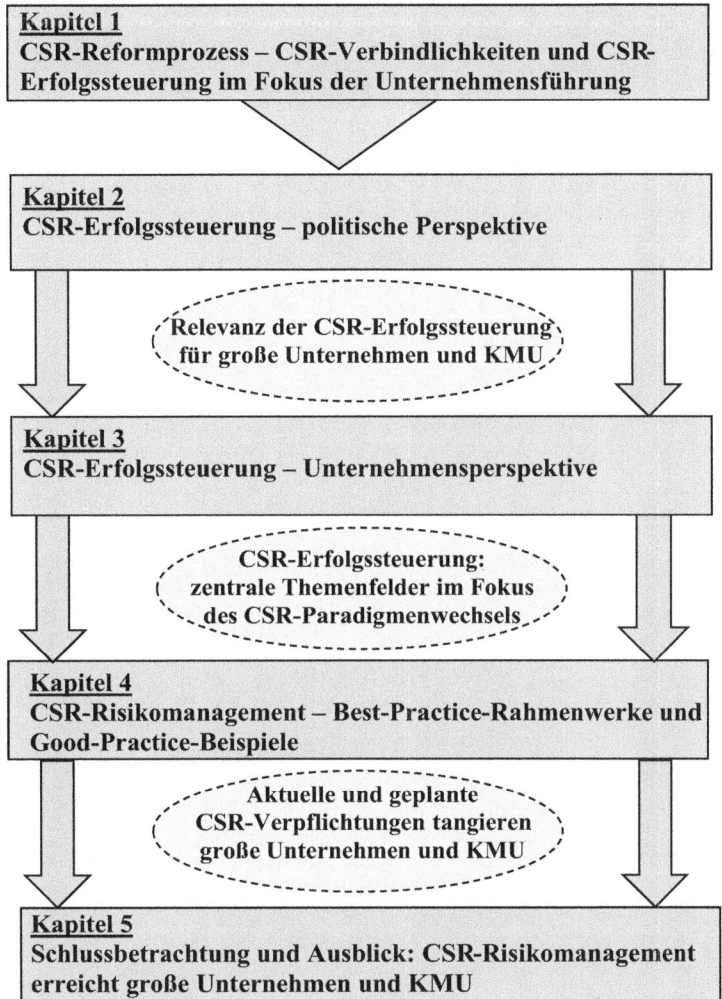

Abb. 1.1 CSR-Erfolgssteuerung – Aufbau der Analyse. (Quelle: eigene Darstellung)

CSR-Erfolgssteuerung – politische Perspektive

Kapitelausblick und Lernziele

Auf sämtlichen politischen Ebenen besteht Einigkeit, dass Unternehmen als integraler Bestandteil des Gesamtsystems „Gesellschaft" maßgeblich zur Umsetzung oder Nicht-Umsetzung der nachhaltigen Entwicklung beitragen. Existenzbedrohende Entwicklungstrends in den globalen Lieferantenketten zahlreicher Unternehmen (z. B. Menschenrechtsverletzungen, Zerstörung zahlreicher Ökosysteme, schwerwiegende Umweltverschmutzungen) weisen darauf hin, dass eine Vielzahl an Unternehmen ihrer gesellschaftlichen Verantwortung in den Wertschöpfungs- und Lieferantenketten nicht nachkommt. Der politische Ruf nach mehr Transparenz unternehmerischer Verantwortung und stärkeren Kontroll- und Überwachungsmechanismen wird immer lauter. CSR-Verbindlichkeiten und gesetzliche Vorgaben prägen das neue CSR-Verständnis, das große Unternehmen und KMU vor neue Herausforderungen stellt. CSR-Risikomanagement und CSR-Berichterstattung nehmen im Rahmen des CSR-Transformationsprozesses in den Wertschöpfungs- und Lieferantenketten der Unternehmen eine an Relevanz gewinnende Stellung auf der Basis verpflichtender Vorgaben ein.

Dieses Kapitel verfolgt die Zielsetzung, die aktuellen verbindlichen CSR-Verpflichtungen vor dem Hintergrund des CSR-Paradigmenwechsels zu erläutern. Es soll deutlich werden, dass die CSR-Erfolgssteuerung aus verschiedenen Perspektiven heraus betrachtet werden muss. CSR erhält im vorstehenden Zusammenhang den Charakter eines dualen Erfolgsfaktors, der Nutzen für die Gesellschaft und Nutzen für die Unternehmen stiftet.

Lernziele

- CSR-Paradigmenwechsel erklären und die Bedeutung für Unternehmen herausstellen.
- CSR-Transformationsprozess von der globalen CSR-Ebene bis zur CSR-Ebene der Unternehmen erläutern.
- International anerkannte CSR-Verhaltenskodizes im historischen Ablauf darstellen und inhaltlich gegenüberstellen.
- Nationalen Aktionsplan der Bundesregierung zur Umsetzung der VN-Leitprinzipien für Wirtschaft und Menschenrechte (NAP 2016) kennen, kommentieren und den Praxisbezug erläutern.
- OECD-Leitsätze für multinationale Unternehmen (Fassung: 2011) kennen, kommentieren und den Praxisbezug erläutern.
- CSR-RUG 2017 kennen, kommentieren und den Praxisbezug erläutern.
- CSR-Risikomanagement und traditionelles Risikomanagement am Beispiel der VN-Leitprinzipien für Wirtschaft und Menschenrechte (2011) bzw. NAP 2016, der OECD-Leitsätze für multinationale Unternehmen (Fassung: 2011) und CSR-Richtlinienumsetzungsgesetz 2017 (CSR-RUG) gegenüberstellen.

2.1 CSR-Paradigmenwechsel – CSR-Begriff und CSR-Inhalte im Wandel

Unternehmen sind sowohl maßgebliche Verursacher globaler Probleme als auch einflussreiche Akteure in der Bewältigung internationaler Herausforderungen wie zum Beispiel des Klimawandels, der Ressourcenknappheit, des Erhalts der biologischen Vielfalt oder der Achtung der Menschenrechte. Im vorstehenden Zusammenhang sehen sich Unternehmen zunehmend mit den Forderungen ihrer Ziel- bzw. Anspruchsgruppen, der sogenannten Stakeholder (z. B. Regierungen, Kunden, Mitarbeiter, Lieferanten, potenzielle Stellenbewerber, Investoren, Öffentlichkeit) konfrontiert, gesellschaftliche Verantwortung zu übernehmen (vgl. Stibbe und Voigtländer 2013, S. 3–5).

Die Übernahme gesellschaftlicher Verantwortung von Unternehmen, für die sich im Sprachgebrauch und in den Aktionsplänen der Europäischen Union und der Bundesregierung die englische Bezeichnung „Corporate Social Responsibility" (CSR) durchgesetzt hat, nimmt in der Politik und in den Unternehmen einen immer größeren Stellenwert ein. Ein Blick in die globalen, supranationalen und nationalen CSR-Strategien und CSR-Aktionspläne zeigt, dass sich die CSR-Definition, die CSR-Reichweite sowie die CSR-Inhalte vor dem Hintergrund des politischen CSR-Transformationsprozesses seit 2011 „gewandelt" haben.

2.1 CSR-Paradigmenwechsel – CSR-Begriff und CSR-Inhalte im Wandel

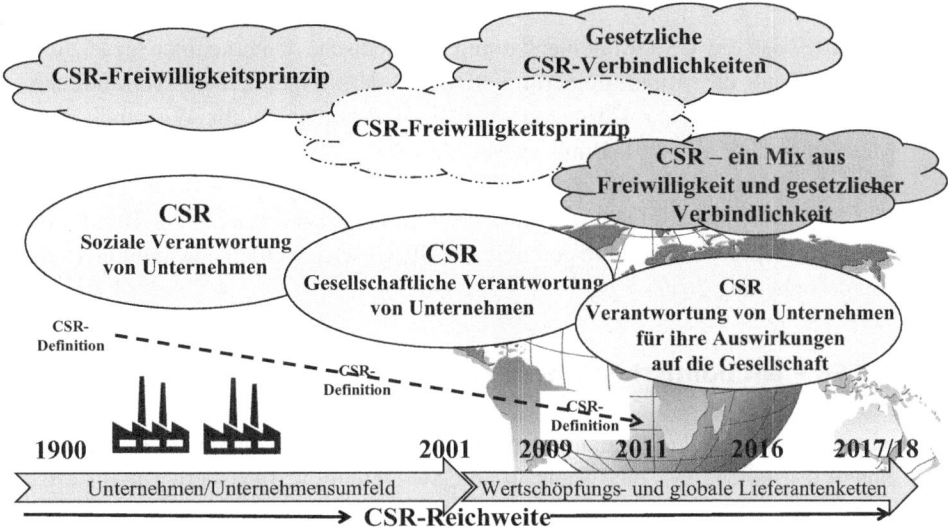

Abb. 2.1 CSR-Paradigmenwechsel im historischen Rückblick. (Quelle: eigene Darstellung)

▶ Der CSR-Paradigmenwechsel stellt große Unternehmen als auch mittlere und kleine Unternehmen (KMU) vor neue Herausforderungen.

Abb. 2.1 und 2.2 zeigen schematisch den vorstehenden Zusammenhang, der nachstehend ausführlich thematisiert wird.

CSR-Paradigmenwechsel im Überblick

- Bis 2009/2010 stand in den politischen Rahmenbedingungen zur Umsetzung von CSR das Freiwilligkeitsprinzip im Vordergrund, das in der wissenschaftlichen Literatur und in der Praxis bis dato als wesentliches CSR-Charakteristikum herausgestellt wurde (vgl. z. B. BMAS 2010, S. 2 ff.; BPA 2012, S. 128; EU Kommission 2001).
- Seit spätestens 2009 wird auf sämtlichen politischen CSR-Ebenen deutlich, dass zahlreiche Unternehmen ihrer gesellschaftlichen Verantwortung auf der Basis des Freiwilligkeitsprinzips nicht nachkommen (vgl. Europäischer Rat 2009, S. 8; Stibbe 2017; WBCSC und WRI 2010; VN 2012).
- Seit 2011 fordert die EU die Mitgliedstaaten zu gesetzlich verbindlichen CSR-Maßnahmen und CSR-Fortschrittsüberwachungen auf (vgl. EU-Kommission 2011, 13 ff.)
- Im Jahr 2016 verweist der Deutsche Bundestag bereits auf neue und geplante rechtlich verbindliche CSR-Maßnahmen (vgl. Deutscher Bundestag 2016, S. 6 ff.).

(Fortsetzung)

- Seit 2017 ist die CSR-Berichterstattung für deutsche Unternehmen gesetzlich bindend und die Bundesregierung schreibt den Unternehmen verbindliche CSR-Kernelemente zur Umsetzung der VN-Leitprinzipien für Wirtschaft und Menschenrechte vor (vgl. Bundesgesetzblatt 2017, S. 802 ff.; Bundesregierung 2017; Deutscher Bundestag 2017a).
- Seit 2018 wird die Einhaltung von CSR-Verpflichtungen seitens der Bundesregierung überprüft und weitere potenzielle CSR-Gesetze werden angekündigt (vgl. Bundesregierung 2017).

2.1.1 CSR – ein politischer Transformationsprozess

Wer sich tiefgehend mit der Thematik der Corporate Social Responsibility (CSR) befasst, wird schnell feststellen, dass eine Vielzahl an CSR-Definitionen existiert. Die historische

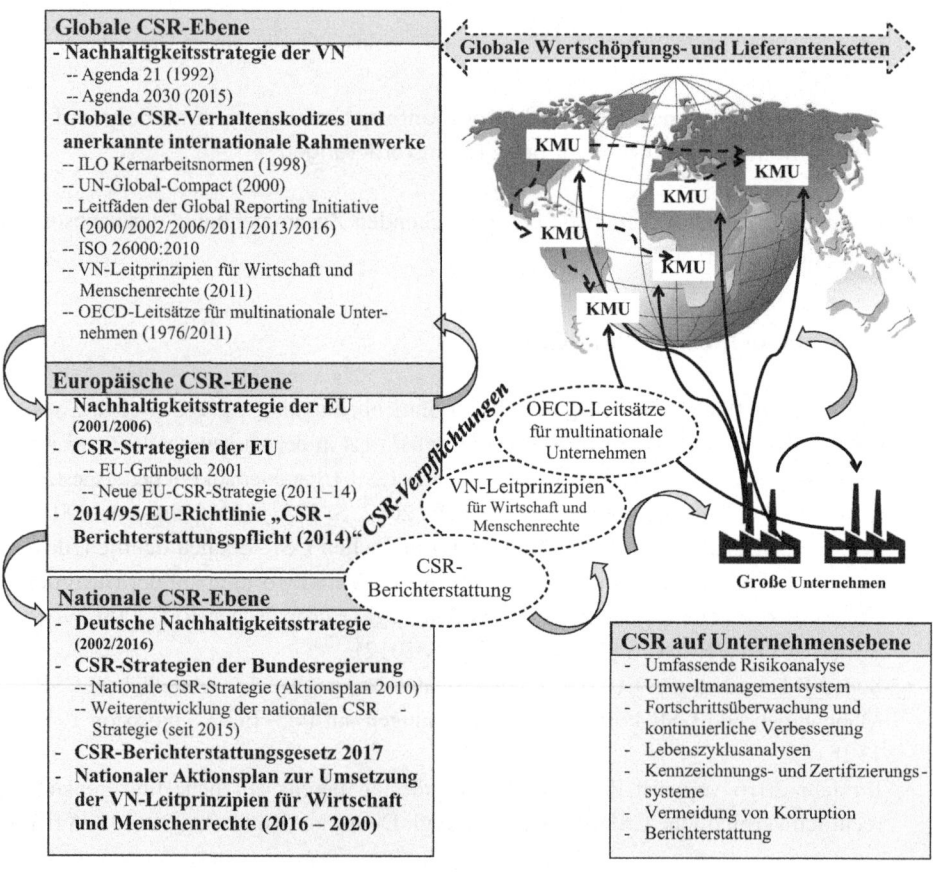

Abb. 2.2 CSR-Transformationsprozess – von der globalen Ebene bis auf die Ebene der Unternehmen. (Quelle: eigene Darstellung)

2.1 CSR-Paradigmenwechsel – CSR-Begriff und CSR-Inhalte im Wandel

Entwicklung des CSR-Begriffs hat unter anderem dazu geführt, dass im anglo-amerikanischen Raum andere Dinge unter CSR verstanden werden als in Europa (vgl. ausführlich Loew und Rohde 2013, S. 5 ff.).

Die CSR-Definition, die CSR-Reichweite und die CSR-Inhalte haben sich im Zeitablauf „gewandelt". Dieser „Wandlungsprozess" ist ein bisher nicht abgeschlossener dynamischer, gesamtwirtschaftlicher Reformprozess:

▶ CSR ist ein dynamischer, gesamtpolitischer Reformprozess!

Wird der Begriff CSR in die deutsche Sprache übersetzt, so kann „social" je nach Kontext mit „sozial" oder „gesellschaftlich" übersetzt werden. Abb. 2.3 zeigen schematisch den vorstehenden Zusammenhang.

CSR – von der sozialen bis zur gesellschaftlichen Verantwortung
CSR blickt in Deutschland auf eine über einhundert Jahre alte Tradition zurück. Im Zuge der Industrialisierung übernahmen Unternehmer bereits im 19. Jahrhundert für ihre Mitarbeiterinnen und Mitarbeiter soziale Verantwortung für ihr *unmittelbares Umfeld* der Produktionsstätten (z. B. Wohnungsbaumaßnahmen, Gründung von Schulen und Kultureinrichtungen), d. h. der CSR-Fokus lag zu Beginn des CSR-Reformprozesses primär auf der sozialen CSR-Komponente und die CSR-Reichweite umfasste primär das unmittelbare Unternehmensumfeld. Abb. 2.1 zeigt den vorstehenden Zusammenhang.

Seit den siebziger Jahren rückte das Umweltbewusstsein verstärkt in das öffentliche Bewusstsein. Unternehmerisches Handeln wird seither auch anhand seiner ökologischen Auswirkungen bewertet. Aufgrund der zunehmenden Globalisierung und den damit verbundenen negativen Auswirkungen und globalen Herausforderungen (z. B. Armut, Klimawandel und Zerstörung von Ökosystemen) erfährt das Konzept CSR seit den neunziger

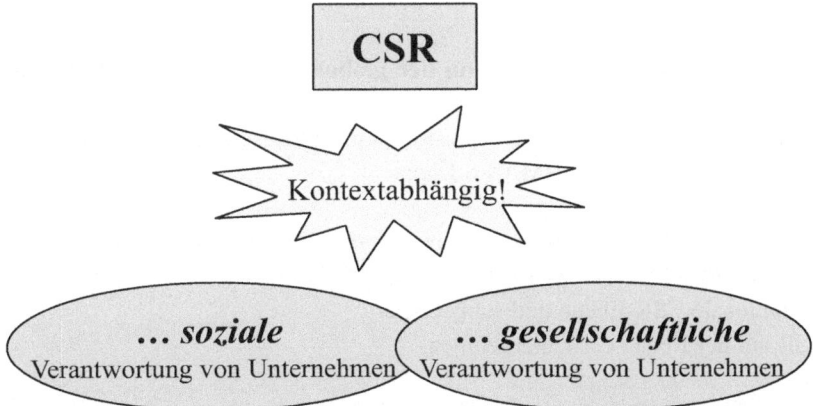

Abb. 2.3 CSR – soziale versus gesellschaftliche Verantwortung von Unternehmen. (Quelle: eigene Darstellung)

Jahren einen weltweiten Aufschwung. Es setzt sich zunehmend die Sichtweise durch, dass Unternehmen als integraler Bestandteil des Gesamtsystems Gesellschaft in ein Netz von Anspruchsgruppen (Stakeholder) eingebunden sind und CSR nur im Gesamtkontext mit der *nachhaltigen Entwicklung* betrachtet werden kann (vgl. BMAS o.J.-e).

> Nachhaltige Entwicklung – Begriffsabgrenzung gemäß Brundtland-Bericht 1992
> „Nachhaltige Entwicklung ist eine Entwicklung, die den Bedürfnissen der heutigen Generationen entspricht, ohne die Möglichkeit künftiger Generationen zu gefährden" (Hauff 1987, S. 46).

Die Umsetzung der nachhaltigen Entwicklung erfolgt mittels eines politischen Transformationsprozesses, innerhalb dessen sämtliche relevanten politischen Ebenen (z. B. globale, supra-nationale und nationale Ebene, Länder, Kommunen, Gemeinden) und alle relevanten Akteure (z. B. Unternehmen, Verbraucher, Konsumenten) einbezogen sind (vgl. ausführlich Stibbe 2017, S. 10 ff.). Auf sämtlichen politischen Ebenen besteht Einigkeit, dass Unternehmen als integraler Bestandteil des Gesamtsystems „Gesellschaft" maßgeblich zur Umsetzung oder aber Nicht-Umsetzung der nachhaltigen Entwicklung beitragen. Aus politischer Perspektive ist CSR aus funktionaler Sicht daher

▶ der Beitrag der Unternehmen zur Umsetzung der nachhaltigen Entwicklung (vgl. z. B. Bundesregierung 2010, S. 2; DIN 2011, S. 12; EU Kommission 2001, S. 4 ff.).

Schneidet man aus dem obigen Transformationsprozess zur Umsetzung der nachhaltigen Entwicklung die Ebene „Unternehmen" heraus, so kann man von einem politischen CSR-Transformationsprozess sprechen, der nachstehend in seinen Grundzügen beschrieben und in den anschließenden Analyseschritten ausführlich erläutert wird:

> **Beispiel**
> **CSR-Transformationsprozess – von der globalen Ebene bis zur Unternehmensebene**
> Im Rahmen des politischen CSR-Transformationsprozesses müssen vier CSR-Ebenen unterschieden werden (vgl. BMAS o.J.-a):
>
> - die globale CSR-Ebene [insbesondere *Vereinte Nationen* (UN, VN, UNO)],
> - die supra-nationale bzw. europäische CSR-Ebene,
> - die nationale CSR-Ebene und schließlich
> - CSR auf der Ebene der Unternehmen.
>
> Auf der globalen CSR-Ebene werden *die international relevanten Strategien und Rahmenwerke* konzipiert und verabschiedet, die am Ende zur Realisierung einer nachhaltigen Entwicklung führen sollen. Anschließend werden die globalen strategischen

Zielsetzungen zunächst auf die supra-nationale bzw. europäische CSR-Ebene transformiert. Wie unter Abschn. 2.1.2 deutlich wird, bilden die supra-nationalen Rahmenwerke und Vorgaben schließlich die Basis für die CSR-Transformation auf die nationale CSR-Ebene der Bundesregierung. Auf der CSR-Ebene der Bundesregierung werden die nationalen Strategien und Rahmenwerke zur Umsetzung der nachhaltigen Entwicklung konzipiert bzw. beschlossen und auf die Unternehmensebene transformiert.

Abb. 2.2 zeigt schematisch den vorstehenden Zusammenhang, der in der nachfolgenden Analyse ausführlich thematisiert wird.

Vereinte Nationen im Überblick (vgl. DGVN o.J.)

- Die Vereinten Nationen (UN, VN, UNO) wurden im Jahr 1945 von 51 Staaten gegründet. Seit der Gründung hat sich die Zahl der Mitgliedstaaten von 51 auf derzeit 193 erhöht. Somit gehören fast alle Staaten der Welt den VN an.
- Am 26. Juni 1945 verabschiedeten die VN in San Francisco das Gründungsdokument der VN, die sogenannte UN-Charta, welche am 24. Oktober 1945 in Kraft trat.
- Wenn ein Staat Mitglied der VN wird, willigt er ein, die Verpflichtungen aus der Charta der VN, innerhalb derer grundlegende Prinzipien der internationalen Beziehungen festgelegt sind, einzuhalten.
- Gemäß der UN-Charta haben sich die VN vier Ziele gesetzt: (1) internationaler Frieden, (2) freundschaftliche Beziehungen zwischen den Staaten, (3) internationale Problemlösungen und Förderung der Achtung der Menschenrechte.
- Die VN verfügen über sechs Hauptorgane: (1) Generalversammlung, (2) Sicherheitsrat, (3) Wirtschafts- und Sozialrat, (4) Treuhandrat, (5) und Sekretariat – vorstehende Organe haben ihren Hauptsitz in New York – und (6) Internationaler Gerichtshof mit Sitz in Den Haag.

Die zehn Prinzipien des UN-Global-Compact (DGCN o.J.)

1. Unternehmen sollen den Schutz der internationalen Menschenrechte unterstützen und achten.
2. Unternehmen sollen sicherstellen, dass sie sich nicht an Menschenrechtsverletzungen mitschuldig machen.
3. Unternehmen sollen die Vereinigungsfreiheit und die wirksame Anerkennung des Rechts auf Kollektivverhandlungen wahren.

(Fortsetzung)

4. Unternehmen sollen für die Beseitigung aller Formen von Zwangsarbeit eintreten.
5. Unternehmen sollen für die Abschaffung von Kinderarbeit eintreten.
6. Unternehmen sollen für die Beseitigung von Diskriminierung bei Anstellung und Erwerbstätigkeit eintreten.
7. Unternehmen sollen im Umgang mit Umweltproblemen dem Vorsorgeprinzip folgen.
8. Unternehmen sollen Initiativen ergreifen, um größeres Umweltbewusstsein zu fördern.
9. Unternehmen sollen die Entwicklung und Verbreitung umweltfreundlicher Technologien beschleunigen.
10. Unternehmen sollen gegen alle Arten von Korruption eintreten, einschließlich Erpressung und Bestechung.

Globale CSR-Verhaltenskodizes und Rahmenwerke – ein Überblick

UN-Global-Compact: Zu den ersten anerkannten internationalen Rahmenwerken zur Umsetzung von CSR zählt der UN-Global-Compact. Der UN-Global-Compact wurde im Jahr 2000 durch die Vereinten Nationen gegründet und ist heute die weltweit größte Initiative für verantwortungsvolle Unternehmensführung. Inzwischen hat der UN-Global-Compact weltweit über 13.000 Mitglieder, die sich im Rahmen der freiwilligen Selbstverpflichtung an die *zehn Leitprinzipien* ausrichten können (Stand: März 2019). Die zehn Leitprinzipien leiten sich aus der Allgemeinen Erklärung der Menschenrechte, der Erklärung über die grundlegenden Prinzipien und Rechte bei der Arbeit und ihre Folgemaßnahmen der Internationalen Arbeitsorganisation (ILO) sowie den Grundsätzen der Rio-Erklärung über Umwelt und Entwicklung ab. Die vier Komplexe Menschenrechte, Arbeitsnormen, Umweltschutz und Korruptionsbekämpfung gliedern die zehn Leitsätze. Die ersten sechs Prinzipien des UN-Global-Compact zielen auf die Achtung der Menschenrechte und die Umsetzung der Arbeitsnormen. Die Prinzipien 7 bis 9 sind aus der Rio-Erklärung über Umwelt und Entwicklung abgeleitet. Das zehnte Prinzip wurde dem UN-Global-Compact im Jahr 2004 hinzugefügt und basiert auf der VN-Konvention gegen Korruption. Wichtigstes Instrument des UN-Global-Compact ist die sogenannte Fortschrittsmitteilung, der sog. Communication on Progress (COP). Jede teilnehmende Organisation muss jährlich in ihrem COP schriftlich über den Stand der Umsetzung der zehn Leitprinzipien berichten. Der COP muss jährlich veröffentlicht werden; die Mitteilung ist allerdings eine formale Anforderung, die nicht auf ihre Qualität und Richtigkeit hin geprüft wird. *Global Reporting Initiative (GRI):* Die GRI wurde 1997 von der US-amerikanischen Coalition for Environmentally Responsible

(Fortsetzung)

2.1 CSR-Paradigmenwechsel – CSR-Begriff und CSR-Inhalte im Wandel

Econonomies (CERES) mit dem Ziel gegründet, einen globalen unabhängigen Leitfaden zur Nachhaltigkeitsberichterstattung zu erschaffen. Die GRI publizierte im Jahr 2000 den ersten GRI-Leitfaden, der in den Jahren 2002, 2006, 2011, 2013 und 2016 aktualisiert wurde. Die Berichterstattungsvorgaben gemäß GRI gelten seit jeher als Best-Practice. Die berichterstattenden Unternehmen werden mithilfe zahlreicher Pflichtangaben zur Implementierung der CSR-Gütekriterien aufgefordert. Die GRI-SRS sind in Übereinstimmung mit den Berichterstattungsvorgaben des UN-Global-Compact, der OECD-Leitsätze für multinationale Unternehmen, der ISO 26000 sowie der VN-Leitprinzipien für Wirtschaft und Menschenrechte konzipiert. (vgl. ausführlich Abschn. 4.2.1). *ISO 26000:2010:* Die Internationale Norm ISO 26000 – in Deutschland als DIN ISO 26000 im Jahr 2011 veröffentlicht – ist ein anerkannter themen- und branchenübergreifender Standard mit Leitfadencharakter. Die ISO 26000 unterstützt Organisationen, gesellschaftliche Verantwortung wahrzunehmen. Die ISO 26000, die in Übereinstimmung mit bestehenden internationalen Standards (z. B. UN-Global-Compact, Leitfaden der GRI) entwickelt wurde, soll der CSR-Debatte vor allem durch die Definition und Auflistung von universalgültigen Prinzipien und State-of-the-Art-Empfehlungen einen Rahmen bieten. Die Europäische Kommission sowie das nationale CSR-Forum erkennen die ISO 26000 als globalen CSR-Rahmen an. Die ISO 26000 empfiehlt Organisationen, ihr Verhalten an bestimmten *Grundsätzen, Kernthemen und Handlungsfeldern* auszurichten bzw. sich mit diesen auseinanderzusetzen.

Im Jahr 2011 traten die **VN-Leitprinzipien für Wirtschaft und Menschenrechte** und die aktualisierten **OECD-Leitsätze** für multinationale Unternehmen in Kraft. Die VN-Leitprinzipien für Wirtschaft und Menschenrechte sowie die OECD-Leitsätze sehen Selbstverpflichtungen, umfassende Risikoanalysen, Überprüfungsmechanismen, CSR-Fortschrittsüberwachungen sowie Kennzeichnungs- und Zertifizierungssysteme in den Wertschöpfungs- und Lieferantenketten der Unternehmen sowie Transparenz und Rechenschaft bzw. CSR-Berichterstattungen in Richtung der Stakeholder vor. Die vorstehenden Prinzipien und Leitsätze werden unter Abschn. 2.2 ausführlich erläutert. Die Ausführungen zu Abschn. 2.2 zeigen, dass durch diese Weiterentwicklungen in 2011 die unternehmerische Sorgfaltspflicht (due diligence) bei der Einhaltung von Arbeits-, Sozial- und Umweltstandards stärker als bisher in das CSR-Blickfeld gerückt ist.

ISO 26000 – Grundsätze, Kernthemen und Handlungsfelder bilden den globalen CSR-Rahmen

Grundsätze: das Fundament für die Wahrnehmung gesellschaftlicher Verantwortung bilden die sieben Grundsätze (1) Rechenschaftspflicht, (2) Transparenz, (3) Ethisches Verhalten, (4) Achtung der Interessen von Anspruchsgruppen, (5) Achtung der

(Fortsetzung)

Rechtsstaatlichkeit, (6) Achtung internationaler Verhaltensstandards und (7) Achtung der Menschenrechte.

Kernthemen: die sieben Kernthemen der ISO 26000 sind (I) Organisationsführung, (II) Menschenrechte, (III) Arbeitspraktiken, (IV) Umwelt, (V) Faire Betriebs- und Geschäftspraktiken, (VI) Konsumentenanliegen, (VII) Einbindung und Entwicklung der Gemeinschaft.

Handlungsfelder: jedes Kernthema wird in verschiedene Handlungsfelder aufgefächert. Zu jedem Handlungsfeld sind – neben einer kurzen Beschreibung – entsprechende Handlungserwartungen aufgeführt.

Die obigen Ausführungen haben verdeutlicht, dass sich die CSR-Schwerpunktsetzung im Zuge des CSR-Reformprozesses von der rein sozialen CSR-Sichtweise in Richtung zu der gesellschaftlichen CSR-Fokussierung gewandelt hat. Heute wird CSR auf sämtlichen politischen Ebenen als

▶ „die gesellschaftliche Verantwortung von Unternehmen"

definiert. Wie nachstehend gezeigt wird, haben sich allerdings die CSR-Reichweite sowie die CSR-Inhalte vor dem Hintergrund des aktuellen CSR-Paradigmenwechsels geändert:

▶ ein Paradigmenwechsel, der die bisherige CSR-Sichtweise „auf den Kopf stellt"!

2.1.2 CSR – von der Freiwilligkeit bis zur gesetzlichen Verbindlichkeit

Ausgehend von der Erkenntnis, dass Unternehmen maßgeblich zur Realisierung der nachhaltigen Entwicklung beitragen, fördern die Europäische Kommission und die Bundesregierung die gesellschaftliche Verantwortung von Unternehmen bereits seit vielen Jahren (vgl. Bundesregierung 2010; EU Kommission 2001). Im Jahr 2001 veröffentlichte die Europäische Kommission ihre erste EU-CSR-Strategie, die unter dem Namen „Grünbuch" bekannt wurde (vgl. EU Kommission 2001). In enger Anlehnung an das EU-Grünbuch 2001 publizierte die Bundesregierung im Jahr 2010 ihre erste nationale CSR-Strategie/Aktionsplan 2010 (vgl. Bundesregierung 2010). Das CSR-Verständnis in Europa und in Deutschland basierte zunächst auf dem

▶ *Prinzip der Freiwilligkeit* bzw. der freiwilligen Übernahme gesellschaftlicher Verantwortung.

2.1 CSR-Paradigmenwechsel – CSR-Begriff und CSR-Inhalte im Wandel

CSR-Verständnis der Bundesregierung (Nationale CSR-Strategie 2010)
„Corporate Social Responsibility steht für verantwortliches unternehmerisches Handeln im eigentlichen Kerngeschäft. CSR bezeichnet ein integriertes Unternehmenskonzept, das alle sozialen, ökologischen und ökonomischen Beiträge eines Unternehmens zur freiwilligen Übernahme gesellschaftlicher Verantwortung beinhaltet, die über die Einhaltung gesetzlicher Bestimmungen hinausgehen und die Wechselbeziehungen mit den Stakeholdern einbeziehen."

Den Empfehlungsberichten des Nationalen CSR-Forums für ein „Gemeinsames Verständnis von CSR in Deutschland" folgend legt die Bundesregierung in ihrer nationalen CSR-Strategie 2010 allerdings erstmalig *CSR-Gütekriterien* fest (vgl. BFNU 2009; BMAS 2010; BMAS o.J.-b; Bundesregierung 2010, S. 2):

▶ CSR ist freiwillig, aber nicht beliebig!

Die Bundesregierung orientiert sich im Rahmen ihrer ersten CSR-Strategie aus dem Jahr 2010 an den globalen und supranationalen CSR-Rahmen und erwartet seither, dass deutsche Unternehmen im Zuge ihrer CSR-Implementierung die CSR-Gütekriterien einhalten (vgl. BFNU 2009, S. 2; BMWi 2017, S. 2):

▶ International vereinbarte Leitlinien und Leitsätze bilden im vorstehenden Zusammenhang den CSR-Rahmen und gelten als Maßstab bzw. Verpflichtung!

Abb. 2.4 und 2.5 zeigen schematisch den vorstehenden Zusammenhang.

CSR-Gütekriterien – duale Erfolgsfaktoren erfolgreicher Unternehmen!
Wie unter Abschn. 3.3.1 gezeigt wird, bilden die CSR-Gütekriterien zugleich die (dualen) CSR-Erfolgsfaktoren erfolgreicher Unternehmen. Aktuelle Studien bestätigen im vorgenannten Zusammenhang, dass Unternehmen, die die CSR-Gütekriterien als CSR-Erfolgsfaktoren ernsthaft berücksichtigen, sowohl ihren Beitrag zur Umsetzung der nachhaltigen Entwicklung leisten und als auch im direkten Vergleich zur wirtschaftlichen Leistung zur Konkurrenz deutlich besser abschneiden:

▶ Unternehmen, die CSR ernsthaft in den Wertschöpfungs- und Lieferantenketten implementieren, orientieren sich an die CSR-Gütekriterien und leisten somit ihren Beitrag zur Umsetzung der nachhaltigen Entwicklung auf der Unternehmensebene.

▶ Die Gütekriterien bilden zugleich die relevanten CSR-Erfolgsfaktoren, die zur Ausschöpfung der CSR-Erfolgspotenziale (z. B. Unternehmenswert, Unternehmenserfolg, Image, Risikominimierung, Reputation, Kundenzufriedenheit) zum Einsatz gelangen.

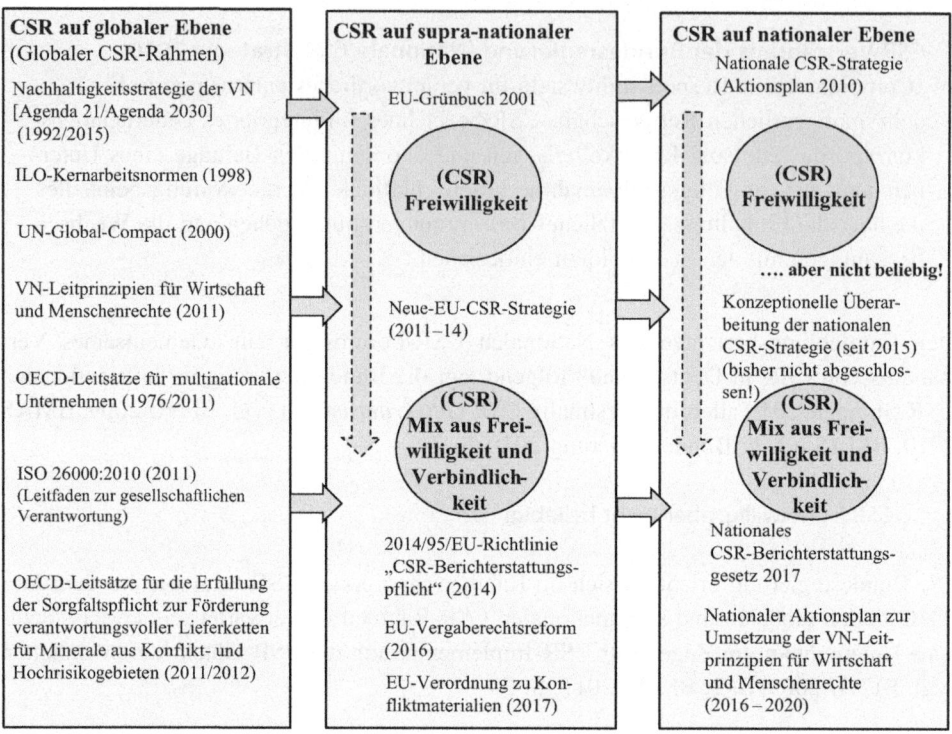

Abb. 2.4 CSR-Reformprozess – von der Freiwilligkeit zur gesetzlichen Verbindlichkeit. (Quelle: eigene Darstellung)

Eine Vielzahl an Unternehmen kommt aber ihrer gesellschaftlichen Verantwortung insbesondere mit Blick auf die Umsetzung international vereinbarter Leitlinien und Leitsätze (z. B. OECD-Leitsätze, VN-Leitprinzipien für Wirtschaft und Menschenrechte) in den Wertschöpfungs- und Lieferantenketten bisher nicht nach:

▶ Der politische Ruf nach mehr Transparenz unternehmerischer Verantwortung und stärkeren Kontroll- und Überwachungsmechanismen zwecks Einhaltung international anerkannter Grundsätze und -leitlinien wird daher immer lauter!

2.1.2.1 Abkehr vom Freiwilligkeitsprinzip – der CSR-Paradigmenwechsel

Aufgrund zahlreicher negativer und existenzbedrohender Entwicklungstrends in den globalen Lieferantenketten zahlreicher Unternehmen (z. B. Menschenrechtsverletzungen, schwerwiegende Umweltverschmutzungen, Zerstörung zahlreicher Ökosysteme) kommt mit an Relevanz gewinnender Bedeutung die Forderung auf, dass multinationale Unternehmen nicht nur Verantwortung für ihr eigenes Handeln, sondern auch für ihre Zulieferketten übernehmen müssen (vgl. Bundesregierung 2017, S. 5 ff.; Stibbe 2017, S. 12 ff.; Stibbe 2018, S. 307 ff.). Ein Screening der aktuellen politischen Strategien, Initiativen, Verordnun-

CSR-Gütekriterien

International vereinbarte **Leitlinien und Leitsätze** gelten als Maßstab beziehungsweise Verpflichtung.

CSR steht für nachhaltige Unternehmensführung im **Kerngeschäft**, die in der **Geschäftsstrategie** des Unternehmens verankert ist.

Unternehmen beziehen interne und externe **Stakeholder** (z. B. Mitarbeiter, Interessenvertretung, NGOs, Verbraucher, Investoren) in die strategische Ausrichtung ihrer vielfältigen CSR-Aktivitäten ein.

Stärkung des Gemeinwesens durch regionales und lokales Engagement ist Teil von CSR.

Transparenz und **Glaubwürdigkeit**.

Abb. 2.5 CSR-Gütekriterien. (Quelle: eigene Darstellung)

gen und Gesetze zeigt, dass die G7, die Europäische Kommission und die Bundesregierung eine bessere Anwendung international anerkannter Arbeits-, Sozial- und Umweltstandards, -grundsätze und -verpflichtungen sowie eine bessere Transparenz in den globalen Lieferantenketten anstreben (vgl. Bundesregierung 2017, S. 5 ff.; EU-Kommission 2011, S. 7 ff.; G7 Germany 2015, S. 7). Parallel zur Weiterentwicklung des CSR-Verständnisses stiegen auch die internationalen Anforderungen.

Auch die neue CSR-Definition der EU, welche

▶ „die Verantwortung von Unternehmen für ihre Auswirkungen auf die Gesellschaft" (Europäische Kommission 2011, S. 7)

betont, knüpft an das veränderte internationale CSR-Verständnis an. In ihrer Mitteilung „Eine neue EU-Strategie (2011–14) für soziale Verantwortung der Unternehmen (CSR)" distanziert sich die EU-Kommission von dem bis dato postulierten CSR-Freiheitsprinzip. Im vorstehenden Zusammenhang legt die Kommission erstmalig eine *Mindestfeldabgrenzung relevanter CSR-Bereiche* sowie konkrete *CSR-Fortschrittsindikatoren* fest (vgl. EU-Kommission 2011, S. 5 ff.).

Mindestfeldabgrenzung der CSR-relevanten Bereiche (EU-CSR-Strategie 2011–14)

- Menschenrechte,
- Arbeits- und Beschäftigungspraktiken (z. B. Aus- und Fortbildung),
- Diversität,
- Gleichstellung von Frauen und Männern,
- Gesundheit der Arbeitnehmer und Wohlbefinden,
- Ökologie (z. B. Artenvielfalt, Klimawandel, Ressourceneffizienz, Lebenszyklusanalyse und Prävention von Umweltverschmutzung),
- Bekämpfung von Bestechung und Korruption,
- Förderung der sozialen und ökologischen Verantwortung über die gesamte Lieferkette,
- Offenlegung nicht-finanzieller Informationen.

CSR-Erfolgssteuerung mithilfe von CSR-Fortschrittsindikatoren (EU-CSR-Strategie 2011–14)

- Die Zahl der EU-Unternehmen, die sich zur Einhaltung der zehn CSR-Grundsätze des „Global Compact" der Vereinten Nationen verpflichtet haben.
- Die Zahl der Organisationen, die sich im Gemeinschaftssystem für das Umweltmanagement und die Umweltbetriebsprüfung (EMAS) registrieren ließen.
- Die Zahl der in der EU ansässigen Unternehmen, die mit internationalen oder europäischen Arbeitnehmerorganisationen länderübergreifende Betriebsvereinbarungen bzw. Arbeitsnormen vereinbarten.
- Die Zahl der Mitglieder der Business Social Compliance Inititative (Initiative zur Einhaltung von Sozialstandards durch Unternehmen).
- Die Zahl der europäischen Unternehmen, die Nachhaltigkeitsberichte nach den Leitlinien der „Global Reporting Initiative" veröffentlichen.

Wie ein Blick in die Schwerpunktfelder der neuen EU-CSR-Strategie 2011–14 zeigt, verweist die Kommission bereits im Jahr 2011 auf konkrete Meilensteine und Umsetzungspfade auf ihrem Weg zur CSR-Verbindlichkeit:

> **Beispiel**
>
> **CSR-Paradigmenwechsel – die EU auf dem Pfad zur CSR-Verbindlichkeit!**
> Ein wesentlicher Schwerpunkt der neuen EU-CSR-Strategie 2011–14 liegt in der *Abstimmung europäischer und globaler CSR-Konzepte*. Die Kommission kündigt verbindliche Maßnahmen und potenzielle Überprüfungen an, die dazu beitragen, dass international anerkannte Grundsätze und Leitlinien zukünftig eine stärkere Beachtung finden. Die Kommission fordert alle großen europäischen Unternehmen bei der Entwicklung ihres CSR-Konzeptes auf, sich zur Einhaltung internationaler Rahmenwerke und -Leitlinien (z. B. OECD-Leitsätze, UN-Global-Compact, UN-Leitprinzipien für Wirtschaft und Menschenrechte) zu verpflichten (vgl. EU-Kommission 2011, S. 16). Vor dem Hintergrund des globalen CSR-Rahmens fokussiert die Europäische Kommission ihre CSR-Perspektive auf verantwortliche Handlungsweisen in der *gesamten Lieferantenkette*. Die Kommission erwartet von allen europäischen Unternehmen, dass sie ihrer Verantwortung gerecht werden und die Leitprinzipien für Wirtschaft und Menschenrechte einhalten (vgl. EU-Kommission 2011, S. 17). Die Kommission fordert im vorstehenden Zusammenhang die EU-Mitgliedstaaten auf, *nationale Pläne für die Umsetzung der Leitprinzipien der Vereinten Nationen* zu erstellen (vgl. EU-Kommission 2011, S. 17).
>
> Die EU erwartet von den Mitgliedstaaten und Behörden eine Vorbildfunktion in Richtung der Zielsetzung nachhaltiger Lieferantenketten. Die EU fordert im letztgenannten Zusammenhang, dass bei mindestens 50 % der öffentlichen Aufträge innerhalb der EU zuvor vereinbarte Umwelt- und Sozialkriterien erfüllt werden und kündigt im vorstehenden Zusammenhang ihre *Vergaberechtsreform* an (vgl. EU-Kommission 2011, S. 13).
>
> Die EU-Kommission hebt schließlich die Relevanz „Transparenz & Rechenschaft" als CSR-Gütekriterium für eine glaubhafte CSR-Performance in Richtung aller Stakeholder hervor und fordert im vorstehenden Zusammenhang eine *Rechtsvorschrift zur Umsetzung einer CSR-Berichterstattungspflicht* zwecks Offenlegung von sozialen und ökologischen Informationen in Europa (vgl. EU-Kommission 2011, S. 14).

2.1.2.2 Die neue CSR-Sichtweise der Bundesregierung

Vor dem Hintergrund des beschriebenen CSR-Reformprozesses auf der internationalen und supranationalen Ebene arbeitet das *Nationale CSR-Forum der Bundesregierung* seit Anfang des Jahres 2015 an der Weiterentwicklung der nationalen CSR-Strategie (vgl. BMAS o.J.-c). Wie ein Blick auf die website des BMAS als federführendes Ressort für CSR zeigt, hat sich die Schwerpunktsetzung der deutschen CSR-Strategie im Zuge des beschriebenen CSR-Paradigmenwechsels ebenfalls verändert (vgl. www.csr-in-deutschland.de). Statt der „freiwilligen Übernahme gesellschaftlicher Verantwortung" stehen nun

▶ „die Verantwortung von Unternehmen für ihre Auswirkungen auf die Gesellschaft" (Basis: EU-CSR-Strategie 2011–14),

▶ die unternehmerische Sorgfaltspflicht (due diligence) bei der Wahrung der Menschenrechte (Basis: VN-Leitprinzipien für Wirtschaft und Menschenrechte) sowie

▶ die Sorgfaltspflicht für negative Auswirkungen insgesamt (Basis: überarbeitete OECD-Leitsätze aus dem Jahr 2011)

im Mittelpunkt der nationalen CSR-Strategie (vgl. BMAS o.J.-c; Deutscher Bundestag 2016, S. 5). Der Deutsche Bundestag verweist seit 2016 bereits auf neue und geplante rechtlich verbindliche CSR-Maßnahmen der Bundesregierung (vgl. Deutscher Bundestag 2016, S. 6 ff.). Abb. 2.6 und 2.7 zeigen schematisch das neue nationale CSR-Verständnis der Bundesregierung.

> **Nationales CSR-Forum der Bundesregierung**
> Beim CSR-Forum handelt es sich um ein Multistakeholdergremium, das sich aus Expertinnen und Experten aus Wirtschaft, Gewerkschaften, Nichtregierungsorganisationen, Wissenschaft und Vertretern der beteiligten Ministerien zusammensetzt. Zu den wesentlichen Funktionen des Nationalen CSR-Forums gehören die Beratung der Bundesregierung bei der Weiterentwicklung der nationalen CSR-Strategie sowie die Entwicklung von Empfehlungen zu einzelnen CSR-Themenbereichen. Das CSR-Forum bildet die Plattform für den Dialog der Bundesregierung mit den Stakeholdern. Zu den Mitgliedern zählen 34 stimmberechtigte nichtstaatliche Organisationen (z. B. Bertelsmann Stiftung, BMW Group, Henkel AG & Co.KGaA, Otto Group – Otto GmbH & Co. KG) sowie zwei Vertreter nicht stimmberechtigter Organisationen (ILO, OECD). Die Bundesregierung ist mit elf Ressorts und dem Bundeskanzleramt im CSR-Forum vertreten (vgl. BMAS 2018b).

Abb. 2.6 Das aktuelle nationale CSR-Verständnis der Bundesregierung. (Quelle: eigene Darstellung)

2.1 CSR-Paradigmenwechsel – CSR-Begriff und CSR-Inhalte im Wandel

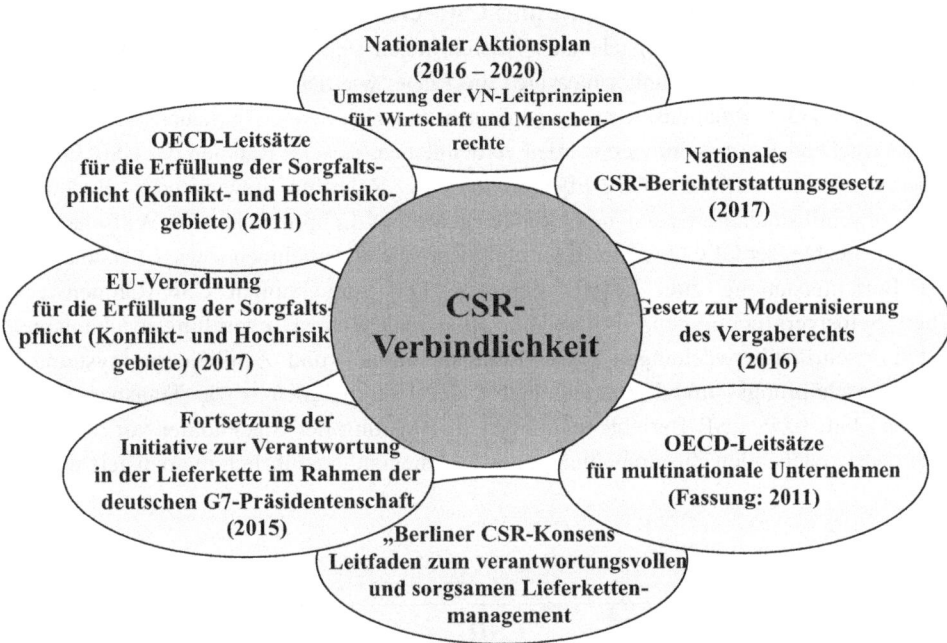

Abb. 2.7 Ableitung verbindlicher CSR-Maßnahmen (Stand: Januar 2018). (Quelle: eigene Darstellung)

Im nachfolgenden Abschn. 2.2 wird die Weiterentwicklung der nationalen CSR-Strategie in den Maßnahmenbereichen thematisiert, die das neue CSR-Verständnis in Richtung einer expliziten und zum Teil gesetzlich fixierten CSR-Verbindlichkeit in Deutschland prägen.

> **CSR-Merkmale aus aktueller politischer Sicht**
>
> - CSR ist ein politischer Transformationsprozess.
> - CSR ist in einen globalen politischen Rahmen eingebettet.
> - CSR ist ein dynamischer, gesamtpolitischer Reformprozess.
> - CSR ist der Beitrag der Unternehmen zur Umsetzung der nachhaltigen Entwicklung.
> - CSR-Gütekriterien sind zum Teil verbindlich.
> - CSR ist die Verantwortung von Unternehmen für die Auswirkungen auf die Gesellschaft.

2.1.2.3 CSR-Fortschrittsmessung und CSR- Erfolgssteuerung

Vor dem Hintergrund der vorstehenden Ausführungen stellt sich gemäß der Regel „You cannot manage, what you cannot measure" die Frage, wie der Erfolg des vorstehend skizzierten CSR-Transformationsprozesses gemessen und zielorientiert gesteuert werden kann. Die nachstehenden Ausführungen werden verdeutlichen, dass im Rahmen der CSR-Erfolgssteuerung auf sämtlichen CSR-Ebenen mit an Relevanz gewinnender Bedeutung CSR-Fortschrittsindikatoren auf der Grundlage der VN-Leitprinzipien für Wirtschaft und Menschenrechte, der OECD-Leitsätze für multinationale Unternehmen sowie einer adäquaten CSR-Berichterstattung zum Einsatz kommen. Die vorgenannten CSR-Rahmenwerke sehen Selbstverpflichtungen, umfassende Risikoanalysen, Überprüfungsmechanismen, CSR-Fortschrittsüberwachungen sowie Kennzeichnungs- und Zertifizierungssysteme in den Wertschöpfungs- und Lieferantenketten der Unternehmen sowie Transparenz und Rechenschaft bzw. CSR-Berichterstattungen in Richtung der Stakeholder vor. Abb. 2.8 zeigt den vorstehenden Zusammenhang, der nachstehend ausführlich thematisiert wird.

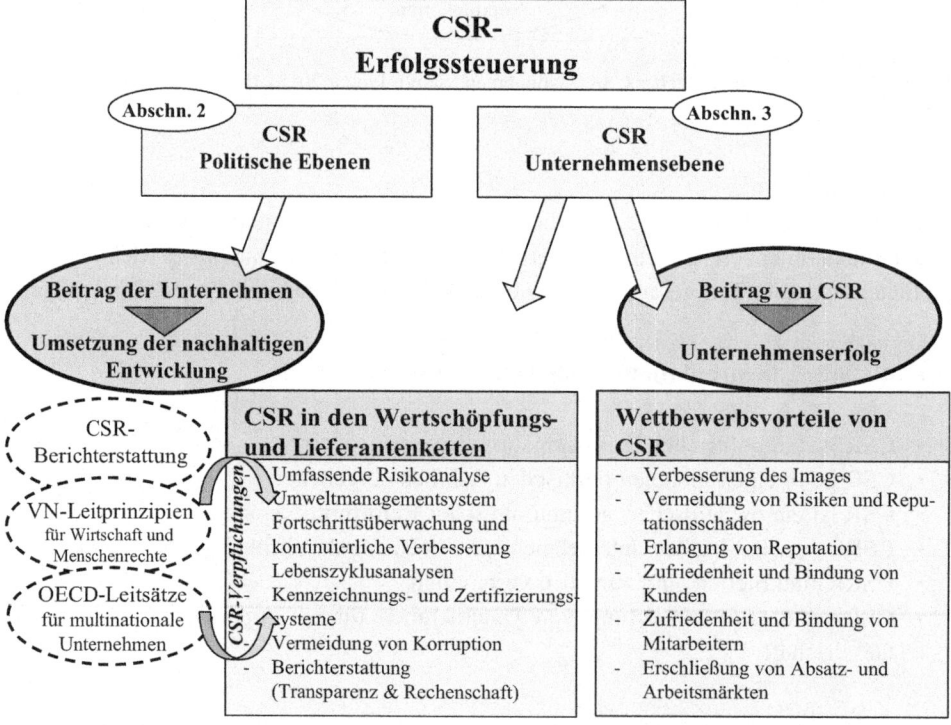

Abb. 2.8 Sichtweisen der CSR-Erfolgssteuerung. (Quelle: eigene Darstellung)

Sichtweisen der CSR-Erfolgssteuerung
Im Rahmen der CSR-Erfolgssteuerung sind zwei Sichtweisen zu unterscheiden:

▶ Aus der Sicht der politischen CSR-Ebenen ist der CSR-Erfolg der „Beitrag der Unternehmen zur Umsetzung der nachhaltigen Entwicklung". Wichtige Ziel- bzw. Erfolgsgrößen im Rahmen der CSR-Erfolgssteuerung sind im vorstehenden Zusammenhang die Aspekte Umwelt-, Arbeitnehmer-, Sozialbelange, Achtung der Menschenrechte sowie Bekämpfung von Korruption und Bestechung.

▶ Aus der Sicht der Unternehmen steht aufgrund des meist nicht unerheblichen CSR-Implementierungsaufwandes neben der vorstehenden Zielsetzung zusätzlich die Frage nach dem betriebswirtschaftlichen Nutzen von CSR im Vordergrund.

Im Rahmen des vorstehenden Abschn. 2 steht die politische Perspektive der CSR-Erfolgssteuerung im Vordergrund. Im anschließenden Kap. 3 wird die CSR-Erfolgssteuerung aus der Sicht der Unternehmen thematisiert. Abb. 2.8 zeigt schematisch den vorstehenden Zusammenhang.

2.2 CSR-Risikomanagement und CSR-Berichterstattung im Fokus der CSR-Erfolgssteuerung

Die Ausführungen zu Abschn. 2.1.2 haben verdeutlicht, dass insbesondere zahlreiche negative Entwicklungstrends in den globalen Lieferantenketten (z. B. Menschenrechtsverletzungen, Umweltverschmutzungen) als Auslöser für den aktuellen CSR-Paradigmenwechsel genannt werden können. Auf der supranationalen und nationalen CSR-Ebene besteht Einigkeit, dass die Ursachen für die vorstehend genannten negativen Trends insbesondere in

▶ der mangelhaften Durchsetzung international anerkannter Grundsätze und -leitlinien sowie

▶ in Risiken durch Intransparenz

begründet liegen. Der politische Ruf nach mehr Transparenz unternehmerischer Verantwortung und stärkeren Kontroll- und Überwachungsmechanismen zwecks Einhaltung international anerkannter Grundsätze und –leitlinien wird immer lauter. Ein Screening der aktuellen politischen Strategien, Initiativen, Verordnungen und Gesetze zeigt, dass die G7, die Europäische Kommission und die Bundesregierung eine bessere Anwendung international anerkannter Arbeits-, Sozial- und Umweltstandards, -grundsätze und -ver-

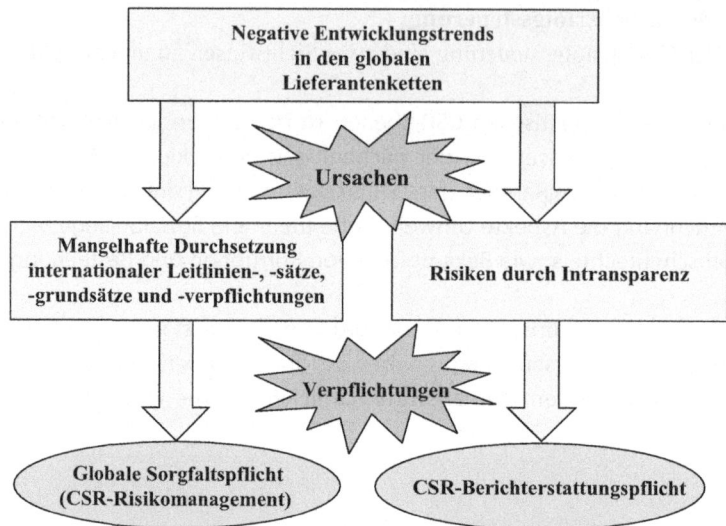

Abb. 2.9 Verbindliche CSR-Verpflichtungen. (Quelle: eigene Darstellung)

pflichtungen sowie eine bessere Transparenz in den globalen Lieferantenketten anstreben (vgl. Bundesregierung 2017, S. 5 ff.; EU-Kommission 2011, S. 7 ff.; G7 Germany 2015, S. 7). Abb. 2.9 verdeutlicht schematisch den vorstehenden Zusammenhang, der nachstehend ausführlich thematisiert wird.

Die Bundesregierung erwartet im vorstehenden Zusammenhang bereits seit Bekanntgabe ihrer ersten nationalen CSR-Strategie (Aktionsplan 2010), dass deutsche Unternehmen im Zuge ihrer CSR-Implementierungen internationale Standards, Grundsätze und Rahmenvorgaben einhalten (BFNU 2009, S. 2; BMWi 2017, S. 2). Mit Blick auf die neue nationale CSR-Sichtweise, die die globale Sorgfaltspflicht in den Mittelpunkt stellt, sind insbesondere die OECD-Leitsätze für multinationale Unternehmen (Fassung 2011) sowie die VN-Leitprinzipien für Wirtschaft und Menschenrechte aus dem Jahr 2011 relevant (vgl. Abschn. 2.1.2, Abb. 2.6). Sowohl im Rahmen der OECD-Leitsätze als auch im Rahmen der VN-Leitprinzipien werden Unternehmen aufgefordert, adäquate Risikomanagementsysteme in den Lieferantenketten zu implementieren, mithilfe derer potenziell negative Effekte rechtzeitig erkannt und verhindert werden (vgl. DGCN 2014, S. 20 ff.; OECD 2011, S. 23; Stibbe 2018, S. 308 ff.). Zahlreiche negative Trends in den globalen Lieferantenketten verdeutlichen aber, dass eine große Anzahl an Unternehmen der vorstehenden Erwartung auf der Basis des Freiwilligkeitsprinzips bisher nicht nachkommt. Vor dem Hintergrund der vorstehenden Erläuterungen will die Bundesregierung zukünftig eine bessere Umsetzung der VN-Leitprinzipien sowie der OECD-Leitsätze durchsetzen. Abb. 2.10 zeigt schematisch den vorstehenden Zusammenhang, der nachstehend ausführlich thematisiert wird.

Abb. 2.10 Risikomanagement in Wertschöpfungs- und Lieferantenketten. (Quelle: eigene Darstellung)

2.2.1 Umsetzung der VN-Leitprinzipien für Wirtschaft und Menschenrechte

> **VN-Leitprinzipien für Wirtschaft und Menschenrechte 2011**
> Im Juni 2011 verabschiedete der Menschenrechtsrat der VN die Leitprinzipien für Wirtschaft und Menschenrechte. Damit endete ein mehrjähriger Forschungs- und Konsultationsprozess, der durch den VN-Sonderbeauftragten Prof. John Ruggie geleitet und durch die Bundesregierung aktiv unterstützt wurde. Diese Leitprinzipien basieren auf drei Säulen:
>
> (I) Pflicht des Staates zum Schutz der Menschenrechte.
> (II) Verantwortung des Unternehmens zur Achtung der Menschenrechte.
> (III) Zugang zu Abhilfe.
>
> Die von Ruggie erstmals beschriebenen Säulen wurden mit 31 handlungsleitenden Prinzipien unterlegt.
> Die VN-Leitprinzipien für Menschenrechte basieren auf international anerkannten Menschenrechten, die insbesondere durch die nachstehenden Rahmenwerke im internationalen Recht verankert wurden: Allgemeine Erklärung der Menschenrechte von 1948, Internationaler Pakt über wirtschaftliche, soziale und kulturelle Rechte, Internationaler Pakt über bürgerliche und politische Rechte von 1998, ILO-Erklärung über die grundlegenden Prinzipien und Recht der Arbeit von 1998. (vgl. ausführlich: BMAS 2018a, Punkt II)

Die G7-Staats- und Regierungschefs begrüßen und unterstützen die Bestrebungen der Europäischen Kommission zur Erstellung substanzieller Nationaler Aktionspläne und rufen die Privatwirtschaft dringend auf, ihrer Sorgfaltspflicht auf dem Gebiet der Menschenrechte nachzukommen (vgl. EU-Kommission 2011, S. 17; G7 Germany 2015, S. 7 f.). Auf der Basis des vorstehenden Hintergrundes wurde in Deutschland am 21. Dezember 2016 der Nationale Aktionsplan 2016–2020 zur Umsetzung der VN-Leitprinzipien für Wirtschaft und Menschenrechte (NAP) vom Bundeskabinett beschlossen. Die Bundesregierung verweist im Rahmen ihres Aktionsplanes auf *fünf Kernelemente menschlicher Sorgfaltspflicht*

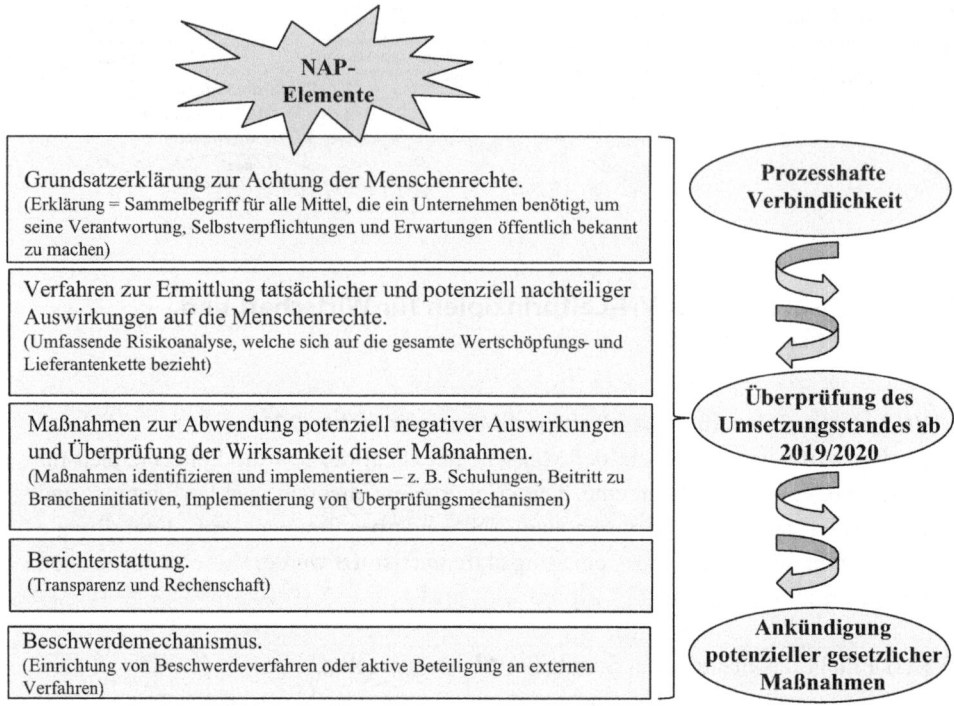

Abb. 2.11 Verbindliche NAP-Elemente. (Quelle: eigene Darstellung)

und hebt in Anlehnung an das VN-Leitprinzip 14 explizit die prozesshafte Verbindlichkeit für alle Unternehmen hervor (vgl. Bundesregierung 2017, S. 7 ff.). Der NAP markiert den Ausgangspunkt eines kontinuierlichen Prozesses, der fortgeschrieben und weiterentwickelt wird. Wie im Rahmen der nachstehenden Ausführungen deutlich wird, wird die prozesshafte Verbindlichkeit mittels der Implementierung von Sorgfaltsprüfungen bzw. eines integrierten Monitoring Schritt für Schritt seitens der Bundesregierung durchgesetzt. Die Bundesregierung schließt im vorstehenden Zusammenhang neue gesetzliche Maßnahmen nicht aus (vgl. BMAS o.J.-d) Abb. 2.11 zeigt die verbindlichen NAP-Kernelemente, die in der nachstehenden Analyse ausführlich thematisiert werden.

> **VN-Leitprinzip 14 – auch KMU werden in die Pflicht genommen!**
> „Die Verantwortung von Wirtschaftsunternehmen zur Achtung der Menschenrechte obliegt allen Unternehmen unabhängig von ihrer Größe, dem Sektor, ihrem operativen Umfeld, ihren Eigentumsverhältnissen und ihrer Struktur. Umfang und Komplexität der Maßnahmen, durch die Unternehmen ihrer Verantwortung nachkommen,

(Fortsetzung)

können jedoch nach Maßgabe dieser Faktoren und der Schwere ihrer nachteiligen menschenrechtlichen Auswirkungen variieren." (DGCN 2014, S. 17)

„Die Mittel, mit denen ein Wirtschaftsunternehmen seiner Verantwortung zur Achtung der Menschenrechte nachkommt, werden neben anderen Faktoren in entsprechendem Verhältnis zu seiner Größe stehen. Kleine und mittlere Unternehmen besitzen geringere Kapazitäten und verfügen über informellere Verfahren und Managementstrukturen als größere Unternehmen. Ihre jeweiligen Politiken und Verfahren nehmen demzufolge andere Formen an. Manche kleine und mittlere Unternehmen können jedoch schwere Auswirkungen auf die Menschenrechte haben, was ungeachtet ihrer Größe entsprechende Maßnahmen erforderlich machen lässt. Die Schwere der Auswirkungen ist danach zu bemessen, welches Ausmaß und welchen Umfang sie besitzen und inwieweit sie nicht wiedergutzumachen sind. [...] Die Verantwortung zum Schutz der Menschenrechte obliegt jedoch allen Wirtschaftsunternehmen uneingeschränkt und in gleichem Maße." (DGCN 2014, S. 17 f.)

Beispiel

NAP-Kernelemente – CSR-Risikomanagement und CSR-Berichterstattung im Fokus!

Grundsatzerklärung: Im Rahmen einer *Grundsatzerklärung* sollten Unternehmen in Anlehnung an das VN-Leitprinzip Nr. 16 öffentlich zum Ausdruck bringen, dass sie ihrer Verantwortung zur Achtung der Menschenrechte nachkommen. Der Begriff „Erklärung" wird als Sammelbegriff für alle Mittel verwendet, die ein Unternehmen benötigt, um seine Verantwortung, Selbstverpflichtungen und Erwartungen öffentlich bekannt zu machen. Diese Erklärung sollte von der Unternehmensleitung verabschiedet sowie intern und extern *kommuniziert* werden. Im Rahmen dieser Erklärung sollten besonders relevante Menschenrechtsthemen unter Bezugnahme auf internationale menschenrechtliche Referenzinstrumente behandelt und das *Verfahren* beschrieben werden, mit dem das Unternehmen seinen menschenrechtlichen Sorgfaltspflichten nachkommt (vgl. Bundesregierung 2017, S. 8; DGCN 2014, S. 18 ff.).

Verfahren zur Ermittlung tatsächlicher und potenziell nachteiliger Auswirkungen auf die Menschenrechte: Im Kern der Sorgfaltspflichten steht in Anlehnung an das VN-Leitprinzip 17 *die Einrichtung eines Verfahrens*, das dazu dient, potenziell nachteilige Auswirkungen unternehmerischen Handelns auf die Menschenrechte zu ermitteln, zu verhüten oder zu mindern. Der NAP stellt hier insbesondere auf eine *umfassende Risikoanalyse* ab, welche sich auf die *gesamte Wertschöpfungs- und Lieferantenkette* bezieht. Es geht hier insbesondere um die Betrachtung menschenrechtlicher Risiken für potenziell Betroffene des unternehmerischen Handelns (z. B. Beschäftigte im eigenen Unternehmen, in der Lieferkette, Anwohner, Kunden) bzw. mit dem Handeln verbundene Risiken. Bei der Analyse möglicher Risiken muss unterschieden werden zwischen direkten Auswirkungen (z. B. vom Unternehmen selbst verursachte direkte Auswirkungen, durch Vertragsbeziehungen mit Lieferanten direkt verursachte Auswirkungen in der Wertschöpfungskette) und indirekten Auswirkungen, die trotz fehlender Vertragsbeziehungen auftreten können (z. B. Zwischenhändler, Vorleistungslieferanten der direkten Zulieferer) (vgl. Bundesregierung 2017, S. 8 f.; DGCN 2014, S. 20 ff.).

Maßnahmen zur Abwendung potenziell negativer Auswirkungen und Überprüfung der Wirksamkeit dieser Maßnahmen: In Anlehnung an die VN-Leitprinzipien 18 bis 20 sollten auf der Basis der vorgenannten Analyseergebnisse *Maßnahmen identifiziert* und in die Geschäftstätigkeit integriert werden (z. B. Schulungen im Unternehmen oder bei Lieferanten, Anpassung bestimmter Managementprozesse, Veränderungen in der Lieferantenkette, Beitritt zu Brancheninitiativen). Auf der Basis klarer Zuständigkeiten sollte das Unternehmen entsprechende *Überprüfungsmechanismen* implementieren. Das Unternehmen sollte vorrangig Maßnahmen zur Abhilfe entwickeln. Der Rückzug aus einem Geschäftsfeld sollte als ein letzter Schritt in die Betrachtung einbezogen werden (vgl. Bundesregierung 2017, S. 9; DGCN 2014, S. 22 ff.).

Berichterstattung: In Anlehnung an die VN-Leitprinzipen 21 bis 24 sollten Unternehmen im Rahmen ihrer Rechenschaftspflicht darüber berichten, dass sie die tatsächlichen Auswirkungen ihres unternehmerischen Handelns auf die Menschenrechte kennen und in geeigneter Weise begegnen (vgl. Bundesregierung 2017, S. 9; DGCN 2014, S. 27 f.).

Beschwerdemechanismus: In Anlehnung an die VN-Leitprinzipien 25 bis 31 sollten Unternehmen entweder selbst Beschwerdeverfahren einrichten oder sich aktiv an externen Verfahren beteiligen (vgl. Bundesregierung 2017, S. 9 f.; DGCN 2014, S. 31 ff.).

Monitoring des Umsetzungsstandes

Die Bundesregierung erwartet von *allen Unternehmen*, dass sie die im Aktionsplan vorgegebenen *NAP-Elemente* zur Umsetzung der unternehmerischen Sorgfaltspflicht in einer ihrer Größe, Branche und Position in der Liefer- und Wertschöpfungskette in angemessener Weise einführen. 2019/2020 wird der Umsetzungsstand in Unternehmen überprüft. Zur Begleitung des Monitoring wird ein ständiger Ressortkreis (interministerieller Ausschuss/IMA) unter der Federführung des Auswärtigen Amtes einberufen. Unternehmen, die bestimmte Verfahren und Maßnahmen nicht umsetzen, können ihre diesbezüglichen Gründe darlegen („Comply or Explain"-Mechanismus). Auf dieser Grundlage wird zunächst überprüft, ob mindestens 50 % aller in Deutschland ansässigen Unternehmen mit mehr als 500 Beschäftigten bis 2020 die NAP-Elemente in ihre Unternehmensprozesse integriert haben. Sofern keine ausreichende Umsetzung erfolgt, wird die Bundesregierung weitergehende Schritte bis hin zu gesetzlichen Maßnahmen prüfen. Im vorstehenden Zusammenhang wird die Bundesregierung auch die Notwendigkeit einer Erweiterung des Kreises der zu überprüfenden Unternehmen mit geringerer Mitarbeiterzahl in Betracht ziehen (vgl. BMAS o.J.-d; Bundesregierung 2017, S. 7 ff.).

2.2.2 Umsetzung der OECD-Leitsätze für multinationale Unternehmen

> **OECD-Leitsätze für multinationale Unternehmen**
> Die OECD Leitsätze gehen auf das Jahr 1976 zurück. Sie wurden seither mehrfach überarbeitet. Die letzte Aktualisierung erfolgte im Jahr 2011 (vgl. OECD 2011, S. 4, 19). Die OECD-Leitsätze basieren auf den VN-Menschenrechtscharta, den ILO-Kernarbeitsnormen und der Rio-Erklärung über Umwelt und Entwicklung. Seit der letzten Aktualisierung im Jahr 2011 ist dem Thema „Menschenrechte" ein eigenes Kapitel gewidmet. Als erstes zwischenstaatliches Abkommen beinhalten die OECD-Leitsätze seit der letzten Aktualisierung das Risikomanagement in den Wertschöpfungs-/Lieferketten von Unternehmen. In den vergangenen Jahren hat die OECD Leitfäden zur Erfüllung der Sorgfaltspflicht (due diligence) in verschiedenen Sektoren veröffentlicht (Minerale aus Konflikt und Hochrisikogebieten, Landwirtschaft, Bergbau-, Öl- und Gassektor, Textilsektor, Finanzsektor) (vgl. BMDW 2018, S. 1 f.). Die Leitsätze selbst sind nicht bindend, beruhen jedoch auf einem völkerrechtlichen bindenden Übereinkommen zwischen den unterzeichnenden Staaten aus dem Jahr 1976. Trotz der fehlenden Verbindlichkeit erwartet die Bundesregierung von allen Unternehmen, dass sie sich an die OECD-Leitsätze halten (vgl. BMWi 2017).

Die OECD-Leitsätze für multinationale Unternehmen gelten auf internationaler Ebene als renommierter CSR-Verhaltenskodex. Wie in der nachstehenden Analyse gezeigt wird, stellen die OECD-Leitsätze insbesondere unter Kap. IV (Menschenrechte) explizit einen Bezug zu den VN Leitprinzipien für Menschenrechte her; die Prozessschritte bzw. die OECD-Module entsprechen exakt den NAP-Kernelementen der Bundesregierung. Wie unter Abschn. 2.1.1 gezeigt wurde, ist „CSR der Beitrag der Unternehmen zur Umsetzung der nachhaltigen Entwicklung". Die Unternehmen verwirklichen diesen Beitrag im Rahmen ihrer CSR-Erfolgssteuerung, indem sie ihre Aktivitäten an den Vorgaben der OECD-Leitsätze ausrichten (vgl. OECD 2011, S. 22):

▶ Im Mittelpunkt der OECD-Leitsätze stehen das Risikomanagement in den Wertschöpfungs- und Lieferantenketten, die Fortschrittsüberwachung und die Berichterstattung.

Abb. 2.12 in Verbindung mit Abb. 2.8 verdeutlichen den obigen Zusammenhang, der nachstehend ausführlich thematisiert wird.

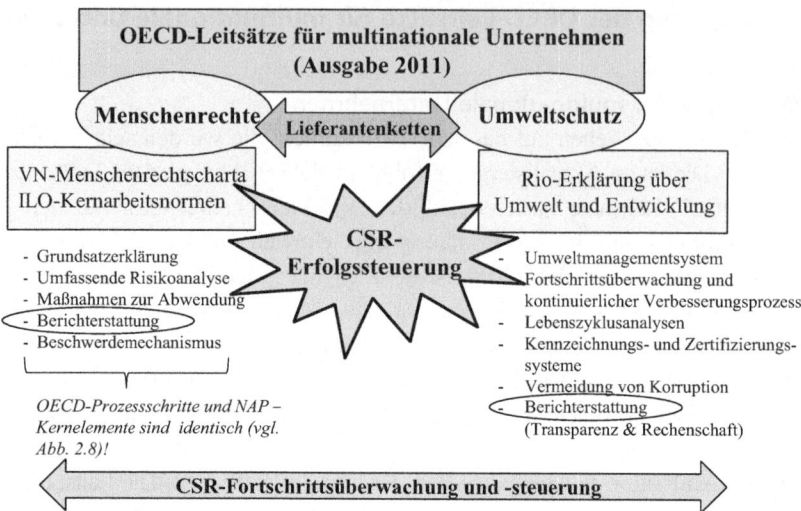

Abb. 2.12 CSR-Erfolgssteuerung – Risikomanagement, Fortschrittsüberwachung und Berichterstattung im Fokus der OECD-Leitsätze. (Quelle: eigene Darstellung)

Beispiel

OECD-Leitsätze – CSR-Risikomanagement und Berichterstattung im Fokus!

Im Rahmen der OECD-Leitsätze werden die Unternehmen ermutigt, wirksame Selbstregulierungspraktiken und Managementsysteme zu konzipieren und anzuwenden (vgl. OECD 2011, S. 22). Ebenso wie der NAP sehen die OECD-Leitsätze Selbstverpflichtungskonzepte und umfassende risikoabhängige Due-Diligence-Prüfungen sowie die Implementierung von Risikomanagementsystemen und Maßnahmen zur Abwendung potenziell negativer Auswirkungen und Überprüfung der Maßnahmen in den Lieferanten- und Wertschöpfungsketten vor (vgl. OECD 2011, S. 23 ff.). Im Rahmen der Due-Diligence-Vorkehrungen und Risikoeinschätzungen sind sowohl die direkten als auch indirekten Zulieferunternehmen (z. B. Zwischenhändler und Vorleistungslieferanten der direkten Zulieferer) einzubeziehen. Der Abbruch einer Geschäftsbeziehung zu einem Lieferanten wird – ebenso wie beim NAP – als letztes Mittel gesehen (vgl. OECD 2011, S. 29).

Analog zu den Vorgaben des NAP sehen die OECD-Leitsätze unter Kap. IV „Menschenrechte" und Kap. V „Beschäftigung und Beziehungen zwischen den Sozialpartnern" ebenfalls eine Grundsatzerklärung, eine umfassende Risikoanalyse, angemessene Maßnahmen zur Abwendung potenziell negativer Auswirkungen und Überprüfung der Wirksamkeit dieser Maßnahmen, Transparenz und Rechenschaft (Berichterstattung) sowie die Implementierung von Beschwerdemechanismen vor (vgl. OECD 2011, S. 36 ff.).

Im Rahmen des Kap. VI „Umwelt" werden die Unternehmen explizit zur Implementierung eines Umweltmanagementsystems, zur Fortschrittsüberwachung mittels messbarer Zielvorgaben, zur kontinuierlichen Verbesserung der Umweltleistungen, zur Implementierung von Kennzeichnungs- und Zertifizierungssystemen auf der Basis internationaler Standards sowie zur Berichterstattung in Richtung der Stakeholder (Transparenz und Rechenschaft) aufgefordert (vgl. OECD 2011, S. 49 ff.).

Kap. VII „Bekämpfung von Bestechung, Bestechungsgeldforderungen und Schmiergelderpressung" ist der Vermeidung von Korruption in der gesamten Lieferanten- und Wertschöpfungskette gewidmet (vgl. OECD 2011, S. 55 ff.). Abb. 2.12 zeigt schematisch den vorstehenden Zusammenhang.

OECD-Leitsätze – auch KMU werden in die Pflicht genommen!
Die Bezeichnung „OECD-Leitsätze für multinationale Unternehmen" führt bezüglich des Adressatenkreises oftmals zu einer Fehlinterpretation. Ebenso wie im Rahmen der „VN-Leitprinzipien für Wirtschaft und Menschenrechte" werden sowohl große als auch kleine und mittlere Unternehmen in den CSR-Verhaltenskodex eingeschlossen:

„Mit den *Leitsätzen* wird keine unterschiedliche Behandlung von multinationalen und nationalen Unternehmen bezweckt; vielmehr sehen sie Verhaltensmaßstäbe für alle Unternehmen vor. Insoweit gelten für multinationale und nationale Unternehmen, soweit die *Leitsätze* für beide relevant sind, die gleichen Erwartungen hinsichtlich ihres Verhaltens." (OECD 2011, S. 20).

„Wenn auch eingeräumt wird, dass kleine und mittlere Unternehmen möglicherweise nicht über dieselben Kapazitäten wie Großunternehmen verfügen, halten die Teilnehmerstaaten diese gleichwohl dazu an, die Empfehlungen der *Leitsätze* so weit wie irgend möglich anzuwenden." (OECD 2011, S. 20)

2.2.3 Umsetzung der CSR-Berichterstattung

Wie nachstehend gezeigt wird, steht die CSR-Berichterstattung als

▶ Instrument zur Umsetzung der nachhaltigen Entwicklung

auf sämtlichen CSR-Ebenen im Fokus der Strategien.

Im Rahmen der CSR-Berichterstattung sind – in Abhängigkeit des jeweils zugrundeliegenden *Wesentlichkeitsprinzips* – zwei Sichtweisen zu unterscheiden:

▶ die Sichtweise der Nachhaltigkeitsberichterstattung und

▶ die Sichtweise der Lageberichterstattung.

Abb. 2.13 zeigt den vorstehenden Zusammenhang, der nachstehend thematisiert wird.

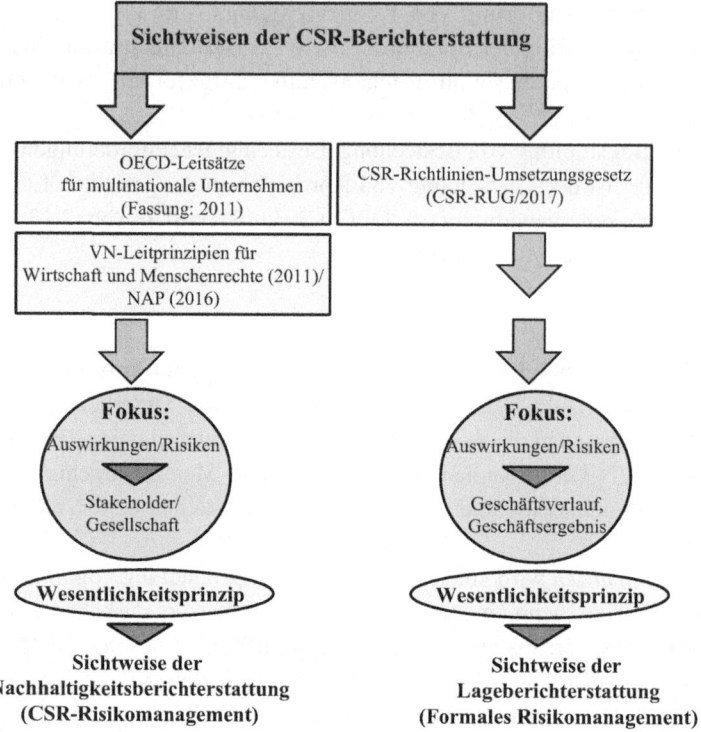

Abb. 2.13 Sichtweisen der CSR-Berichterstattung. (Quelle: eigene Darstellung)

Wesentlichkeitsprinzip im Rahmen der Nachhaltigkeitsberichterstattung
Unternehmen, die Nachhaltigkeitsberichte veröffentlichen, wollen damit in der Regel ihre relevanten Stakeholder ansprechen. Eine Nachhaltigkeitsberichterstattung basiert grundsätzlich auf dem Prinzip der Freiwilligkeit. Die relevanten Stakeholder sollen im vorstehenden Zusammenhang darüber informiert werden, dass das berichterstattende Unternehmen sich systematisch mit den ökologischen und sozialen Auswirkungen seiner Geschäftstätigkeit befasst, *um* negative Auswirkungen zu vermeiden und Chancen zu nutzen. Im Mittelpunkt steht das CSR-Risikomanagement, mithilfe dessen der Beitrag der Unternehmen zur Umsetzung der nachhaltigen Entwicklung optimiert und Wettbewerbspotenziale im Rahmen der CSR-Erfolgssteuerung ausgeschöpft werden sollen. Im vorstehenden Zusammenhang erhält CSR den Charakter eines dualen Erfolgsfaktors (Nutzen für die Gesellschaft, Nutzen für das Unternehmen). Das Wesentlichkeitsverständnis, das die Auswirkungen der unternehmerischen Tätigkeit auf die Gesellschaft und die Information von Stakeholdern im Blick hat, ist weiter gefasst, als der direkte Geschäftsbezug im Rahmen des Lageberichtes bzw.

(Fortsetzung)

CSR-RUG. Zur Einhaltung des Wesentlichkeitsprinzips gemäß Vorgaben der GRI-Leitlinien ist es daher notwendig, wesentliche Themen auf der Grundlage der Dimension „Wesentlichkeit aus der Sicht des Unternehmens" und „Wesentlichkeit aus der Sicht der Stakeholder" zu ermitteln (vgl. GRI-SRS-101 2016, S. 10). Das Wesentlichkeitsprinzip und das CSR-Risikomanagement auf der Grundlage der GRI-SRS werden unter Abschn. 4.2.1 ausführlich thematisiert.

2.2.3.1 CSR-Berichterstattung – Sichtweise der Nachhaltigkeitsberichterstattung

Die VN unterstreichen in ihrem Abschlussdokument der Rio+20-Konferenz „Die Zukunft, die wir wollen" aus dem Jahr 2012 explizit die Relevanz der Nachhaltigkeitsberichterstattung (vgl. VN (2015), Absatz 47, S. 67). Am 25. September 2015 wurde auf dem UN-Gipfel in New-York die globale Nachhaltigkeitsstrategie, die sogenannte „Agenda 2030" für nachhaltige „Entwicklung", verabschiedet. Die 17 Sustainable Development Goals (SGDs) der Agenda 2030 sind ab 2016 an die Stelle der im Jahr 2001 vereinbarten Millennium Development Goals (MDGs) getreten (vgl. Stibbe 2017, S. 10 ff., 2018, S. 314 ff.):

▶ Mit der Implementierung von SDG 12.6 (Nachhaltigkeitsberichterstattung) in das globale Managementsystem zur Umsetzung der nachhaltigen Entwicklung der VN erhält die Nachhaltigkeitsberichterstattung als Instrument zur Fortschrittsüberwachung und CSR-Erfolgssteuerung der Aspekte Umwelt-, Arbeitnehmer- und Sozialbelange sowie Bekämpfung von Korruption und Achtung der Menschenrechte eine neue und an Relevanz gewinnende Bedeutung im Rahmen des CSR-Transformationsprozesses.

Abb. 2.14 zeigt rückblickend den vorstehenden Zusammenhang.

Aus der Sicht der politischen CSR-Ebenen ist der CSR-Erfolg der „Beitrag der Unternehmen zur Umsetzung der nachhaltigen Entwicklung". Wichtige Ziel- bzw. Erfolgsgrößen im Rahmen der CSR-Erfolgssteuerung sind im vorstehenden Zusammenhang die Aspekte Umwelt-, Arbeitnehmerbelange-, Sozialbelange, Achtung der Menschenrechte sowie Bekämpfung von Korruption und Bestechung. Die Ausführungen zu Abschn. 2.2.1 und 2.2.2 haben verdeutlicht, dass Unternehmen ihren Beitrag zur Umsetzung der nachhaltigen Entwicklung verwirklichen, indem sie ihre Aktivitäten gemäß OECD-Leitsätze für multinationale Unternehmen (Fassung: 2011) sowie VN-Leitprinzipien für Wirtschaft und Menschenrechte (2011) ausrichten. Sowohl die OECD-Leitsätze als auch die VN-Leitprinzipien für Wirtschaft und Menschenrechte fordern Unternehmen auf, adäquate Risikomanagementsysteme in den Lieferantenketten zu implementieren, mithilfe derer potenziell negative Effekte rechtzeitig erkannt und verhindert werden. Im Rahmen der vorgenannten CSR-Verhaltenskodizes werden Unternehmen zur Berichterstattung in Richtung der Stakeholder aufgefordert. Die Berichterstattungsperspektive gemäß VN-Leit-

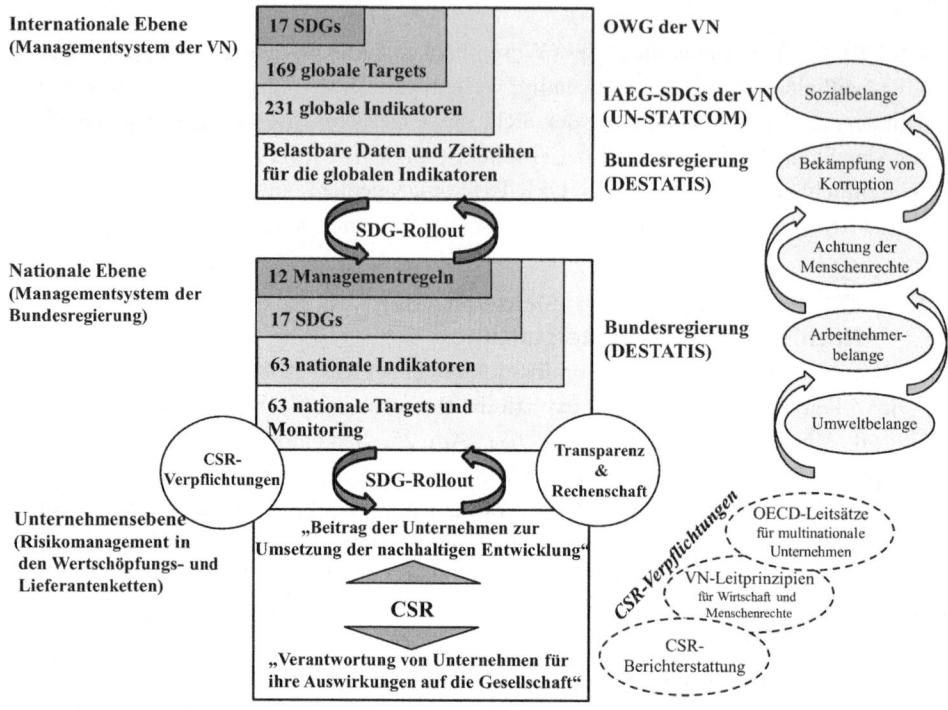

Abb. 2.14 CSR-Transformationsprozess. (Quelle: eigene Darstellung)

prinzipien für Wirtschaft und Menschenrechte sowie OECD-Leitsätze entspricht dem *Wesentlichkeitsprinzip der Nachhaltigkeitsberichterstattung* (vgl. ausführlich Abschn. 4.2). Abb. 2.13 zeigt schematisch den vorstehenden Zusammenhang.

2.2.3.2 CSR-Berichterstattung gemäß CSR-RUG – Sichtweise der Lageberichterstattung

Die Europäische Kommission verweist in ihrer EU-CSR-Strategie 2011 mit der Ankündigung einer Rechtsvorschrift zur Umsetzung einer CSR-Berichterstattungspflicht in Europa auf die Relevanz der CSR-Berichterstattung im Rahmen der Umsetzung der nachhaltigen Entwicklung (vgl. Europäische Kommission 2011, S. 14). Am 22. Oktober 2014 verabschiedete das Europäische Parlament im vorstehenden Zusammenhang die CSR-Berichterstattungsrichtlinie 2014/95/EU, die die Pflichten der Unternehmen zur nicht-finanziellen Berichterstattung erweitert (vgl. Europäisches Parlament 2014; Loew und Braun 2018, S. 6 ff.). Die Entscheidung der Europäischen Kommission für eine rechtliche Verankerung der Berichtspflicht anstelle einer verpflichtenden Nachhaltigkeitsberichterstattung ist sehr grundlegend (vgl. Loew und Braun 2018, S. 5 ff.):

▶ Die nicht-finanzielle Berichterstattung muss die grundlegenden Anforderungen der Lageberichterstattung erfüllen!

Gemäß der 2014/95/EU-Richtlinie sollte die Umsetzung der CSR-Berichterstattung bis spätestens 6. Dezember 2016 erfolgen (vgl. Europäisches Parlament 2014, Artikel 4, Pkt. 1). Deutschland und viele andere EU-Staaten konnten diese Frist jedoch nicht einhalten (vgl. RNE 2016, S. 1 f., 2017, S. 1). Bei der Umsetzung der CSR-Richtlinie 2014/95/EU in nationales Recht existieren EU-weit erhebliche Unterschiede z. B. bezüglich der Definition der Mindestgröße der einzubeziehenden Unternehmen, der Prüfpflichten durch unabhängige Dritte sowie Sanktionen bei Nichteinhaltung (vgl. RNE 2018, S. 25). In Deutschland wurde der von der Bundesregierung eingebrachte Entwurf eines „Gesetzes zur Stärkung der nicht-finanziellen Berichterstattung der Unternehmen" (auch: CSR-Richtlinie-Umsetzungsgesetz/CSR-RUG) am 09. März 2017 durch den deutschen Bundestag angenommen und am 10. März durch den Bundesrat beschlossen (vgl. Deutscher Bundestag 2017a; Bundestag 2017b). Das Nationale CSR-Richtlinie-Umsetzungsgesetz (CSR-RUG) wurde am 18. April 2017 im Bundesgesetzblatt verkündet und gilt rückwirkend ab dem 1. Januar 2017 (vgl. Bundesgesetzblatt 2017, S. 802 ff.; Deutscher Bundestag 2017a; RNE 2017, S. 1):

CSR-Richtlinie-Umsetzungsgesetz (CSR-RUG)
Die Berichtspflicht des CSR-RUG trifft große Unternehmen von öffentlichem Interesse (kapitalmarktorientierte Unternehmen, Kreditinstitute, Finanzdienstleistungsinstitute und Versicherungsunternehmen) mit einer Bilanzsumme von mindestens 20 Mio. Euro *oder* Umsatzerlösen von mindestens 40 Mio. Euro und mehr als durchschnittlich 500 Mitarbeitern während des Geschäftsjahres (vgl. Bundesgesetzblatt 2017, S. 803; RNE 2016, S. 2, 2017, S. 1 f.; RNE 2018, S. 16).

Für die nicht-finanzielle Erklärung stehen den Unternehmen gemäß § 289 b HGB drei Alternativen zur Verfügung (vgl. Loew und Braun 2018, S. 8):

▶ *Separater Abschnitt im Lagebericht:* Die nicht-finanzielle Erklärung erhält einen eigenen Abschnitt im Lagebericht.

▶ *Integrierte nicht-finanzielle Berichterstattung im Lagebericht:* Die Informationen zum CSR-RUG können auch „integriert" an anderen Stellen im Lagebericht bereitgestellt werden.

▶ *Gesonderter nicht-finanzieller Bericht:* Hiermit ist ein Bericht gemeint, der zumindest die inhaltlichen Anforderungen der nicht-finanziellen Erklärung erfüllt. Dieser Bericht kann zugleich ein Nachhaltigkeitsbericht sein. Auf diesen gesonderten Bericht muss allerdings im Lagebericht verwiesen werden. Der Nachhaltigkeitsbericht muss allerdings im vorstehenden Zusammenhang mit dem Lagebericht im Bundesanzeiger oder spätestens vier Monate nach dem Abschlussstichtag auf der Internetseite des Unternehmens veröffentlich werden.

Gemäß § 289 d kann die nicht-finanzielle Erklärung unter Anlehnung an oder unter Verwendung nationaler, europäischer oder internationaler Rahmenwerke erstellt werden. Im vorstehenden Zusammenhang werden unter anderem der Standard der Global Reporting Initiative (GRI) sowie der Deutsche Nachhaltigkeitskodex (DNK) als adäquate Best-Practice-Rahmenwerke genannt, die unter Kap. 4 ausführlich thematisiert werden (vgl. RNE 2018a).

Gemäß § 289 c (2) HGB müssen mindestens die Aspekte Umweltbelange, Arbeitnehmerbelange, Sozialbelange, Achtung der Menschenrechte, Bekämpfung von Korruption und Bestechung in die CSR-Berichterstattung einbezogen werden (vgl. Bundesgesetzblatt 2017, S. 803 f.; RNE 2018, S. 7). Die Unternehmen werden im vorstehenden Zusammenhang entsprechend § 289 c (3) HGB aufgefordert, ihre Konzepte sowie die Ergebnisse dieser Konzepte und die wesentlichen Risiken dazustellen und Angaben zu den bedeutsamsten nicht-finanziellen Leistungsindikatoren zu machen, sofern diese für das Verständnis des Geschäftsverlaufs, des Geschäftsergebnisses sowie der Auswirkungen ihrer Tätigkeit auf die relevanten Aspekte erforderlich sind (vgl. Bundesgesetzblatt 2017, S. 804):

▶ Das CSR-RUG fordert von den berichtspflichtigen Unternehmen gemäß § 289 c (3) HGB somit einen *Wesentlichkeitsmaßstab*.

Der Grundsatz der Wesentlichkeit (Materialiät) ist in der Rechnungslegung tief verankert. Er besagt, dass bei einem Abschluss grundsätzlich alle Tatbestände offengelegt werden müssen, die wesentlich für das Verständnis der Geschäftstätigkeit des berichtenden Unternehmens sind. Im vorstehenden Zusammenhang liegt es im Ermessen der Unternehmensleitung zu entscheiden, ob bereits belastbare Angaben zu wesentlichen Aspekten gemacht werden können oder ob zusätzliche Analysen und die Einbindung von Stakeholdern notwendig sind (vgl. RNE 2018, S. 18).

Bei Verstößen gegen das CSR-RUG drohen gemäß § 340 (3) HGB Bußgelder in Höhe von bis zu zehn Mio. Euro oder fünf Prozent des Jahresumsatzes oder des doppelten durch die Nichteinhaltung entstandenen Gewinnes oder vermiedenen Verlustes (vgl. Bundesgesetzblatt 2017, S. 804 ff.; Deutscher Bundestag 2017a, S. 11; RNE 2018, S. 7). Wie unter Abschn. 4.2.2 ausführlich gezeigt wird, erfolgt die Umsetzung der Berichterstattung gemäß CSR-RUG nach dem sogenannten „Comply-or-Explain-Prinzip", d. h. Unternehmen machen zu den einzelnen Kriterien des CSR-RUG Angaben nach dem *Wesentlichkeitsprinzip* oder begründen die Abweichung, falls z. B. Daten noch nicht erhoben sind. Das CSR-RUG zielt somit in erster Linie auf Transparenz und nicht auf Leistung. Die Bundesregierung verfolgt mit der Umsetzung des CSR-RUG insbesondere die Zielsetzung auf der Ebene der Leitungsgremien von Unternehmen einen Lernprozess in Richtung CSR-Implementierung und CSR-Risikomanagement auszulösen Gemäß RNE zeichnet sich aktuell (Stand: August 2018) bereits deutlich ab, dass das CSR-RUG zu einer intensiveren Beschäftigung mit nichtfinanziellen Informationen auf der Ebene der Unternehmensführung führt (vgl. RNE 2018, S. 22).

> **Wesentlichkeitsprinzip im Rahmen der Lageberichterstattungsvorgaben gemäß CSR-RUG**
> Unternehmen, die ihre CSR-Berichterstattungspflicht gemäß CSR-RUG erfüllen, müssen sich insbesondere an die gesetzlichen Vorgaben der §§ 289c und 289 e sowie DRS 20 orientieren. Gemäß § 289 c Abs. 3 HGB sind die Angaben zu den verfolgten Konzepten, Risiken und Leistungsindikatoren nur dann verpflichtend, wenn sie für das Verständnis des Geschäftsverlaufs, des Geschäftsergebnisses, der Lage der Kapitalgesellschaft sowie der Auswirkungen ihrer Tätigkeit auf die relevanten Aspekte (insbesondere Umweltbelange, Arbeitnehmerbelange, Sozialbelange, Menschenrechte und Bekämpfung von Korruption und Bestechung) erforderlich sind. Mit dem vorgenannten strengen Geschäftsbezug steht im Rahmen des CSR-RUG in der aktuellen Auslegung das formale Risikomanagement im Mittelpunkt. Abb. 2.13 und 2.15 zeigen den vorstehenden Zusammenhang, der unter Kap. 3 und 4 ausführlich thematisiert wird. Für die Interpretation der neuen §§ 289 c bis 289 e HGB ist insbesondere der DRS 20 relevant, der mit der Verabschiedung der neuen HGB-Regelungen angepasst wurde (vgl. Loew und Braun 2018, S. 11). „Die Entscheidung darüber, welche Information ein verständiger Adressat benötigt, um den Geschäftsverlauf, die Lage des Unternehmens und seine voraussichtliche Entwicklung beurteilen zu können, obliegt der Unternehmensleitung. Dabei hat die Unternehmensleitung nicht nur das Recht, sondern sogar die Pflicht, ihre Sicht auf die Dinge zu vermitteln [...]" (Loew und Braun 2018, S. 16). Im vorstehenden Zusammenhang liegt es somit im Ermessen des berichtspflichtigen Unternehmens zu entscheiden, ob bereits belastbare Angaben zu wesentlichen Aspekten gemacht werden können oder ob zusätzliche Analysen und die Einbindung von Stakeholdern notwendig sind. Wie unter Abschn. 4.2.2 ausführlich gezeigt wird, teilt der DNK die geschäftsbezogene Sichtweise der Wesentlichkeit. Die berichterstattenden Unternehmen haben darüber hinaus die Möglichkeit, eine über das CSR-RUG hinausgehende Risikodarstellung zu den einzelnen Nachhaltigkeitsaspekten vorzunehmen (vgl. RNE 2018, S. 18 ff.).

2.3 Zwischenfazit: CSR-Verbindlichkeiten treffen große Unternehmen und KMU

Die Ausführungen zu Abschn. 2 haben verdeutlicht, dass zahlreiche Unternehmen ihrer gesellschaftlichen Verantwortung in den globalen Wertschöpfungs- und Lieferantenketten auf dem Prinzip der Freiwilligkeit in der Vergangenheit nicht nachgekommen sind. Auf den supranationalen und nationalen CSR-Ebenen besteht Einigkeit, dass die Ursachen für die zahlreichen negativen Entwicklungstrends (z. B. zahlreiche Umweltverschmutzungen, Menschenrechtsverletzungen, Zerstörung zahlreicher Ökosysteme) insbesondere in der mangelhaften Durchsetzung anerkannter internationaler CSR-Verhaltenskodizes (z. B.

OECD-Leitsätze für multinationale Unternehmen, VN-Leitprinzipien für Wirtschaft und Menschenrechte) sowie Risiken durch Intransparenz begründet liegen. Die G7, die Europäische Kommission und die Bundesregierung streben in ihren politischen Strategien eine bessere Anwendung international anerkannter Arbeits-, Sozial- und Umweltstandards sowie eine bessere Transparenz in den globalen Lieferantenketten an. Die vorstehende Analyse hat gezeigt, dass ein für die Unternehmen verbindliches CSR-Risikomanagement auf der Basis international anerkannter CSR-Verhaltenskodizes und -rahmenvorgaben sowie eine adäquate CSR-Berichterstattung die wesentlichen Säulen der CSR-Erfolgssteuerung darstellen. Abb. 2.15 zeigt rückblickend den vorstehenden Zusammenhang.

Im folgenden Kap. 3 wird gezeigt, dass sich eine CSR-Implementierung für Unternehmen aus betriebswirtschaftlicher Sicht lohnt. Empirische Studien belegen, dass erfolgreiche Unternehmen die CSR-Gütekriterien als duale CSR-Erfolgsfaktoren einsetzen. Über die Implementierung eines umfassenden CSR-Risikomanagement können im vorstehenden

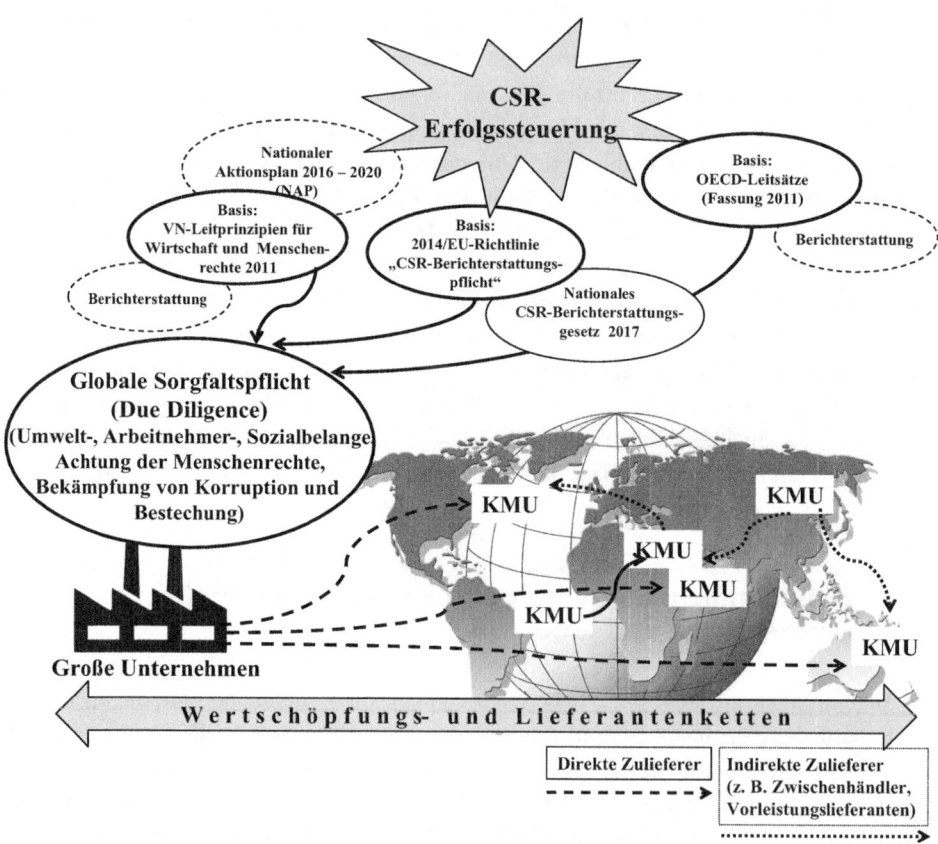

Abb. 2.15 Globale Sorgfaltspflicht – Relevanz für große Unternehmen und KMU. (Quelle: eigene Darstellung)

Zusammenhang sowohl die Erfolgspotenziale zur Umsetzung der nachhaltigen Entwicklung als auch die Erfolgspotenziale zur Verbesserung der Wettbewerbssituation ausgeschöpft werden. Abb. 2.8 zeigt rückblickend den vorstehenden Zusammenhang. Mittels des Einsatzes von Branchenkodizes sowie unternehmensindividuellen Verhaltenskodizes transferieren insbesondere große Unternehmen und damit Großabnehmer die Einhaltung bzw. Umsetzung verbindlicher CSR-Verpflichtungen auf die direkten und indirekten Zulieferunternehmen in den Lieferantenketten. CSR-Verpflichtungen und insbesondere die Einhaltung international relevanter CSR-Leitlinien und -Leitsätze werden auf diese Weise auch auf KMU in den globalen Lieferantenketten „ausgerollt". KMU, die mittels zertifizierter Prozess- und Verhaltensstandards ihr CSR-Engagement glaubhaft nachweisen können, haben im Umkehrschluss bessere Wettbewerbschancen im Rahmen der Ausschöpfung potenzieller Marktanteile. Abb. 2.15 zeigt schematisch den vorstehenden Zusammenhang.

Übungsfragen

1. Erläutern Sie den CSR-Paradigmenwechsel (Stichworte: CSR-Reichweite, CSR-Inhalte, historische CSR-Sichtweise, aktuelle CSR-Sichtweise, CSR-Verpflichtungen).
2. Beschreiben Sie den CSR-Transformationsprozess.
3. Erläutern Sie den CSR-Paradigmenwechsel im Rahmen der EU-CSR-Strategie 2011/14.
4. Nennen Sie die CSR-Fortschrittsindikatoren der EU.
5. Beschreiben Sie das aktuelle CSR-Verständnis der Bundesregierung.
6. Erläutern Sie die CSR-Merkmale und CSR-Gütekriterien aus aktueller politischer Sicht der Bundesregierung.
7. Auf der supranationalen und nationalen CSR-Ebene besteht Einigkeit, dass die Ursachen für nicht-nachhaltige Entwicklungstrends insbesondere in der mangelhaften Durchsetzung international anerkannter Grundsätze und –leitlinien sowie in Risiken durch Intransparenz begründet liegen. Kommentieren Sie ausführlich die vorstehende Aussage.
8. Erläutern Sie die Sichtweisen der CSR-Erfolgssteuerung.
9. Stellen Sie dar, warum die CSR-Gütekriterien auch als CSR-Erfolgsfaktoren charakterisiert werden.
10. Charakterisieren Sie kurz den UN-Global-Compact in seinen wesentlichen Eckpunkten.
11. Charakterisieren Sie kurz die ISO 26000 in ihren wesentlichen Eckpunkten.
12. Erläutern Sie ausführlich die OECD-Leitsätze (Fassung 2011) und stellen Sie im vorstehenden Zusammenhang die Relevanz der Leitsätze im Rahmen der Umsetzung der nachhaltigen Entwicklung heraus.
13. Erläutern Sie ausführlich den Nationalen Aktionsplan zur Umsetzung der VN-Leitprinzipien für Wirtschaft und Menschenrechte (2016). Stellen Sie im Rahmen Ihrer Ausführungen die Relevanz des Aktionsplans im Rahmen der Umsetzung der nachhaltigen Entwicklung heraus.

14. Im Rahmen der CSR-Berichterstattung werden zwei Sichtweisen unterschieden. Erläutern Sie diese beiden Perspektiven.
15. Erläutern Sie ausführlich das CSR-Richtlinienumsetzungsgesetz (CSR-RUG).

Literatur

BFNU (Hrsg.). 2009. Beschluss des Nationalen CSR-Forums vom 28. April 2009 als Empfehlung an die Bundesregierung: Gemeinsames Verständnis von Corporate Social Responsibility (CSR) in Deutschland. Berlin/Deutschland. http://www.bfnu.de/files/downloads/Nationales_CSR-Forum_2009_Gemeinsames_Verstaendnis_von_CSR.pdf. Zugegriffen: 25.01.2018.

BMAS (Hrsg.) 2010. Nationale Strategie zur gesellschaftlichen Verantwortung von Unternehmen (Corporate Social Responsibility – CSR) – Aktionsplan CSR – der Bundesregierung. Berlin/Deutschland. https://www.bundesregierung.de/Content/DE/StatischeSeiten/Breg/Nachhaltigkeit/_SubsiteInhalte/_Anlagen/2010-12-07-aktionsplan-csr.pdf;jsessionid=6811783ACE366B546221A78697E6B60B.s6t1?__blob=publicationFile&v=2. Zugegriffen: 20.04.2018.

BMAS (Hrsg.) 2018a. Berliner CSR-Konsens zur Unternehmensverantwortung in Liefer- und Wertschöpfungsketten. Beschlossen am 25.Juni 2018 in Berlin. Berlin/Deutschland. https://www.csr-in-deutschland.de/SharedDocs/Downloads/DE/PDF-Dateien/csr-konsens-grundsatzverordnung-liefer-wertschoepfungsketten.pdf?__blob=publicationFile&v=2. Zugegriffen: 30.07.2018.

BMAS (Hrsg.) 2018b. Nationales CSR-Forum beschließt Grundsatzpapier zur Unternehmensverantwortung in Liefer- und Wertschöpfungsketten, S. 1–3. Berlin/Deutschland. https://www.bmas.de/DE/Presse/Pressemitteilungen/2018/grundsatzpapier-unternehmensverantwortung.html. Zugegriffen: 31.07.2018.

BMAS (Hrsg.) o.J.-a. CSR in der Welt. Berlin/Deutschland. http://www.csr-in-deutschland.de/DE/Politik/CSR-international/CSR-in-der-Welt/csr-in-der-welt.html. Zugegriffen: 20.01.2018.

BMAS (Hrsg.) o.J.-b. CSR-Politik in Deutschland. Berlin/Deutschland. http://www.csr-in-deutschland.de/DE/Politik/CSR-national/csr-national.html. Zugegriffen: 20.01.2018.

BMAS (Hrsg.) o.J.-c. CSR-Strategie der Bundesregierung. Berlin/Deutschland. http://www.csr-in-deutschland.de/DE/Politik/CSR-national/Strategie/csr-strategie.html. Zugegriffen: 20.01.2018.

BMAS (Hrsg.) o.J.-d. Über den NAP – Nächste Schritte: Monitoring des Umsetzungsstandes. https://www.csr-in-deutschland.de/DE/Wirtschaft-Menschenrechte/Ueber-den-NAP/Naechste-Schritte/art-naechste-schritte.html. Zugegriffen: 01.08.2018.

BMAS (Hrsg.) o.J.-e. Zur Geschichte der Corporate Social Responsibility (CSR). http://www.csr-in-deutschland.de/DE/Was-ist-CSR/Grundlagen/Historie/historie-von-csr.html. Zugegriffen: 20.01.2018.

BMDW (Hrsg.) 2018. Weiterentwicklung der OECD-Leitsätze für multinationale Unternehmen. https://www.bmdw.gv.at/Aussenwirtschaft/investitionspolitik/Seiten/Weiterentwicklung-der-OECD-Leits%C3%A4tze-f%C3%BCr-multinationale-Unternehmen.aspx. Zugegriffen: 01.08.2018.

BMWi (Hrsg.) 2017. OECD-Leitsätze für multinationale Unternehmen – Empfehlungen für verantwortungsvolles unternehmerisches Handeln in einem globalen Kontext. Berlin/Deutschland. https://www.bmwi.de/Redaktion/DE/Publikationen/Aussenwirtschaft/oecd-leitsaetze-fuer-multinationale-unternehmen.pdf?__blob=publicationFile&v=8. Zugegriffen: 27.01.2018.

BPA (Hrsg) 2012. Nationale Nachhaltigkeitsstrategie, Fortschrittsbericht 2012. Berlin/Deutschland. https://www.bundesregierung.de/Content/DE/Publikation/Bestellservice/2012-05-08-fortschrittsbericht-2012.pdf?__blob=publicationFile. Zugegriffen: 20.04.2018.

Bundesgesetzblatt. 2017. Gesetz zur Stärkung der nichtfinanziellen Berichterstattung der Unternehmen in ihren Lage- und Konzernlageberichten – CSR-Richtlinie-Umsetzungsgesetz – vom 11. April 2017. Änderung des Handelsgesetzbuches. Bonn/Deutschland: Bundesanzeiger Verlag GmbH.

Literatur

https://www.bgbl.de/xaver/bgbl/start.xav?start=%2F%2F*%5B%40attr_id%3D%27bgbl117s0802.pdf%27%5D#__bgbl__%2F%2F*%5B%40attr_id%3D%27bgbl117s0802.pdf%27%5D__1521205503044. Zugegriffen: 16.03.2018.

Bundesregierung (Hrsg.) 2010. Nationale CSR-Strategie (Aktionsplan 2010). https://www.bundesregierung.de/Content/DE/_Anlagen/Nachhaltigkeit-wiederhergestellt/2010-12-07-aktionsplan-csr.pdf?__blob=publicationFile&v=2. Zugegriffen: 20.01.2018.

Bundesregierung (Hrsg.) 2017. Nationaler Aktionsplan für Wirtschaft und Menschenrechte 2016–2020. Berlin/Deutschland. https://www.auswaertiges-amt.de/blueprint/servlet/blob/297434/8d6ab29982767d5a31d2e85464461565/nap-wirtschaft-menschenrechte-data.pdf. Zugegriffen: 21.01.2018.

Deutscher Bundestag (Hrsg.) 2016. Corporate Social Responsibility (CSR) – Aktueller Stand in Deutschland. Berlin/Deutschland. https://www.bundestag.de/blob/424954/76374d447099012620a493400ba0001c/wd-5-032-16-pdf-data.pdf. Zugegriffen: 20.01.2018.

Deutscher Bundestag (Hrsg.) 2017a. Gesetzesbeschluss des Deutschen Bundestages – Gesetz zur Stärkung der nicht-finanziellen Berichterstattung der Unternehmen in ihren Lage- und Konzernlageberichten (CSR-Richtlinie-Umsetzungsgesetz), Drucksache 201/17. Berlin/Deutschland. http://dipbt.bundestag.de/dip21/brd/2017/0201-17.pdf. Zugegriffen: 22.08.2018.

Deutscher Bundestag (Hrsg.) 2017b. Plenarprotokoll 18/221. Berlin/Deutschland. http://dipbt.bundestag.de/dip21/btp/18/18221.pdf#P.22261. Zugegriffen: 16.03.2018.

Deutsche Gesellschaft für die Vereinten Nationen e. V. (DGVN) (Hrsg.). o.J. Die Vereinten Nationen im Überblick. http://www.dgvn.de/un-im-ueberblick/. Zugegriffen: 31.03.2018.

Deutsches Global Compact Netzwerk (DGCN) (Hrsg.). 2014. Leitprinzipien für Wirtschaft und Menschenrechte – Umsetzung des Rahmens der Vereinten Nationen „Schutz, Achtung und Abhilfe". Überarbeitete Übersetzung der VN-Leitprinzipien 2011, 2. Auflage, Berlin/Deutschland. https://www.globalcompact.de/wAssets/docs/Menschenrechte/Publikationen/leitprinzipien_fuer_wirtschaft_und_menschenrechte.pdf. Zugegriffen: 21.01.2018.

Deutsches Global Compact Netzwerk (DGCN) (Hrsg.). o.J. Die zehn Prinzipien des Global Compact. Berlin/Deutschland. https://www.globalcompact.de/de/ueber-uns/Dokumente-Ueber-uns/DIE-ZEHN-PRINZIPIEN-1.pdf. Zugegriffen: 03.03.2019.

DIN – Deutsches Institut für Normung e. V. (Hrsg.) (2011), DIN ISO 26000:2011-01 (D), Leitfaden zur gesellschaftlichen Verantwortung, Berlin/Deutschland: Beuth-Verlag.

Europäische Kommission (Hrsg.). 2001. Grünbuch: Europäische Rahmenbedingungen für die soziale Verantwortung von Unternehmen, KOM (2001) 366, Brüssel/Belgien. http://www.europarl.europa.eu/meetdocs/committees/deve/20020122/com(2001)366_de.pdf. Zugegriffen: 20.01.2018.

Europäische Kommission (Hrsg.). 2011. Eine neue EU-Strategie (2011–14) für die soziale Verantwortung der Unternehmen (CSR), KOM (2011) 681, Brüssel/Belgien. http://eur-lex.europa.eu/LexUriServ/LexUriServ.do?uri=COM:2011:0681:FIN:DE:PDF. Zugegriffen: 20.01.2018.

Europäisches Parlament (Hrsg.). 2014. Richtlinie 2014/34/EU im Hinblick auf die Angabe nichtfinanzieller und die Diversität betreffender Informationen durch bestimmte große Unternehmen und Gruppen. Brüssel/Belgien. http://eur-lex.europa.eu/legal-content/DE/TXT/?uri=CELEX%3A32014L0095. Zugegriffen: 21.01.2018.

Europäischer Rat (Hrsg.) 2009. Tagung des europäischen Rates in Brüssel vom 18./19. Juni 2009/Schlussfolgerungen. Brüssel/Belgien. http://register.consilium.europa.eu/doc/srv?f=ST+11225+2009+REV+2&l=de. Zugegriffen: 02.04.2018.

G7 Germany (Hrsg.). 2015. Abschlusserklärung G7-Gipfel, 7.–8. Juni 2015. Schloss-Elmau/Bayern/Deutschland. https://www.g7germany.de/Content/DE/_Anlagen/G7_G20/2015-06-08-g7-abschluss-deu.pdf?__blob=publicationFile&v=5. Zugegriffen: 27.01.2018.

GRI-Sustainability Reporting Standards 101 (GRI-SRS 101) 2016. Foundation. Amsterdam/Niederlande. https://www.globalreporting.org/standards/gri-standards-download-center/gri-101-foundation/. Zugegriffen: 10.09.2018.

Hauff, V. 1987. *World Commission on Environment and Development 1987*. Bd. 2. Greven/Deutschland: Eggenkamp.
Loew, T. und S. Braun. 2018. Mindestanforderungen und Obergrenzen für die Inhalte der nichtfinanziellen Erklärung – Interpretation der neuen HGB-Regelungen zur nichtfinanziellen Berichterstattung aus Sicht der Lage- und der Nachhaltigkeitsberichterstattung. Empfehlungen an Unternehmen und Politik. Berlin/Deutschland. http://www.4sustainability.de/fileadmin/pdf/Loew-Braun-Mindestanforderungen-Obergrenzen-nichtfinanzielle-Erklaerung-2018.pdf. Zugegriffen: 12.03.2019.
Loew, T., und F. Rohde. 2013. CSR und Nachhaltigkeitsmanagement – Definitionen, Ansätze und organisatorische Umsetzung im Unternehmen. Berlin/Deutschland. http://www.4sustainability.de/fileadmin/redakteur/bilder/Publikationen/Loew_Rohde_2013_CSR-und-Nachhaltigkeitsmanagement.pdf. Zugegriffen: 10.12.2017.
OECD. 2011. OECD-Leitsätze für multinationale Unternehmen, OECD-Publishing. Paris/Frankreich. http://www.oecd.org/corporate/mne/48808708.pdf. Zugegriffen: 21.01.2018.
Rat für nachhaltige Entwicklung (RNE) (Hrsg.) 2016. Bundestag verabschiedet Gesetz zur CSR-Berichtspflicht von Unternehmen erst 2017, S. 1–3. Berlin/Deutschland. https://www.nachhaltigkeitsrat.de/aktuelles/bundestag-verabschiedet-gesetz-zur-csr-berichtspflicht-von-unternehmen-erst-2017/. Zugegriffen: 17.03.2018.
Rat für nachhaltige Entwicklung (RNE) (Hrsg.) 2017. Bundestag verabschiedet Gesetz zur CSR-Berichtspflicht, S. 1–2. Berlin/Deutschland. https://www.nachhaltigkeitsrat.de/aktuelles/bundestag-verabschiedet-gesetz-zur-csr-berichtspflicht/. Zugegriffen: 17.03.2018.
Rat für nachhaltige Entwicklung (RNE) (Hrsg.) 2018. Der DNK im Sinne des CSR-Richtlinie-Umsetzungsgesetzes (CSR-RUG) – Eine Orientierungshilfe für Anwender. 3. Fassung, 08. Mai 2018. Berlin/Deutschland. https://www.deutscher-nachhaltigkeitskodex.de/fileadmin/user_upload/dnk/dok/leitfaden/20180213_Anwendungshilfe_DNK_CSR_RUG_Anwender.pdf. Zugegriffen: 22.08.2018.
Stibbe, R., Voigtländer, M. 2013. Corporate Social Responsibility in der Immobilienbranche. In: Trends 3/2013, Hrsg. Institut der deutschen Wirtschaft Köln. Köln/Deutschland. http://www.iwkoeln.de/studien/iw-trends/beitrag/rosemarie-stibbe-michael-voigtlaender-corporate-social-responsibility-in-der-immobilienbranche-119298. Zugegriffen: 01.08.2016.
Stibbe, R. 2017. Globales Life-Cycle-Controlling – Footprinting in der Praxis. Wiesbaden/Deutschland: Springer-Gabler.
Stibbe, R. 2018. Compliance, Messung und Steuerung der nachhaltigen Entwicklung: EMAS auf dem Vormarsch. In: Nachhaltiges Wirtschaften im digitalen Zeitalter, Hrsg. Gadatsch et al., Wiesbaden/Deutschland: Springer-Gabler, S. 307–320.
Vereinte Nationen (VN) (Hrsg.). 2012. Rio+20-Konferenz/Resolution 66/289 „Die Zukunft, die wir wollen". New York/Amerika. http://www.un.org/Depts/german/gv-66/band3/ar66288.pdf. Zugegriffen: 14.03.2018.
Vereinte Nationen (VN) (Hrsg.). 2015. Transformation unserer Welt: die Agenda 2030 für nachhaltige Entwicklung. New York/Amerika. http://www.un.org/Depts/german/gv-70/band1/ar70001.pdf. Zugegriffen: 20.03.2018.
World Business Council for Sustainable Development/World Resources Institute (WBCSD/WRI) (Hrsg.). 2010. Vision 2050: Die neue Agenda für Unternehmen – Kurzfassung. Deutsche Übersetzung: Forum Nachhaltige Entwicklung der Deutschen Wirtschaft e. V. Berlin/Deutschland. http://www.econsense.de/sites/all/files/Vision2050_DE.pdf. Zugegriffen: 02.04.2018.

CSR-Erfolgssteuerung – Unternehmensperspektive

Kapitelausblick und Lernziele

Aktuelle empirische Studien zahlreicher Unternehmen unterschiedlicher Branchen belegen, dass CSR als dualer Erfolgsfaktor in den Modulen „Gesellschaft" und „Wettbewerbsvorteil" nur dann erfolgreich sein kann, wenn CSR strukturell im Unternehmen und in den Geschäftsprozessen verankert ist und die Fortschritte und Ergebnisse messbar sind. Unternehmen, die ihre CSR-Erfolge messen, erreichen signifikant bessere Ergebnisse.

Dieses Kapitel verfolgt die Zielsetzung, die in der Theorie und Praxis am häufigsten genannten relevanten CSR-Erfolgspotenziale und CSR-Erfolgsfaktoren vorzustellen. Im vorstehenden Zusammenhang werden die betriebswirtschaftlichen Besonderheiten diskutiert, die im Rahmen einer effektiven CSR-Erfolgssteuerung Beachtung finden müssen. Anschließend werden Instrumente und Konzepte erläutert, die für eine Steuerung und Fortschrittsmessung des CSR-Erfolges zum Einsatz gelangen können.

> **Lernziele**
>
> - Corporate Responsibility (CR) und Corporate Social Responsibility (CSR) gegenüberstellen.
> - Wettbewerbsrelevanz von CSR erläutern.
> - CSR-Erfolgsfaktoren und CSR-Erfolgspotenziale in ihrer Relevanz kennen.
> - Betriebswirtschaftliche Besonderheiten von CSR erklären.
> - Instrumente und Konzepte der CSR-Erfolgssteuerung gegenüberstellen.

Im Rahmen der CSR-Erfolgssteuerung sind gemäß der unter Kap. 2 erfolgten Abgrenzung zwei Sichtweisen des CSR-Erfolges zu unterscheiden:

▶ Aus der Sicht der politischen CSR-Ebene steht der „Beitrag der Unternehmen zur Umsetzung der nachhaltigen Entwicklung" mit dem Schwerpunkt „Umsetzung der Sorgfaltspflicht (due diligence) in den Wertschöpfungs- und Lieferantenketten" im Fokus der CSR-Erfolgssteuerung. Damit sind die Unternehmen verbindlich aufgefordert, Risikomanagement und Stakeholder-Management zu betreiben (vgl. BMAS 2012, S. 13 ff.). Die wichtigsten Ziel- bzw. Erfolgsgrößen sind im vorstehenden Zusammenhang gemäß OECD-Leitsätze, VN-Leitprinzipien für Wirtschaft- und Menschenrechte sowie CSR-RUG insbesondere Umwelt-, Arbeitnehmer-, Sozialbelange, Achtung der Menschenrechte sowie Bekämpfung von Korruption und Bestechung (vgl. ausführlich Kap. 2).

▶ Aus der Sicht der CSR-Ebene der Unternehmen ist zusätzlich die Frage nach dem Zusammenhang von CSR-Maßnahmen und Unternehmenserfolg bzw. betriebswirtschaftlichen Nutzen von CSR zu beantworten. Die wichtigsten Ziel- bzw. Erfolgsgrößen sind im vorstehenden Zusammenhang Zufriedenheit und Bindung von Mitarbeitern, Zufriedenheit und Bindung von Kunden, Erschließung von Absatzmärkten, Erschließung von Arbeitsmärkten, Erlangung von Reputation, Vermeidung von Risiken und Reputationsschäden und Verbesserung des Images.

Abb. 3.1 zeigt den vorstehenden Zusammenhang, der nachstehend thematisiert wird.
Wie die Ausführungen zu Abschn. 2.1.2.3 gezeigt haben, ist CSR ein dualer Erfolgsfaktor (Nutzen für Unternehmen, Nutzen für die Gesellschaft) (vgl. BMAS 2010, S. 3; BMAS 2012, S. 5 ff.; Europäische Kommission 2011, S. 4). Zahlreiche Unternehmensanalysen verdeutlichen, dass die Motive der Unternehmen für CSR-Aktivitäten primär wirtschaftlicher Natur sind. Positive Auswirkungen auf den Unternehmenserfolg entstehen durch die Erlangung von Reputation, durch die Zufriedenheit und Bindung von Kunden und Mitarbeitern und – logisch folgend – durch die Erschließung von Absatz- und Arbeitsmärkten sowie durch eine Verbesserung des Images respektive die Vermeidung von Risiken und Reputationsschäden (vgl. Bertelsmann Stiftung 2014, S. 7; BMAS 2012, S. 14; BCG 2017; Loew und Rohde 2013, S. 26). Abb. 3.1 zeigt schematisch den vorstehenden Zusammenhang.

3.1 CSR-Paradigmenwechsel – CSR- versus Nachhaltigkeitsmanagement

In der Vergangenheit wurden in der Literatur die Begriffe Corporate Responsibilty (CR) und Corporate Social Responsibility (CSR) unterschiedlich abgegrenzt (vgl. z. B. Loew et al. 2004, S. 11 ff.; Loew und Rohde 2013, S. 19; Stibbe und Voigtländer 2013, S. 2 ff.). Die Gründe, weshalb ein Teil der Fachleute Unterschiede zwischen CSR und CR sahen, lag insbesondere darin begründet, dass die Autoren im Rahmen ihrer Abgrenzungen die auf dem Grünbuch 2001 basierende traditionelle CSR-Definition zugrunde legten.

Wie unter Kap. 2 gezeigt wurde, fokussierte die traditionelle CSR-Sichtweise das CSR-Freiwilligkeitsprinzip. Auf der Basis des CSR-Freiwilligkeitsprinzips wurden nur die Nachhaltigkeitsaktivitäten CSR zugerechnet, die über die gesetzlichen Bestimmungen hinausgingen. Nachhaltigkeitsmanagement beinhaltet im Gegensatz zum traditionellen

3.1 CSR-Paradigmenwechsel – CSR- versus Nachhaltigkeitsmanagement

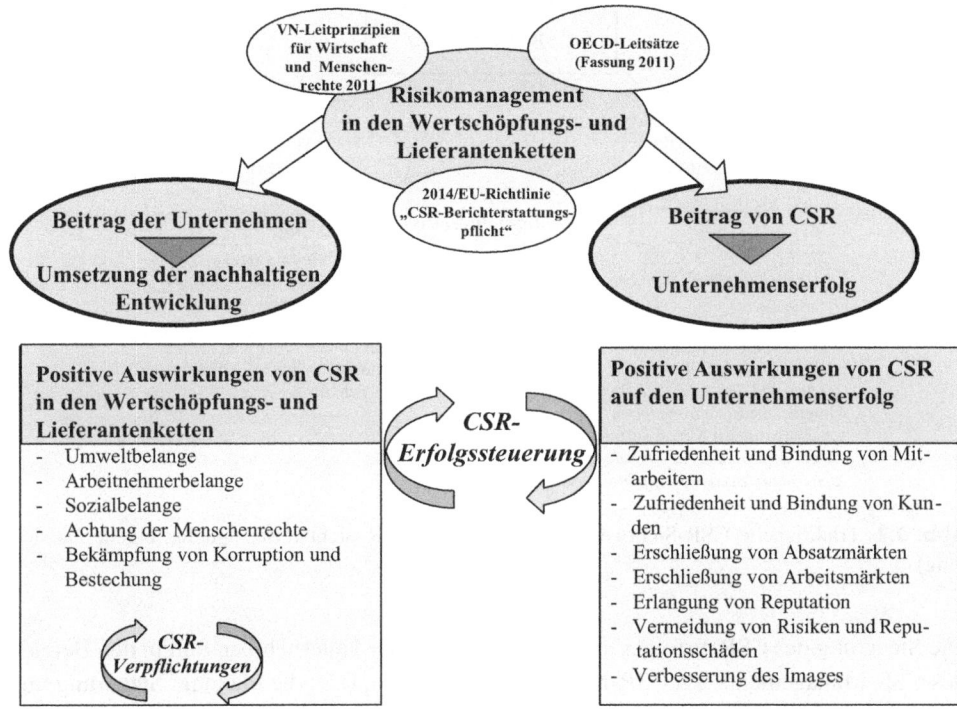

Abb. 3.1 CSR-Erfolgssteuerung auf Unternehmensebene. (Quelle: eigene Darstellung)

CSR-Verständnis Compliance, also die Einhaltung von Gesetzen und Vorschriften. Mit der Abkehr vom CSR-Freiwilligkeitsprinzip und mit Blick auf die aktuellen und zukünftigen, teils gesetzlich verbindlichen CSR-Verpflichtungen ist der Unterschied von CR und CSR Vergangenheit.

▶ Gemäß der neuen CSR-Sichtweise werden auch gesetzliche CSR-Verpflichtungen CSR zugerechnet.

Abb. 3.2 zeigt schematisch den vorstehenden Zusammenhang. Im Zuge des CSR-Paradigmenwechsels ist somit auf sämtlichen CSR-Ebenen kein Unterschied zwischen CSR-Management und Nachhaltigkeitsmanagement erkennbar, so dass die beiden Begriffe im Rahmen der vorstehenden Analyse gleichgesetzt werden:

▶ CSR-Management = Nachhaltigkeitsmanagement.

▶ CSR-Management ist die Verwendung von geeigneten Verfahrensweisen sowie die Durchführung von Projekten, die dazu führen, dass Unternehmen im Zuge ihrer Geschäftstätigkeit negative Auswirkungen auf die Gesellschaft vermeiden und somit zur nachhaltigen Entwicklung bzw. Umsetzung der Agenda 2030 beigetragen (vgl. Loew und Rohde 2013, S. 10).

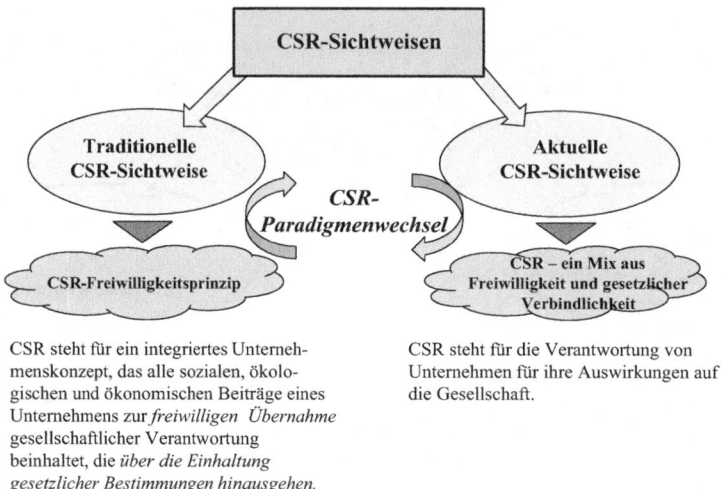

Abb. 3.2 Traditionelle CSR-Sichtweise versus aktuelle CSR-Sichtweise. (Quelle: eigene Darstellung)

Die Steuerung des CSR-Erfolges auf der CSR-Ebene der Unternehmen fällt in den Bereich des CSR-Managements. Zu CSR-Management gehören „[...] die Planung, Steuerung und Überwachung der Auswirkungen des Unternehmens und seiner Aktivitäten [...]" (Loew und Rohde 2013, S. 11).

3.2 Wettbewerbsvorteile und Mehrwert von CSR

In der Vergangenheit wurden zahlreiche Studien publiziert, innerhalb derer der Zusammenhang von CSR und Wettbewerbsfähigkeit sowie der Zusammenhang von CSR und finanzieller Performance diskutiert werden (Abb. 3.3) (vgl. BCG 2017; Bertelsmann Stiftung 2014; Loew und Clausen 2010; Loew und Rohde 2013; BMAS 2012; BMAS 2017):

▶ Ein Screening der vorstehenden Studien zeigt, dass die Motive der Unternehmen für CSR-Aktivitäten primär wirtschaftlicher Natur sind.

▶ Die Wettbewerbsrelevanz von CSR hat mit dem beschriebenen CSR-Paradigmenwechsel bzw. mit dem damit verbundenen stärker werdenden Druck seitens der Regierungen und Kunden in Richtung verbindlicher CSR-Verpflichtungen in den vergangenen Jahren zugenommen.

3.2 Wettbewerbsvorteile und Mehrwert von CSR

▶ Kunden, Mitarbeiter, Investoren und Regierungen bzw. sämtliche relevanten Stakeholder erwarten, dass Unternehmen spürbar mehr gesellschaftliche Verantwortung übernehmen.

Beispiel
BCG-Studie – CSR-Implementierung rentiert sich!
Die BCG veröffentlichte im Jahr 2017 eine Studie, innerhalb derer untersucht wurde, ob und wie es einen Zusammenhang zwischen dem sozialen und ökologischen Engagement eines Unternehmens und dessen wirtschaftlichen Erfolg gibt (vgl. BCG 2017). Für die Studie griffen die Analysten der BCG auf Wirtschaftsdaten von mehr als 300 Unternehmen aus verschiedenen Branchen (z. B. Banking, Kosumgüter, Öl und Gas, Pharma) zurück. Zudem wurden mehr als 200 Interviews mit Industrievertretern, Investmentexperten und Mitarbeitern von internationalen Entwicklungsorganisationen und NGOs geführt. Die Analysten der BCG betrachteten mittels verschiedener Kennzahlen sowie den Interviewergebnissen Zusammenhänge zwischen dem sozialen und ökologischen Profil und der wirtschaftlichen Leistung von Unternehmen. Die Studie kommt zu dem klaren Ergebnis, dass sich eine CSR-Implementierung für Unternehmen lohnt. Eine professionelle CSR-Implementierung öffnet Türen zu neuen Absatzmärkten und trägt zur Vermeidung von Risiken und Reputationsschäden bei. Gemäß der BCG-Analyse liegen die Gewinnmargen von Unternehmen mit CSR-Implementierung c. p. bis zu 12,4 Prozentpunkte über dem Durchschnitt der Konkurrenzunternehmen ohne CSR-Implementierung.

Abb. 3.3 Wettbewerbsrelevanz von CSR. (Quelle: eigene Darstellung)

3.3 Steuerung und Fortschrittsmessung des CSR-Erfolges – Notwendigkeit und Möglichkeiten

Unternehmen, die CSR erfolgreich in den Wertschöpfungs- und Lieferantenketten steuern und somit Verantwortung für die Auswirkungen ihrer Geschäftstätigkeit auf die Gesellschaft übernehmen, verfügen in aller Regel über ein gut organisiertes CSR-Management (vgl. BCG 2017; Bertelsmann Stiftung 2014). Aktuelle empirische Studien zahlreicher Unternehmen unterschiedlicher Branchen belegen, dass CSR als dualer Erfolgsfaktor in den Modulen „Gesellschaft" und „Wettbewerbsvorteil" nur dann erfolgreich sein kann, wenn CSR strukturell im Unternehmen und in den Geschäftsprozessen verankert ist und die Fortschritte und Ergebnisse messbar sind (vgl. BCG 2017; Bertelsmann Stiftung 2014):

▶ Messung macht positive und negative Auswirkungen von CSR-Maßnahmen sichtbar und ermöglicht eine erfolgreiche Steuerung der CSR-Aktivitäten!

Eine erfolgreiche CSR-Erfolgssteuerung setzt die Kenntnis

▶ der relevanten CSR-Erfolgsfaktoren,

▶ der relevanten CSR-Erfolgspotenziale/Erfolgsgrößen sowie

▶ der für eine Fortschrittsüberwachung relevanten Kennzahlen und Indikatoren.

voraus. Abb. 3.4 zeigt schematisch den vorstehenden Zusammenhang, der nachstehend thematisiert wird.

3.3.1 CSR-Erfolgsfaktoren und CSR-Erfolgspotenziale

Seit mehr als 50 Jahren existiert in der Betriebswirtschaftslehre eine Forschungsrichtung, die sich explizit mit den Einflussfaktoren auf Erfolgsgrößen beschäftigt. Der Grundgedanke der Erfolgsfaktorenforschung ist selbsterklärend:

Abb. 3.4 Module der CSR-Erfolgssteuerung. (Quelle: eigene Darstellung)

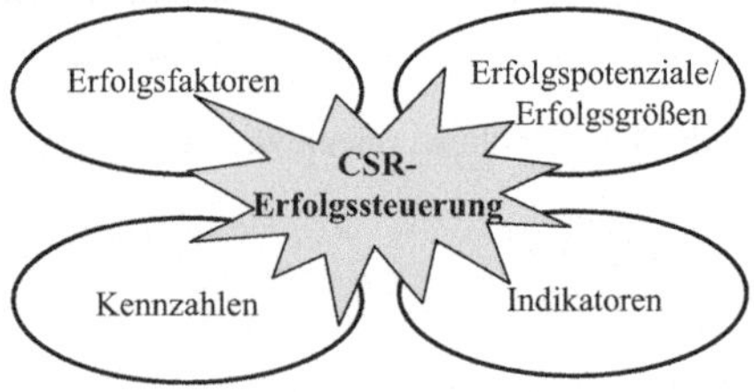

3.3 Steuerung und Fortschrittsmessung des CSR-Erfolges – Notwendigkeit und ... 49

▶ „Unternehmerisches Handeln ist immer mit der Zielsetzung des Erfolges verbunden" (Schmalen et al. o.J., S. 1).

Als Wegbereiter der Erfolgsfaktorenforschung gilt das PIMS-Programm („Profit Impact of Marketing Strategies"). Im Rahmen des PIMS-Programms werden seit den 60er-Jahren mehr als 300 Unternehmen mit circa 3000 strategischen Geschäftseinheiten systematisch erfasst (vgl. Buzzell und Gale 1989; Forsmann et al. o.J., S. 3; Schmalen et al. o.J., S. 1). Seit den 80er-Jahren erhält die Erfolgsfaktorenforschung zunehmend Aufmerksamkeit in Wissenschaft und Praxis. Im vorstehenden Zusammenhang ist insbesondere die Arbeit von Peters und Waterman („In Search of Excellence"/1982) hervorzuheben, die große Popularität erfahren hat (vgl. Peters und Waterman 2000).

Ausgangspunkt einer Untersuchung der Erfolgsfaktoren ist stets, die Erfolgspotenziale bzw. Erfolgsgrößen des Unternehmens zu bestimmen. Erfolgsfaktoren sind die Variablen, mit Hilfe derer Erfolgspotenziale ausgeschöpft werden können. Abb. 3.5 zeigt den vorstehenden Zusammenhang, der nachfolgend thematisiert wird.

▶ Charakteristisch für ein „Denken in kritischen Erfolgsfaktoren" ist die Überzeugung, dass trotz der Multidimensionalität und Multikausalität der Erfolg bzw. Misserfolg auf eine begrenzte Anzahl von Erfolgsfaktoren zurückgeführt werden kann (vgl. Schmalen et al. o.J., S. 1 ff.; Stibbe 2009, S. 139; Forsmann et al. o.J., S. 3 ff.).

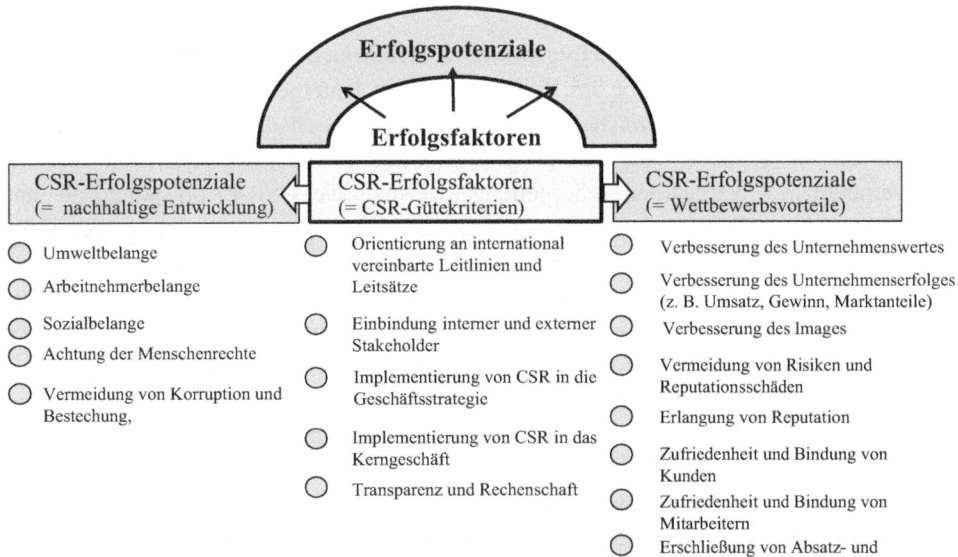

Abb. 3.5 CSR-Gütekriterien als duale CSR-Erfolgsfaktoren erfolgreicher Unternehmen. (Quelle: eigene Darstellung)

Die durch die Erfolgsfaktoren zu beeinflussenden Erfolgsgrößen bzw. CSR-Erfolgspotenziale können sowohl quantitativer (z. B. Marktanteile, Umsatz, Gewinn, Rentabilität) als auch qualitativer Natur (z. B. Kundenzufriedenheit, Image, Mitarbeiterbindung, Risikominimierung, Reputation) sein. Abb. 3.3 zeigt die in der Theorie und Praxis im vorstehenden Zusammenhang am häufigsten genannten relevanten CSR-Erfolgspotenziale, die über die Implementierung und Berücksichtigung der CSR-Gütekriterien bzw. des Einsatzes der CSR-Erfolgsfaktoren im Rahmen der CSR-Erfolgssteuerung auszuschöpfen sind. Abb. 3.5 zeigt schematisch den vorstehenden Zusammenhang, der nachstehend ausführlich thematisiert wird.

CSR-Gütekriterien sind duale CSR-Erfolgsfaktoren!
Aktuelle Studien bestätigen, dass Unternehmen, die die unter Abschn. 2.1.2 diskutierten CSR-Gütekriterien (Orientierung an international vereinbarten Leitlinien, Einbindung interner und externer Stakeholder, Implementierung von CSR- in die Strategie, Implementierung von CSR in das Kerngeschäft, Transparenz und Rechenschaft) im Rahmen ihrer CSR-Implementierung ernsthaft berücksichtigen, im direkten Vergleich der wirtschaftlichen Leistung zur Konkurrenz deutlich besser abschneiden:

▶ CSR-Gütekriterien sind die relevanten CSR-Erfolgsfaktoren, die zur Ausschöpfung der CSR-Erfolgspotenziale in erfolgreichen Unternehmen im Rahmen der CSR-Erfolgssteuerung eingesetzt werden!

> Beispiel
>
> **CSR-Gütekriterien – duale Erfolgsfaktoren erfolgreicher Unternehmen!**
> CSR als Querschnittsfunktion im Kerngeschäft des Unternehmens betrifft zahlreiche Prozesse und Funktionsbereiche. Die Unterstützung durch das Top-Management ist daher entscheidend für eine erfolgreiche Umsetzung und Integration von CSR in Unternehmen. Unternehmen schöpfen nachweislich die CSR-Erfolgspotenziale am besten aus, die CSR in ihre *Geschäftsstrategie* und in ihre *Organisation* verankert haben. (vgl. BCG 2017; Bertelsmann Stiftung 2014, S. 23 ff.; Fröhlich 2015, S. 4 ff.). Empirische Studien bestätigen, dass die *Einhaltung international vereinbarter Leitlinien und Leitsätze* in den Wertschöpfungs- und Lieferantenketten als entscheidender CSR-Erfolgsfaktor in den Modulen „Gesellschaft" und „Wettbewerbsvorteil" genannt werden kann. Sogenannte CSR-Champions orientieren sich an international *relevante CSR-Verhaltenskodizes* (z. B. OECD-Leitsätze, VN-Leitprinzipien für Wirtschaft und Menschenrechte, UN-Global-Compact) und setzen im vorstehenden Zusammenhang bereits heute viele Instrumente entlang der Wertschöpfungs- und Lieferantenketten ein (vgl. Bertelsmann Stiftung 2014, S. 41 ff.; BCG 2017; BMAS 2017). Mittels des Einsatzes von Branchenkodizes sowie unternehmensindividuellen Verhaltenskodizes transferieren insbesondere große Unternehmen und damit Großabnehmer die Einhaltung bzw. Umsetzung verbindlicher CSR-Verpflichtungen auf ihre direkten und indirekten

Zulieferunternehmen in den Lieferantenketten. CSR-Verpflichtungen und insbesondere die *Einhaltung international relevanter CSR-Leitlinien und –Leitsätze* werden auf diese Weise auch auf KMU in den globalen Lieferantenketten „ausgerollt". KMU, die mittels zertifizierter Prozess- und Verhaltensstandards ihr CSR-Engagement glaubhaft nachweisen können, haben im Umkehrschluss bessere Wettbewerbschancen im Rahmen der Ausschöpfung potenzieller Marktanteile. Ein weiterer wesentlicher CSR-Erfolgsfaktor ist die *Einbindung* der internen (z. B. Mitarbeiter, Führungskräfte) und externen *Stakeholder* (z. B. Kunden, Lieferanten, Investoren, Politik, Medien, Öffentlichkeit). Über die Einbindung aller relevanten Stakeholder können im Rahmen der Wesentlichkeitsanalyse relevante CSR-Themen frühzeitig identifiziert und Risiken und Reputationsschäden vermieden werden (vgl. Bertelsmann Stiftung 2014, S. 25 ff.; Fröhlich 2015, S. 4 ff.). *Transparenz und Rechenschaft* ist ein weiterer an Relevanz gewinnender CSR-Erfolgsfaktor. Unternehmen, die sich ernsthaft an die relevanten internationalen CSR-Verhaltenskodizes bzw. Leitlinien und Leitsätze halten, dokumentieren lückenlos ihre CSR-Maßnahmen, -Erfolge und -Risiken in den Wertschöpfungs- und Lieferantenketten mittels einer sogenannten CSR- bzw. Nachhaltigkeitsberichterstattung. Transparenz in den Wertschöpfungs- und Lieferantenketten ist eine wesentliche Bedingung, um a) den gestiegenen Informationsanforderungen der Stakeholder und b) den verschärften rechtlichen Vorschriften gerecht zu werden (vgl. Fröhlich 2015, S. 11 ff.).

Unternehmen, die CSR ernsthaft in den Wertschöpfungs- und Lieferantenketten implementieren, orientieren sich an die CSR-Gütekriterien und leisten somit ihren Beitrag zur Umsetzung der nachhaltigen Entwicklung auf der Unternehmensebene. Die CSR-Gütekriterien bilden zugleich die relevanten CSR-Erfolgsfaktoren, die zur Ausschöpfung der CSR-Erfolgspotenziale (z. B. Unternehmenswert, Unternehmenserfolg, Image, Risikominimierung, Reputation, Kundenzufriedenheit) zum Einsatz gelangen. Der betriebswirtschaftliche Nutzen von CSR kann sowohl monetärer als auch nicht-monetärer, qualitativer Natur sein. Abb. 3.5 zeigt den vorstehenden Zusammenhang. Zahlreiche Studien belegen im vorstehenden Zusammenhang allerdings, dass direkte Versuche, CSR mit finanziellem Erfolg zu verbinden, oftmals nicht eindeutig sind (vgl. BMAS 2012, S. 5 ff.; Loew und Rohde 2013, S. 25). Positive Auswirkungen auf den Unternehmenserfolg und auf den Unternehmenswert entstehen zum Beispiel erst durch die Erlangung von Reputation, durch die Zufriedenheit und Bindung von Kunden und Mitarbeitern sowie durch die Verbesserung des Images.

Betriebswirtschaftliche Besonderheiten von CSR müssen beachtet werden!
Im Rahmen einer erfolgreichen CSR-Erfolgssteuerung müssen zahlreiche betriebswirtschaftliche Besonderheiten beachtet werden. Nachstehend wird gezeigt, dass eine erfolgreiche CSR-Implementierung im Unternehmen bzw. in den Wertschöpfungs- und Lieferantenketten eine Investition in nicht-monetäre, immaterielle Vermögenswerte ist:

▶ CSR-Management ist Intangiblemanagement!

3.3.2 CSR-Intangibles – Umfeldradar und Früherkennung

Im Rahmen der vorstehenden Ausführungen wurde mehrfach deutlich, dass CSR-Management in den Wertschöpfungs- und Lieferantenketten mit Stakeholdermanagement gleichzusetzen ist (vgl. auch BMAS 2012, S. 8 ff.; Bertelsmann Stiftung 2014, S. 10; Stibbe 2009, S. 140 ff.):

▶ Das CSR-Gütekriterium „Einbindung interner und externer Stakeholder" (auch: Stakeholderdialog) bildet als CSR-Erfolgsfaktor das „Herzstück" einer erfolgreichen CSR-Implementierung.

▶ Stakeholder sind nicht-monetäre, immaterielle Vermögenswerte, die dem sogenannten intellektuellen Kapital zuzurechnen sind.

▶ Intellektuelles Kapital umfasst alle immateriellen Ressourcen, die erworben, kombiniert, transformiert und verwertet werden können.

Abb. 3.6 zeigt den vorstehenden Zusammenhang der nachstehend vertiefend thematisiert wird.

Im vorstehenden Zusammenhang wird bereits seit den 90er-Jahren in der betriebswirtschaftlichen Literatur die Wirkung nicht-monetärer, immaterieller Vermögenswerte auf den Unternehmenserfolg und auf den Unternehmenswert unter dem Begriff „Intangibles" diskutiert (vgl. Stibbe 2009, S. 139 ff.). Intangibles sind in Anlehnung an Stoi immaterielle Ressourcen, die den Unternehmenswert und den Unternehmenserfolg maßgeblich beeinflussen (vgl. Stoi 2003, S. 175 ff.).

▶ Die Differenz zwischen dem Marktwert und dem Finanzwert eines Unternehmens wird auf Intangibles bzw. immaterielle Ressourcen zurückgeführt (vgl. Stoi 2003, S. 175).

Abb. 3.6 verdeutlicht, dass das intellektuelle Kapital in externe und interne Kapitalkomponenten kategorisiert wird (vgl. Stibbe 2009, S. 141 f.; Stoi 2003, 2004):

Die Kapitalkomponenten, die nicht zum Eigentum des Unternehmens zählen, werden dem externen intellektuellen Kapital zugerechnet. Das externe Kapital setzt sich aus den Kapitalkomponenten Human-, Kunden- und Partner-/Allianzkapital zusammen. Das Humankapital umfasst das Wissen und die Kompetenz der Mitarbeiter. Das Kundenkapital besteht aus dem Kundenstamm und die Kundenbeziehungen. Das Partner-/Allianzkapital umfasst die Anzahl und das Potenzial von Partnerschaften innerhalb der Lieferanten- und Wertschöpfungsketten. Die Kapitalkomponenten, die sich im Eigentum des Unternehmens befinden, bilden das interne intellektuelle Kapital bzw. das Strukturkapital. Das Strukturkapital bezieht sich auf die Leistungsfähigkeit der internen Organisation und das Image des Unternehmens. Das Imagekapital umfasst die Marken-/

3.3 Steuerung und Fortschrittsmessung des CSR-Erfolges – Notwendigkeit und ... 53

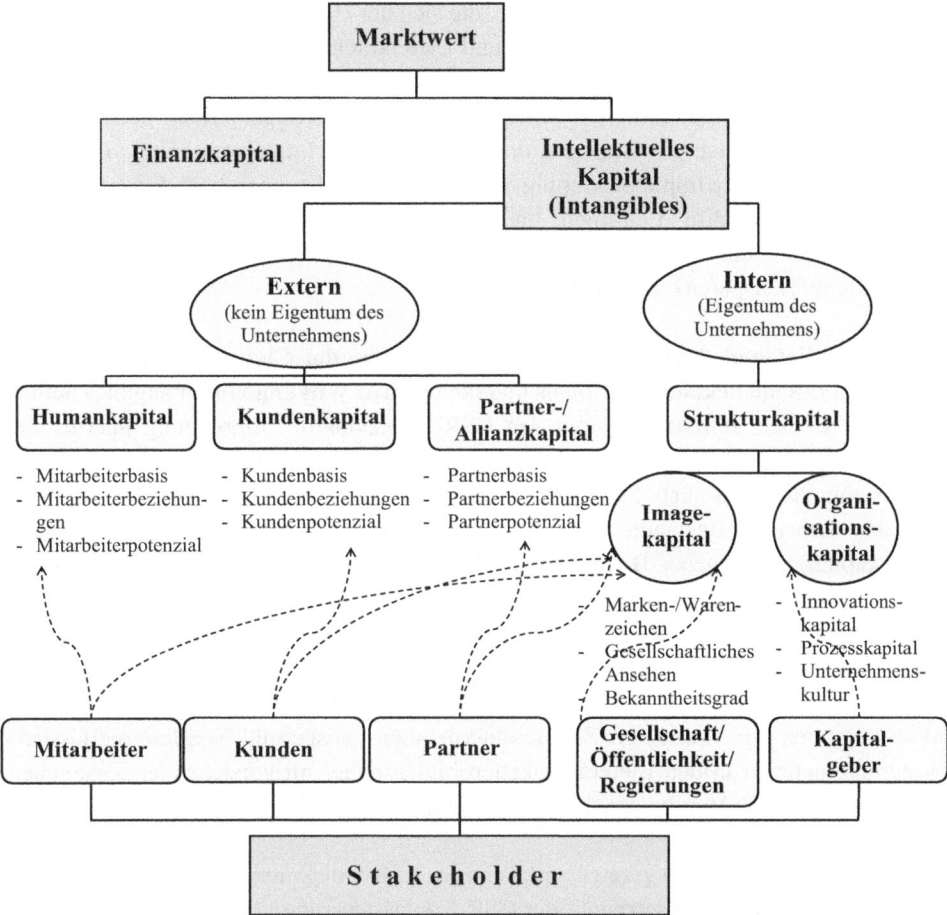

Abb. 3.6 Intangiblemanagement ist Stakeholdermanagement. (Quelle: eigene Darstellung/in Anlehnung an Stoi 2003, S. 176/erweiterte Darstellung)

Warenzeichen, das gesellschaftliche Ansehen und den Bekanntheitsgrad des Unternehmens. Zum Organisationskapital zählen zum Beispiel die Infrastruktur, Technologien und Prozesse, die Kommunikation, die Anpassungsfähigkeit, die Transparenz, die Unternehmenskultur, das Management und die Strategieumsetzung. Das Strukturkapital bildet die Voraussetzung für den Ausbau und die Nutzung der übrigen Komponenten des intellektuellen Kapitals.

Intangiblemanagement ist Stakeholdermanagement!
Im Rahmen der Intangiblediskussion geht es letztlich immer um die Wirkung nichtmonetärer, immaterieller Vermögenswerte auf den Unternehmenserfolg und Unternehmenswert. Mit Blick auf die an Relevanz gewinnende Bedeutung von CSR werden in

Zukunft nur die Unternehmen Erfolg haben, die sich der Bedeutung ihrer Intangibles bzw. ihrer Stakeholder in den Wertschöpfungs- und Lieferantenketten bewusst sind.

Die Implementierung der CSR-Gütekriterien bzw. CSR-Erfolgsfaktoren setzt zunächst Investitionen im Bereich des Organisationskapitals voraus (Implementierung von CSR in die Geschäftsstrategie, Implementierung von CSR in das Kerngeschäft, Orientierung an international vereinbarte Leitlinien und Leitsätze, Implementierung des Stakeholderdialogs/Einbindung interner und externer Stakeholder, Implementierung einer CSR-Berichterstattung/Transparenz und Rechenschaft).

Stakeholderdialog als Umfeldradar – Früherkennung der Chancen und Risiken!
Der Aufbau des intellektuellen Kapitals und die positive Wirkung von Intangibles auf den Marktwert werden untrennbar durch den CSR-Erfolgsfaktor „Einbindung interner und externer Stakeholder" tangiert. Abb. 3.5 in Verbindung mit Abb. 3.6 zeigen den vorstehenden Zusammenhang. Stakeholder bilden in der Ausprägung als Mitarbeiter, Partner, Kunden selbst elementare Bestandteile des intellektuellen Kapitals (Human-, Kunden-, Partner/Allianzkapital) und tragen z. B. als Kapitalgeber oder Gesellschaft/Öffentlichkeit entscheidend zu dessen Aufbau bei (Imagekapital). Die CSR-Vorgaben der Regierungen und Kunden werden immer häufiger mittels rechtlichen Vorgaben und Verhaltenskodizes vorgeschrieben und die Einhaltung dieser Vorgaben wird per Kontrollen und Auditierungen überwacht. Eine erfolgreiche CSR-Implementierung setzt voraus, dass die CSR-Vorgaben auf die direkten und indirekten Zulieferunternehmen „ausgerollt" werden. Verlässliche Partnerunternehmen in den Lieferantenketten bilden daher im vorstehenden Zusammenhang die wesentliche Voraussetzung für eine erfolgreiche CSR-Implementierung.

Wie unter Kap. 4 ausführlich gezeigt wird, kann das CSR-Gütekriterium „Stakeholderdialog" als wichtigster zentraler Ansatzpunkt der CSR-Erfolgssteuerung charakterisiert werden. Im Sinne eines „Umfeldradars" können im Dialog mit verschiedenen Stakeholdergruppen aus z. B. Wirtschaft, Politik und Gesellschaft mittel- und langfristige Herausforderungen frühzeitig erkannt, potenzielle Handlungsspielräume rechtzeitig ausgeschöpft bzw. Anpassungs- und ggfs. Gegensteuerungsmaßnahmen eingeleitet werden (vgl. Ahsen 2013, S. 209 ff.).

Die vorstehenden Ausführungen verdeutlichen, dass eine erfolgreiche Steuerung der immateriellen Ressourcen im Rahmen der CSR-Erfolgssteuerung untrennbar mit einem zielorientierten Stakeholdermanagement verknüpft ist:

▶ Das „Herzstück" einer erfolgreichen CSR-Implementierung bildet die unternehmensspezifische Identifizierung der relevanten Stakeholder, die in „Wechselbeziehungen" mit dem jeweiligen Unternehmen in den CSR-Implementierungs-, -evaluierungs- und CSR-Verbesserungsprozess einbezogen werden müssen.

▶ Eine erfolgreiche CSR-Implementierung setzt voraus, dass die Stakeholder das CSR-Engagement eines Unternehmens wahrnehmen und im Umkehrschluss

3.3 Steuerung und Fortschrittsmessung des CSR-Erfolges – Notwendigkeit und ...

markt- und imagewirksam „belohnen", d. h. das CSR-Engagement muss gemäß CSR-Gütekriterium bzw. CSR-Erfolgsfaktor „Transparenz und Rechenschaft" glaubhaft in Richtung der Stakeholder kommuniziert werden.

Gemäß der Regel „You cannot manage, what you cannot measure" müssen Unternehmen ihre konkreten Ziele mittels geeigneter Kennzahlen messbar und somit steuerbar machen (vgl. Bertelsmann Stiftung 2014, S. 58; Stibbe 2017, S. 1 f.). Die vorstehende Prämisse gilt auch im Rahmen der CSR-Erfolgssteuerung:

▶ Unternehmen, die ihre CSR-Erfolge messen, erreichen signifikant bessere Ergebnisse (vgl. Bertelsmann Stiftung 2014, S. 58).

Wie nachstehend gezeigt wird, müssen im vorstehenden Zusammenhang allerdings die betriebswirtschaftlichen Besonderheiten von Intangibles beachtet werden. Eine Orientierung an operativen Erfolgskennzahlen (z. B. Return-on-Investment/RoI) kann zu Fehlinterpretationen und in Folge zu Fehlentscheidungen führen:

Beispiel

Betriebswirtschaftliche Besonderheiten von CSR – Intangibles dominieren den Erfolg!
Die Implementierung von CSR als Querschnittsfunktion im Unternehmen führt zu einem Aufbau des intellektuellen Kapitals. Die betriebswirtschaftliche Besonderheit von Intangibles ist, dass die Aufwendungen für eine CSR-Implementierung im Rechnungswesen unkompliziert erfasst werden können (z. B. Aufwendungen für zusätzliches Personal, Aus- und Weiterbildung, Kundenveranstaltungen, periodisierte Aufwendungen für innovative Technologien). Immaterielle Erträge, wie z. B. die Verbesserung des Images, ausgebildete Mitarbeiter, sind dagegen nur schwer oder gar nicht zu quantifizieren. Kurzfristige Erfolgskennzahlen wie der RoI werden im vorstehenden Zusammenhang daher möglicherweise zunächst negativ ausfallen. Der monetäre Erfolg einer CSR-Implementierung ist c. p. meist erst mittels der Ausschöpfung der qualitativen Erfolgspotenziale (z. B. Verbesserung des Images, Erlangung von Reputation, Zufriedenheit und Bindung von Kunden, Erschließung von Absatzmärkten) „zeitverzögert" in Folgeperioden feststellbar.

Mit Hilfe traditioneller Kennzahlen können die Wirkungszusammenhänge von Intangibles auf die strategischen Ziele und den Unternehmenserfolg nicht abgebildet werden. Im vorstehenden Zusammenhang wird häufig der Einsatz einer Balanced Scorecard (BSC) empfohlen (vgl. Mahammad 2013, S. 284 ff.; Schaltegger und Dyllick 2002; Stibbe 2009, S. 143 ff.). Im Rahmen der BSC werden ausgewählte relevante Ziele verschiedenen Perspektiven (z. B. Finanz-, Stakeholderperspektive, interne Perspektive, Lern-und Entwicklungsperspektive) zugeordnet. Die wichtigsten Ursache-/Wirkungsbeziehungen der ausgewählten Ziele werden in der sogenannten „Story of Strategy" in einem meist vier- bis

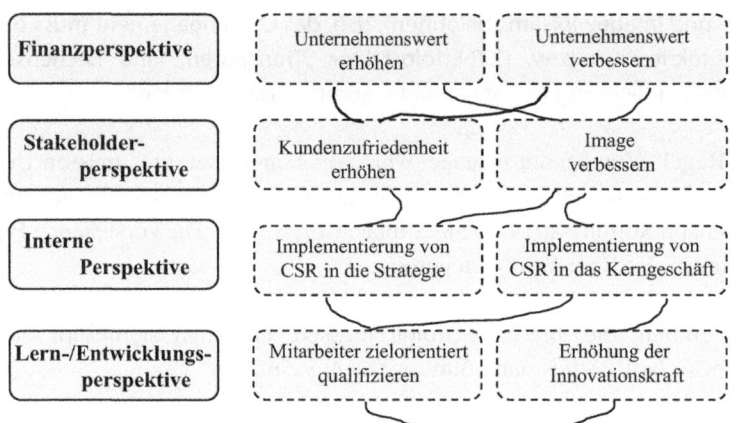

Abb. 3.7 Balanced Scorecard – „Story-of-Strategy" (Auszug)/Ursache-Wirkungsbeziehungen einer CSR-Implementierung. (Quelle: eigene Darstellung)

sechsseitigen Dokument festgehalten. Auf diese Weise kann der betriebswirtschaftliche Nutzen qualitativer Erfolgsgrößen bzw. Intangibles sachlogisch transparent gemacht werden (vgl. ausführlich Stibbe 2009, S. 143 ff.). Abb. 3.7 zeigt den vorstehenden Zusammenhang.

Vor dem Hintergrund der vorstehenden Ausführungen können wir festhalten, dass eine CSR-Implementierung im ersten Schritt zunächst mit Investitionen bzw. Aufwendungen verbunden ist. Eine erfolgreiche CSR-Implementierung führt zu einem Aufbau des immateriellen Vermögens. Im Rahmen der CSR-Erfolgssteuerung gilt es, die Intangibles zielorientiert in Richtung eines besseren Unternehmenswertes und eines höheren Unternehmenserfolges unter Beachtung der CSR-Erfolgsgrößen Umwelt-, Arbeitnehmer-, Sozialbelange, Achtung der Menschenrechte, Vermeidung von Korruption und Bestechung zu „managen". Es wurde gezeigt, dass Intangiblemanagement insbesondere Stakeholdermanagement ist, dessen betriebswirtschaftliche Besonderheiten im Rahmen der CSR-Erfolgssteuerung berücksichtigt werden müssen.

Trotz der oben beschriebenen betriebswirtschaftlichen Besonderheiten kommt eine zielorientierte CSR-Erfolgssteuerung ohne eine präzise Messung der CSR-Erfolgsgrößen nicht aus. Wie nachstehend deutlich wird, existiert in der Praxis heute eine große Anzahl von Kennzahlen, die im Rahmen der CSR-Erfolgssteuerung zum Einsatz gelangen:

▶ Kennzahlen stellen im Rechnungswesen und im Controlling seit jeher ein wichtiges Instrument im Rahmen der Erfolgssteuerung dar.

3.3.3 Traditionelle Kennzahlen und CSR-Indikatoren

Der Begriff „Kennzahl" ist in der Literatur nicht einheitlich abgegrenzt. Für die Bezeichnung „Kennzahl" finden ebenso die Begriffe Kennziffer, Indikator, Kontrollzahl, Mess-

3.3 Steuerung und Fortschrittsmessung des CSR-Erfolges – Notwendigkeit und ...

zahl, Richtzahl, Schlüsselgröße, Schlüsselzahl, Standardzahl sowie Standardziffer Verwendung (zur ausführlichen Diskussion vgl. Kleine und Pape 2013, S. 260 ff.).

> **Kennzahlen und Kennzahlensysteme**
>
> - Kennzahlen sind Zahlen, die in präziser und konzentrierter Form über wichtige zahlenmäßig erfassbare Tatbestände und Entwicklungen informieren. Bei Kennzahlen handelt es sich also immer um quantitative (monetäre und nicht-monetäre) Größen. Kennzahlen besitzen folglich immer eine numerische Dimension.
> - Kennzahlen können absolute Kennzahlen (z. B. Umsatz, Gewinn) und Verhältniszahlen (z. B. Return on Investment) sein.
> - Von einem Kennzahlensystem spricht man, wenn Kennzahlen so zusammengestellt werden, dass sie in einer sinnvollen Beziehung zueinander stehen, sich gegenseitig ergänzen und erklären und als Gesamtheit den Analysegegenstand möglichst ausgewogen und übersichtlich erfassen. Die Beziehungen zwischen den Kennzahlen können mathematischer Natur und/oder sachlogischer Natur sein.

Wieland und Heck greifen in ihrem Forschungsbericht zur CSR-Erfolgssteuerung die charakteristischen Besonderheiten von CSR auf (vgl. BMAS 2012, S. 19 ff.):

> **Beispiel**
>
> **Stakeholder-basierte Zurechnung der CSR-Aufwendungen und Kennzahlenbildung**
>
> Unter Berücksichtigung, dass CSR-Management mit Stakeholdermanagement gleichzusetzen ist und lediglich die Aufwendungen einer CSR-Implementierung eindeutig CSR zurechenbar sind, schlagen Wieland und Heck vor, sämtliche CSR-Aufwendungen mittels von Maßnahmenkatalogen zu verrechnen (vgl. BMAS 2012, S. 19). Für jede relevante Stakeholdergruppe (z. B. Mitarbeiter, Kunden, Partner, Gesellschaft, Kapitalgeber) eines Unternehmens kann jeweils ein Maßnahmenkatalog erstellt werden. Analog der Vorgehensweise zur Prozesskostenrechnung können anschließend sämtliche CSR-Aufwendungen den ermittelten und tabellarisch aufgelisteten Maßnahmen bzw. Tätigkeiten zugerechnet werden (vgl. BMAS 2012, S. 21 ff.). Die im Rahmen der Erfassung der Aufwendungen für CSR entlang der Maßnahmenkataloge generierte Summe sämtlicher CSR-Aufwendungen wird anschließend zu traditionellen betrieblichen Kennzahlen ins Verhältnis gesetzt (vgl. BMAS 2012, S. 27 ff.) Abb. 3.8 zeigt schematisch den vorstehenden Zusammemhang.

Maßnahmenkatalog Stakeholder „Mitarbeiter"		Maßnahmenkatalog Stakeholder „Partner"	
CSR-Maßnahmen	CSR-Aufwand (Input) - Beispiele	CSR-Maßnahmen	CSR-Aufwand (Input) - Beispiele
Aus- und Weiterbildung	z. B. Aufwendungen für Seminare, Coaching, Training, Honorare für externe und interne Berater, Aufwendungen für Freistellung von Mitarbeitern, Raummieten	Beratung, Unterstützung	z. B. Aufwendungen für Beratung zu Themen wie Sozialstandards, Arbeitsstandards, Aufwendungen für die Implementierung und Kontrolle von Standards usw.
Diversity und Familienfreundlichkeit (z. B. Kinderbetreuung, Pflege von Angehörigen), Worklife Balance	z. B. Aufwendungen für Beauftragte Chancengleichheit, Aufwendungen für Betreuung von Kindern, für Ferienprogramme, für Wiedereinstiegsseminare nach Elternzeit/längerer Krankheit usw.	Einhaltung der Menschenrechte in der Lieferkette	z. B. Aufwendungen zur Sicherstellung der Einhaltung von Menschenrechten in der gesamten Lieferkette, Aufwendungen für Kommunikation, Kontrolle usw.

$$\text{CSR-Quote} = \frac{\text{CSR-Aufwand}}{\text{Umsatz}}$$

$$\text{CSR-Gesellschaftsrendite} = \frac{\text{CSR-Aufwand}}{\text{Gesamtkapital}}$$

$$\text{CSR-Aufwandsquote} = \frac{\text{CSR-Aufwand}}{\text{Gesamtaufwand}}$$

Abb. 3.8 Ausschnitt einer stakeholder-basierten Zurechnung der CSR-Aufwendungen und Kennzahlenbildung. (Quelle: eigene Darstellung/in Anlehnung an BMAS 2012, S. 21 ff.)

3.3.4 Kennzahlenkataloge – Stakeholder und Risikomanagement

Die CSR-Erfolgssteuerung der nachhaltigen Entwicklung auf der CSR-Ebene der Unternehmen erfolgt in Good-Practice-Unternehmen auf der Basis von CSR-Leistungsindikatoren. Wie nachstehend deutlich wird, können Unternehmen zur Ausschöpfung, Messung, Überwachung und Steuerung der CSR-Erfolgspotenziale (Umwelt-, Arbeitnehmer-, Sozialbelange, Achtung der Menschenrechte, Vermeidung von Korruption und Bestechung) Kennzahlenkataloge heranziehen. Im vorstehenden Zusammenhang haben sich in der Unternehmenspraxis Kennzahlenkataloge auf der Basis anerkannter Best-Practice-Rahmenwerke etabliert. Mit Blick auf den unter Abschn. 2.1.1 thematisierten CSR-Transformationsprozess sind insbesondere die Leitlinien zur Nachhaltigkeitsbericht-

3.3 Steuerung und Fortschrittsmessung des CSR-Erfolges – Notwendigkeit und ...

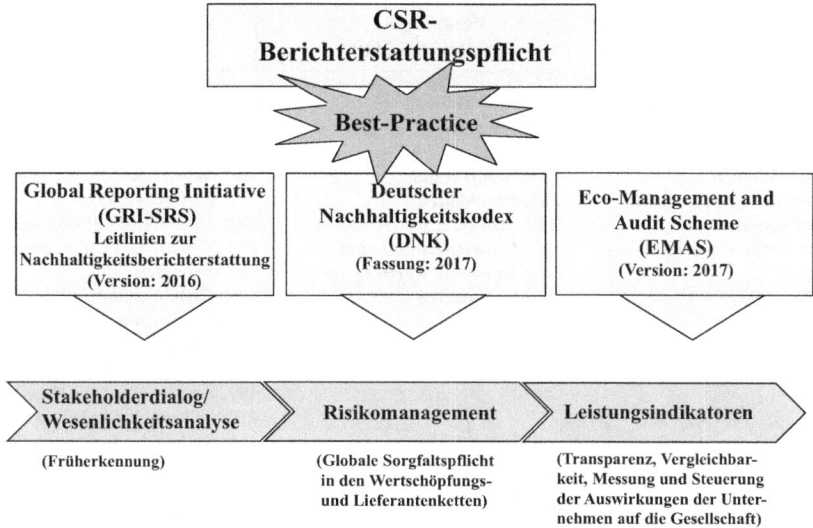

Abb. 3.9 CSR-Berichterstattungspflicht – Best-Practice-Rahmenwerke. (Quelle: eigene Darstellung)

erstattung der Global Reporting Initiative (GRI), der Deutsche Nachhaltigkeitskodex (DNK) sowie das Umweltmanagementsystem Eco-Management and Audit Scheme (EMAS) relevant.

Die aktualisierten GRI-SRS-Berichterstattungsvorgaben (2016), die neue, aktuelle vierte Fassung des DNK (2017) sowie die Neufassung des Umweltmanagementsystems EMAS (2017) stellen die Transparenz und Vergleichbarkeit der Auswirkungen der Unternehmen auf die Gesellschaft auf der Basis von Leistungsindikatoren sowie den Stakeholderdialog, das Wesentlichkeitsprinzip und das Risikomanagement in den Wertschöpfungs- und Lieferantenketten in den Mittelpunkt der Berichterstattung. Abb. 3.9 zeigt schematisch den vorstehenden Zusammenhang.

3.3.4.1 Kennzahlenkataloge auf der Basis der GRI Sustainability Reporting Standards (GRI-SRS)

Die GRI veröffentlichte im Jahr 2000 den ersten GRI-Leitfaden zur Nachhaltigkeitsberichterstattung (zur Historie und Konzeption der GRI-Standards vgl. ausführlich Kap. 4). Im Jahr 2016 hat die GRI unter dem Namen „GRI-Sustainability Reporting Standards" (GRI-SRS) die letzte aktualisierte Version der Leitlinien publiziert. Die GRI-SRS haben die Vorgängerversion (GRI4) am 1. Juli 2018 abgelöst. Wie unter Kap. 4 ausführlich gezeigt wird, können Unternehmen die GRI-SRS als „Richtschnur" für eine adäquate Implementierung der CSR-Gütekriterien bzw. CSR-Erfolgsfaktoren (Orientierung an international vereinbarte Leitsätze, Einbindung interner und externer Stakeholder, Implemen-

Ökonomie (GRI-SRS 200)	Ökologie (GRI-SRS 300)	Soziales (GRI-SRS 400)
201: Wirtschaftliche Leistung 202: Marktpräsenz 203: Indirekte ökonomische Auswirkungen 204: Beschaffungspraktiken 205: Korruptionsbekämpfung 206: Wettbewerbswidriges Verhalten	301: Materialien 302: Energie 303: Wasser 304: Biodiversität 305: Emissionen 306: Abwasser und Abfall 307: Umwelt-Compliance 308: Umweltbewertung der Lieferanten	401: Beschäftigung 402: Arbeitnehmer-Arbeitgeber-Verhältnis 403: Arbeitssicherheit und Gesundheitsschutz 404: Aus- und Weiterbildung 405: Vielfalt und Chancengleichheit 406: Gleichbehandlung 407: Vereinigungsfreiheit und Tarifverhandlungen 408: Kinderarbeit 409: Zwangs- und Pflichtarbeit 410: Sicherheitspraktiken 411: Rechte der indigenen Völker 412: Prüfung auf Einhaltung der Menschenrechte 413: Lokale Gemeinschaften 414: Soziale Bewertung der Lieferanten 4.15: Politische Einflussnahme 416: Kundengesundheit und Kundensicherheit 417: Marketing und Kennzeichnung 418: Schutz der Kundendaten 419: Sozioökonomische Complicance

Abb. 3.10 Themenspezifische GRI-SRS im Überblick. (Quelle: eigene Darstellung; Daten entnommen GRI-SRS 101 2016 bis GRI-SRS 419 2016)

tierung von CSR in die Geschäftsstrategie, Implementierung von CSR in das Kerngeschäft, Transparenz und Rechenschaft) sowie zur Ausschöpfung, Messung, Überwachung und Steuerung der CSR-Erfolgspotenziale (Umwelt-, Arbeitnehmer-, Sozialbelange, Achtung der Menschenrechte, Vermeidung von Korruption und Bestechung) nutzen.

Die GRI bietet den berichterstattenden Unternehmen zu den Aspekten Ökonomie, Ökologie und Soziales jeweils themenspezifische Standards an (vgl. GRI-SRS 101 2016, S. 10 ff.; GRI-SRS 103 2016, S. 6 ff.). Abb. 3.10 zeigt die themenspezifischen Standards im Überblick. Im Rahmen der insgesamt 33 themenspezifischen Standards sieht die GRI Leistungsindikatoren vor, die unternehmensindividuell zu Kennzahlenkatalogen zusammengefasst werden können. Tab. 3.1 zeigt beispielhaft die GRI-Leistungsindikatoren für das Themenfeld „Ökologie".

Tab. 3.1 GRI-Leistungs-Indikatoren „Ökologie/Umweltbelange"

Materialien	301-1 Eingesetzte Materialien nach Gewicht oder Volumen
	301-2 Eingesetzte rezyklierte Ausgangsstoffe
	301-3 Wiederverwertete Produkte und ihre Verpackungs-materialien
Energie	302-1 Energieverbrauch innerhalb der Organisation
	302-2 Energieverbrauch außerhalb der Organisation
	302-3 Energieintensität
	302-4 Verringerung des Energieverbrauchs
	302-5 Senkung des Energieverbrauchs für Produkte und Dienst-leistungen
Wasser	303-1 Wasserentnahme nach Quelle
	303-2 Durch Wasserentnahme erheblich beeinträchtigte Wasser-quellen
	303-3 Zurückgewonnenes und wiederverwendetes Wasser
Biodiversität	304-1 Eigene, gemietete oder verwaltete Betriebsstandorte, die sich in oder neben Schutzgebieten und Gebieten mit hohem Biodiversitätswert außerhalb von Schutzgebieten befinden
	304-2 Erhebliche Auswirkungen von Aktivitäten, Produkten und Dienstleistungen auf die Biodiversität
	304-3 Geschützte oder renaturierte Lebensräume
	304-4 Arten auf der Roten Liste der Weltnaturschutzunion und auf nationalen Listen geschützter Arten, die ihren Leben-raum in Gebieten haben, die von Geschäftätigkeiten be-troffen sind
Emissionen	305-1 Direkte THG-Emissionen (Scope 1)
	305-2 Indirekte energiebedingte THG-Emissionen (Scope 2)
	305-3 Sonstige indirekte THG-Emissionen (Scope 3)
	305-4 Intensität der THG-Emissionen
	305-5 Senkung der THG-Emissionen
	305-6 Emissionen Ozon abbauender Substanzen (ODS)
	305-7 Stickstoffoxide (NOx), Schwefeloxide (SOx) und andere signifikante Luftemissionen
Abwasser und Abfall	306-1 Abwassereinleitung nach Qualität und Einleitungsort
	306-2 Abfall nach Art und Entsorgungsmethode
	306-3 Erheblicher Austritt schädlicher Substanzen
	306-4 Transport von gefährlichem Abfall
	306-5 Von Abwassereinleitungen und/oder Oberflächenabfluss betroffene Gewässer
Umwelt-Compliance	307-1 Nichteinhaltung von Umweltschutzgesetzen und -verordnungen
Umweltbewertung der Lieferanten	308-1 Neue Lieferanten, die anhand von Umweltkriterien über prüft wurden
	308-2 Negative Umweltauswirkungen in der Lieferkette und er griffene Maßnahmen

3.3.4.2 Kennzahlenkataloge auf der Basis des Deutschen Nachhaltigkeitskodex (DNK)

Der RNE hat die erste Fassung des DNK am 13. Oktober 2011 beschlossen (zur Historie und Konzeption des DNK vgl. ausführlich Kap. 4). Der RNE bekräftigt in seiner im Jahr 2017 publizierten vierten Fassung des DNK das Ziel „[...] die Nachhaltigkeitsleistungen von Unternehmen transparent zu vergleichbar zu machen [...]" (RNE 2017, S. 7).

Der RNE will mit seiner aktualisierten vierten Fassung des DNK insbesondere den berichterstattungspflichtigen Unternehmen im Sinne des CSR-RUG eine klare Orientierung hinsichtlich der Anforderungen an die Inhalte und den Prozess der Erstellung nicht-finanzieller Erklärungen bieten. Im vorgenannten Zusammenhang stellt der RNE eine kostenlose Orientierungshilfe bereit, die fortlaufend aktualisiert wird (vgl. RNE 2019). Unternehmen können die DNK-Entsprechenserklärung darüber hinaus nutzen, um ihr menschenrechtliches Engagement im Sinne der unter Abschn. 2.2.1 erläuterten verbindlichen NAP-Kernelemente darzustellen (vgl. RNE 2017, S. 28). Der DNK ist darüber hinaus für alle nichtberichtspflichtigen Unternehmen und Organisationsformen ein zweckmäßiges Instrument zur freiwilligen Berichterstattung (vgl. RNE 2017, S. 7; RNE 2019).

Wie unter Kap. 4 ausführlich gezeigt wird, bietet der DNK Impulse zur Implementierung der CSR-Erfolgsfaktoren (Orientierung an international vereinbarte Leitsätze, Einbindung interner und externer Stakeholder, Implementierung von CSR in die Geschäftsstrategie, Implementierung von CSR in das Kerngeschäft, Transparenz und Rechenschaft). Der DNK sieht – ebenso wie die GRI-SRS-Leitlinien – einen Stakeholderdialog, eine Wesentlichkeitsanalyse sowie eine Risikoanalyse vor. Im vorgenannten Zusammenhang räumt der DNK allerdings größere Ermessensspielräume als die GRI-Leitlinien ein. Das CSR-Risikomanagement auf der Basis des DNK wird ausführlich unter Abschn. 4.3.2 thematisiert.

Die DNK-Entsprechenserklärung setzt sich aus textlichen Kurzberichten von jeweils 500 bis 3000 Zeichen und zahlenmäßig belegten Leistungsindikatoren zusammen. Im vorgenannten Zusammenhang stellt der DNK Leistungsindikatoren der GRI (GRI-SRS) und des Dachverbandes der nationalen Verbände der europäischen Finanzanalysten (European Federation of Financial Analysts Societies/EFFAS) zur Auswahl (vgl. RNE 2017, S. 32; RNE 2019, S. 118). Abb. 3.11 zeigt beispielhaft ausgewählte GRI-SRS-Leistungsindikatoren, die zwecks Ausschöpfung, Messung und Steuerung der CSR-Erfolgspotenziale Umwelt-, Arbeitnehmer- und Sozialbelange, Achtung der Menschenrechte sowie Korruption und Bestechung im Rahmen der CSR-Erfolgssteuerung auf freiwilliger Basis oder gemäß den Vorgaben des CSR-RUG sowie des NAP zum Einsatz gelangen können.

Umweltbelange	SRS-301-1 (Eingesetzte Materialien nach Gewicht oder Volumen)
	SRS-302-1 (Energieverbrauch innerhalb der Organisation)
	SRS-302-4 (Verringerung des Energieverbrauchs)
	SRS-303-1 (Gesamtwasserentnahme nach Quellen)
	SRS-306-2 (Gesamtgewicht des Abfalls nach Art und Entsorgungsmethode)
	SRS-305-1 (Direkte THG-Emissionen [Scope 1])
	SRS-305-2 (Indirekte energiebezogene THG-Emissionen [Scope 2])
	SRS-305-3 (Weitere indirekte THG-Emissionen [Scope 3])
	SRS-305-5 (Reduzierung der THG-Emissionen)
Arbeitnehmerbelange	SRS-403-2 (Art der Verletzungen und Rate der Verletzungen, Berufskrankheiten, Ausfalltage [..] sowie Gesamtzahl der Todesfälle [..])
	SRS-403-4 (Gesundheits- und Sicherheitsthemen [..])
	SRS-404-1 (Durchschnittl. jährl. Std.-Zahl für Aus- und Weiterbildung [..])
	SRS-405-1 (Zusammensetzung der Kontrollorgane [..])
	SRS-406-1 ([..] Diskriminierungsvorfälle und ergriffene Abhilfemaßnahmen)
Menschenrechte	SRS-412-3 (Gesamtzahl und Prozentsatz der signifikanten Investitionsvereinbarungund -verträge, die Menschenrechtsklauseln enthalten [..])
	SRS-412-1 (Gesamtzahl und Prozentsatz der Geschäftsstandorte, die im Hinblick auf Menschenrechte [..] geprüft wurden)
	SRS-414-1 (Prozentsatz neuer Lieferanten, die anhand von Menschenrechtskriterien überprüft wurden)
	SRS-414-2 (Erhebliche [..] negative menschenrechtliche Auswirkungen in der Lieferkette und ergriffene Maßnahmen)
Gesellschaft/ Sozialbelange	SRS-205-1 (Gesamtzahl und Prozentsatz der Geschäftsstandorte, die im Hinblick auf Korruptionsrisiken hin geprüft wurden und ermittelte erhebliche Risiken)
	SRS-205-3 (Bestätigte Korruptionsfälle und ergriffene Maßnahmen)
	SRS-419-1 ([..] Bußgelder und Strafen [..] wegen Nichteinhaltung von Gesetzen und Vorschriften)

Abb. 3.11 GRI-SRS Leistungsindikatoren des DNK [Ausschnitt]. (Quelle: eigene Darstellung; Daten entnommen aus RNE 2017, 2019)

3.3.4.3 Kennzahlenkatalog auf der Basis von EMAS

EMAS (auch bekannt als EU-Öko-Audit oder Öko Audit) wurde im Jahr 1993 als Verordnung (EWG) Nr. 1836/93 des Rates der EU erstmals am 10. Juli 1993 publiziert und im Dezember 1995 mit dem Umweltauditgesetz (UAG) in deutsches Recht umgesetzt und mehrfach novelliert. EMAS erhält insbesondere in der seit 2017 in Europa geltenden neuen Version als Risikomanagementsystem zur Umsetzung der globalen Sorgfaltspflicht in den Wertschöpfungs- und Lieferantenketten eine an Relevanz gewinnende Bedeutung. Die aktuelle EMAS-Version verlangt die Implementierung der CSR-Gütekriterien bzw. – Erfolgsfaktoren (Einbindung der Stakeholder, Integration der Nachhaltigkeitsdimension „Umweltleistungen" in das Kerngeschäft, Transparenz und Rechenschaft). Die Vorgaben zu dem Aspekt „Umweltbelange" des CSR-RUG werden durch die aktuelle EMAS-Version ebenfalls erfüllt (vgl. Stibbe 2018, S. 314). Seit Mitte des Jahres 2016 kommt EMAS auf sämtlichen CSR-Ebenen als SDG-Fortschrittsindikator im Rahmen der verti-

Schlüsselbereich	Input- bzw. Auswirkungen
Energieeffizienz	Jährlicher Gesamtenergieverbrauch (in MWh oder GJ) Gesamtverbrauch an erneuerbaren Energien (Anteil der Energie aus erneuerbaren Energiequellen am jährlichen Gesamtverbrauch (Strom und Wärme).
Materialeffizienz	Jährlicher Massenstrom der verschiedenen Einsatzmaterialien (ohne Energieträger und Wasser) in Tonnen
Wasser	Jährlicher Wasserverbrauch in m^3
Abfall	Jährliches Abfallaufkommen (nach Abfallart in Tonnen) gesamtes jährliches Aufkommen an gefährlichen Abfällen (in Kilogramm oder Tonnen)
Biologische Vielfalt	Flächenverbrauch (in m^2 bebauter Fläche)
Emissionen	Jährliche Gesamtemissionen von Treibhausgasen (mindestens die Emissionen an CO_2, CH_4, N_2O, Hydrofluorkarbonat, Perfluorkarbonat und SF_6 in Tonnen CO_2-Äquivalent) Jährliche Gesamtemissionen in die Luft (mindestens die Emissionen an SO_2, NO_X und PM in Kilogramm oder Tonnen)

Abb. 3.12 EMAS-Kernindikatoren. (Quelle: eigene Darstellung; Daten entnommen aus UGA 2010)

kalen und horizontalen SDG-Transformation zum Einsatz (vgl. Stibbe 2017, S. 2 ff.; 2018, S. 314 ff.) Abb. 3.12 zeigt die im EMAS-Konzept implementierten sechs Kernindikatoren, die im Rahmen der CSR-Erfolgssteuerung zur Fortschrittsmessung und Steuerung der Umweltbelange auf freiwilliger Basis oder gemäß den Vorgaben des CSR-RUG in den Wertschöpfungs- und globalen Lieferantenketten zum Einsatz gelangen können.

3.3.5 Praxisleitfäden – Orientierungshilfen und individuelle Beratungsangebote

In den letzten Jahren sind zahlreiche Leitfäden publiziert worden, die durch interessierte Unternehmen als Orientierungshilfen zur Umsetzung der unternehmerischen Sorgfaltspflichten (due diligence) herangezogen werden können. Im vorstehenden Zusammenhang sei an dieser Stelle beispielhaft auf die Publikationen des Deutschen Global Compact Netzwerkes (z. B. „Menschenrechte achten – Ein Leitfaden für Unternehmen", „5 Schritte zum Management der menschenrechtlichen Auswirkungen Ihres Unternehmens", „Nachhaltigkeit in der Lieferkette – Ein praktischer Leitfaden zur kontinuierlichen Verbesserung") sowie auf die Leitfäden des BMUB (z. B. „Gesellschaftliche Verantwortung von Unternehmen – Eine Orientierungshilfe für Kernthemen und Handlungsfelder des Leitfadens DIN ISO 26.000", „Schritt für Schritt zum nachhaltigen Lieferkettenmanagement –

3.3 Steuerung und Fortschrittsmessung des CSR-Erfolges – Notwendigkeit und ...

Praxisleitfaden für Unternehmen", „Verantwortung neu denken – Risikomanagement und CSR") verwiesen (vgl. BMU 2011, 2014, 2017; DGCN 2012a, b; 2015). Die OECD stellt den Unternehmen im vorstehenden Zusammenhang kostenlos sektorspezifische Leitfäden zur Erfüllung der Sorgfaltspflicht zur Verfügung („OECD-Leitfaden zu Lieferketten für Minerale aus Konflikt- und Hochrisikogebieten", „OECD-Leitfaden für verantwortungsvolle landwirtschaftliche Lieferketten", „OECD-Leitfaden zur konstruktiven Stakeholderbeteiligung im Rohstoffsektor", „OEDC-Leitfaden zu Lieferketten in der Textil- und Schuhindustrie", „OECD-Leitfaden für den Finanzsektor") (OECD 2016, 2017a, b, 2018). Im Mai 2018 veröffentlichte die OECD den neuen „Leitfaden zur Sorgfaltspflicht für alle Sektoren" (vgl. OECD 2018).

Vor dem Hintergrund des im Mittelpunkt stehenden CSR-Paradigmenwechsels sind für eine CSR-Erfolgssteuerung insbesondere die Leitlinien relevant, die als Orientierungshilfen im Rahmen der Umsetzung des CSR-Risikomanagement sowie der CSR-Berichterstattung auf der Grundlage verbindlicher Vorgaben (z. B. NAP-Kernelemente zur Umsetzung der VN-Leitprinzipien für Wirtschaft und Menschenrechte, CSR-RUG) oder auf freiwilliger Basis herangezogen werden können. Die im vorstehenden Zusammenhang aktuellen Best-Practice-Rahmenwerke werden nachstehend erläutert:

▶ Deutscher Corporate Governance Kodex (2017)

▶ FEA-Leitlinien zur Prüfung der nichtfinanziellen Berichterstattung (CSR-Bericht) durch den Aufsichtsrat (2017)

▶ Berliner CSR-Konsens – Leitfaden zum verantwortungsvollen und sorgsamen Lieferkettenmanagement (2018)

▶ DNK im Sinne des CSR-Richtlinienumsetzungsgesetzes (CSR-RUG) – Eine Orientierungshilfe für Anwender (2018)

▶ Umsetzungsleitlinien gemäß GRI Sustainability Reporting Standards (GRI SRS) (2016)

Regierungskommission Deutscher Corporate Governance Kodex
Die Regierungskommission Deutscher Corporate Governance Kodex wurde erstmals im Jahr 2001 durch das Bundesministerium der Justiz eingesetzt. Die Regierungskommission setzt sich aus Vertretern von Vorständen und Aufsichtsräten kapitalmarktorientierter Unternehmen und deren Stakeholdern zusammen. Die Mitglieder der Regierungskommission werden vom Bundesministerium der Justiz für Verbraucherschutz berufen. Die Regierungskommission formuliert auf der Grundlage von

(Fortsetzung)

Dialogen mit Wirtschaft, Politik und Öffentlichkeit Standards guter Unternehmensführung. Die Regierungskommission hat den DCGK erstmalig am 26.02.2002 verabschiedet. Die Kommission überprüft seither jährlich den Kodex darauf, ob er der aktuellen „Best Practice der Unternehmensführung" entspricht und passt ihn ggfs. an.

3.3.5.1 Deutscher Corporate Governance Kodex (2017) – Best-Practice-Unternehmensführung!

Der Deutsche Corporate Governance Kodex (DCGK) wurde erstmalig im Jahr 2002 durch die *Regierungskommission Corporate Governance* veröffentlicht. Die Regierungskommission hat am 07.02.2017 letztmalig den DCGK aktualisiert und am 14.02.2017 veröffentlicht (Stand: August 2018). Das Inkrafttreten ist von der Veröffentlichung im Bundesanzeiger abhängig.

Neben der Formulierung der aktuellen „Best-Practice der Unternehmensführung" hat der DCGK zum Ziel, [...] „das deutsche Corporate Governance System transparent und nachvollziehbar zu machen. Er will das Vertrauen der internationalen und nationalen Anleger, der Kunden, der Mitarbeiter und der Öffentlichkeit in die Leitung und Überwachung deutscher börsennotierter Gesellschaften fördern [...]" (RDCGK 2017, S. 1).

Der DCGK formuliert Aufgaben, Zuständigkeiten sowie das Zusammenwirken von Vorstand und Aufsichtsrat (vgl. RDCGK 2017, S. 4 ff.). Vorstand und Aufsichtsrat haben im vorstehenden Zusammenhang auf der Grundlage angemessener Informationen und unter Berücksichtigung der Belange der Aktionäre, der Arbeitnehmer und sonstigen Stakeholder gemäß dem Prinzip des Leitbildes eines ehrbaren Kaufmanns zum Wohle der Gesellschaft zu handeln (vgl. RDCGK 2017, S. 1 ff.).

Der DCGK ist eine Zusammenfassung gesetzlicher Vorschriften zur Leitung und Überwachung deutscher börsennotierter Gesellschaften, die im Wesentlichen im Aktiengesetz geregelt sind. Als weitere Elemente enthält der DCGK internationale und nationale Standards guter und verantwortungsvoller Unternehmensführung in Form von Empfehlungen und Anregungen. Die Empfehlungen werden im DCGK mit „soll" und die Anregungen mit „sollte" gekennzeichnet. Der DCGK enthält als privates Regelwerk (sog. „soft law") keine über die gesetzlichen Vorgaben hinausgehenden verbindlichen Pflichten für Vorstände und Aufsichtsräte börsennotierter Gesellschaften. Der Kodex besitzt allerdings über die Entsprechenserklärung gemäß § 161 des Aktiengesetzes eine gesetzliche Grundlage. Danach sind im Gegensatz zu den gesetzlichen Vorschriften die Empfehlungen und Anregungen nicht verbindlich. Allerdings sind Abweichungen zu den Empfehlungen (nicht Anregungen!) in der jährlich zu veröffentlichenden Entsprechenserklärung zu begründen („comply or explain") (vgl. RDCGK 2017, S. 2).

Die Elemente Risikomanagement und Risikocontrolling bilden einen wesentlichen Schwerpunkt des DCKG. Im vorstehenden Zusammenhang soll der Vorstand für angemessene, an der Risikolage des Unternehmens ausgerichtete Maßnahmen (Compliance

Management System) sorgen und deren Grundzüge offenlegen (vgl. RDCGK 2017, S. 6). Die Gesellschaften können von der vorstehenden Empfehlung abweichen, sind dann aber verpflichtet, dies jährlich offenzulegen und die Abweichungen zu begründen (vgl. RDCGK 2017, S. 2).

Wie unter Kap. 4 gezeigt wird, entspricht das Risikomanagement gemäß DCKG aus traditioneller Sicht dem sogenannten formalen Risikomanagement.

3.3.5.2 FEA-Leitlinien zur Prüfung der nichtfinanziellen Berichterstattung („CSR-Bericht") durch den Aufsichtsrat

Das CSR-RUG vom April 2017 erweitert für mindestens 550 betroffene Unternehmen die Berichterstattungspflicht um sogenannte CSR-Aspekte (Umweltbelange, Arbeitnehmerbelange, Sozialberlange, Achtung der Menschenrechte, Bekämpfung von Korruption und Bestechung) rückwirkend für die Geschäftsjahre, die ab dem 1. Januar 2017 begonnen haben. Für die Aufstellung und Veröffentlichung des CSR-Berichtes ist die Unternehmensleitung verantwortlich. Der Aufsichtsrat trägt gemäß § 171 Abs. 1 AktG die Verantwortung, die nicht-finanzielle Erklärung zu prüfen. Im Gegensatz zur finanziellen Berichterstattung prüft der Abschlussprüfer lediglich, ob die nicht-finanzielle Erklärung vorgelegt wurde (formale Prüfung). Die gesetzliche Pflicht zur inhaltlichen Prüfung obliegt somit dem Aufsichtsrat (vgl. FEA 2017, Pkt. I; FEA o.J., Pkt. I; RNE 2018, S. 22 ff.). Die betroffenen Aufsichtsräte stehen gemäß FIA in dreifacher Hinsicht vor besonderen Herausforderungen (vgl. FEA o.J., Pkt. I):

1. Im Gegensatz zur finanziellen Berichterstattung handelt es sich bei der CSR-Berichterstattung um breit gefächerte, häufig nicht oder nur eingeschränkt quantitativ abbildbare Informationen.
2. Der Aufsichtsrat muss im Rahmen der nicht-finanziellen Berichterstattung zusätzliche Prüfungsaufgaben wahrnehmen, die Spezialkenntnisse und Ressourcen erfordern.
3. Bezüglich der Prüfpflicht können die Aufsichtsräte oftmals auf keine Berichtshistorie zugreifen.

Aus vorstehenden Gründen ist davon auszugehen, dass die Bandbreite bezüglich Qualität der Berichterstattung und Umfang der Prüfung durch die jeweiligen Aufsichtsräte sehr groß sein wird. Insbesondere der Umfang und das Ausmaß der Berücksichtigung von CSR-Aspekten werden dabei in der Praxis teilweise erheblich voneinander abweichen. Die FEA-Leitlinien enthalten Empfehlungen bezüglich der Auseinandersetzung des Aufsichtsrates mit CSR-Aspekten, der Delegation der Prüfungsaktivitäten auf interne und externe Ressourcen, der Prüfungsintensität („limited assurance" oder „reasonable assurance") sowie der Implementierung von CSR (vgl. FEA 2017; FEA o.J.). Wie im Rahmen der Ausführungen zu Kap. 2 mehrfach gezeigt wurde, steht das Risikomanagement i. V. m. der globalen Sorgfaltspflicht (due diligence) auf sämtlichen CSR-Ebenen im Mittelpunkt der aktuellen CSR-Sichtweise. Gemäß FEA-Leitlinie sollte sich der Aufsichtsrat daher intensiv mit dem Thema CSR auseinandersetzen (vgl. FEA 2017, Pkt. II).

3.3.5.3 Berliner CSR-Konsens – Leitfaden zum verantwortungsvollen und sorgsamen Lieferkettenmanagement (2018)

Wie unter Abschn. 2.1.2 gezeigt wurde, verweist der Bundestag bereits im Jahr 2016 auf die Konzeption eines „Leitfadens zum verantwortungsvollen Lieferkettenmanagement" (vgl. Deutscher Bundestag 2016, S. 6 ff.). Der vorgenannte Leitfaden wurde im Juni 2018 durch das BMAS unter der Bezeichnung „Berliner Konsens zur Unternehmensverantwortung in Liefer- und Wertschöpfungsketten" publiziert (vgl. BMAS 2018a). Mit dem vorgenannten Leitfaden haben sich Arbeitgeberverbände, Gewerkschaften, Kammern und Zivilgesellschaft sowie Mitgliedsunternehmen des CSR-Forums erstmals im Konsens darauf geeinigt, welche Anforderungen an ein verantwortliches Management von Liefer- und Wertschöpfungsketten zu stellen sind (vgl. BMAS 2018b, S. 1). Der Berliner Konsens verweist auf internationale Standards für das verantwortliche Management von Liefer- und Wertschöpfungsketten, die Unternehmen im Rahmen ihrer Geschäftstätigkeit angemessen berücksichtigen sollen (VN-Leitprinzipien für Wirtschaft und Menschenrechte in Verbindung mit dem Nationalen Aktionsplan/NAP, ILO-Kernarbeitsnormen, OECD-Leitsätze für multinationale Unternehmen, Dreigliedrige Grundsatzerklärung der ILO für multinationale Unternehmen und Sozialpolitik) (vgl. BMAS 2018a, Pkt. II). Darüber hinaus empfiehlt der vorstehende Leitfaden die Implementierung von Führungs- und Managementprinzipien zur Umsetzung eines verantwortlichen Management von Liefer- und Wertschöpfungsketten (vgl. BMAS 2018a, Pkt. III). Der „Berliner Konsens" beschreibt sogenannte „Elemente", die sich an die unter Abschn. 2.2.2 (Abb. 2.12) erläuterten Prozessschritte und NAP-Kernelemente der VN-Leitprinzipien für Wirtschaft und Menschenrechte sowie die OECD-Leitsätze für multinationale Unternehmen orientieren (vgl. BMAS 2018a, Pkt. IV):

▶ Grundsatzerklärung: Verständnis entwickeln

▶ Risikoanalyse: Auswirkungen erfassen

▶ Risikomanagement: Maßnahmen definieren und durchführen

▶ Wirksamkeitskontrolle: Veränderung bewirken

▶ Kommunikation: intern und extern

Im Mittelpunkt des „Berliner Konsens" steht das CSR-Risikomanagement. Der Leitfaden greift unter dem Element „Interne und externe Kommunikation" die an Relevanz gewinnende Bedeutung eines CSR-Risikomanagement aus der Sicht der Stakeholder auf. Im vorstehenden Zusammenhang wird die Bedeutung des CSR-RUG als Instrument zur Umsetzung der globalen Sorgfaltspflicht für große kapitalmarktorientierte Unternehmen sowie die Bedeutung einer CSR-Berichterstattung für kleine und mittlere Unternehmen im Rahmen der Umsetzung der globalen Sorgfaltspflicht herausgestellt. Der DNK sowie die Leitlinien der GRI sind aus der Sicht des CSR-Forums adäquate Best-Practice-Rahmenwerke zur Umsetzung einer transparenten und nachvollziehbaren CSR-Berichterstattung (vgl. BMAS 2018a, Pkt. IV). Der DNK sowie die aktuellen Leitlinien der GRI werden ausführlich unter Kap. 4 erläutert.

Das DNK-Büro bietet eine kostenlose Orientierungshilfe und individuelle Beratungsangebote für interessierte Unternehmen an, die ihre Berichterstattung gemäß CSR-RUG oder auf freiwilliger Basis umsetzen wollen. Wie nachstehend gezeigt wird, führt der Leitfaden zum Deutschen Nachhaltigkeitskodex die interessierten Anwender mittels DNK-Prozessempfehlungen schrittweise, unkompliziert und kostenlos an die Umsetzung einer CSR-Berichterstattung heran (vgl. RNE 2019).

3.3.5.4 Leitfaden zum Deutschen Nachhaltigkeitskodex – Orientierungshilfe für Einsteiger

Der RNE veröffentlichte im Jahr 2019 einen Leitfaden zum Deutschen Nachhaltigkeitskodex mit DNK Prozessempfehlungen, die sich insbesondere auf die Umsetzung des CSR-RUG und der NAP-Kernelemente zur Umsetzung der VN-Leitprinzipien für Wirtschaft und Menschenrechte konzentrieren. Darüber hinaus bietet der neue DNK-Leitfaden Hinweise und Prozessschritte an, die interessierte CSR-Einsteiger auf dem Weg zu einer Implementierung eines integrierten und glaubwürdigen Nachhaltigkeitsmanagement verhelfen sollen (vgl. RNE 2019, S. 4 ff.)

Das DNK-Büro bietet den DNK-Anwendern eine *formelle* Durchsicht der Entsprechenserklärung auf DNK-Konformität an. Berichtspflichtige Unternehmen können das sogenannte DNK-Signet für die Kommunikation ihrer DNK-Entsprechenserklärung nutzen. In jeder Prozessphase können die DNK-Anwender auf individuelle Beratungsangebote des RNE zurückgreifen. Im vorstehenden Zusammenhang steht den Anwendern für allgemeine und technische Fragestellungen sowie Fragen zur DNK-Datenbank das Büro Deutscher Nachhaltigkeitskodex zur Verfügung (vgl. team@nachhaltigkeitskodex.org). Des Weiteren erhalten die DNK-Anwender auf Wunsch individuelle Unterstützung bei der Planung und Erstellung einer DNK-Entsprechenserklärung. Eine nach Bundesländern gegliederte Auflistung sämtlicher Schulungspartner und aktuelle Termine für DNK-Schulungen finden interessierte Anwender auf der DNK-Website unter dem Menüpunkt „DNK-Schulungen". Auf Wunsch vermittelt das DNK-Team regionale Schulungspartner und DNK-Mentoren für Seminare und Informationsveranstaltungen. Die Auflistung der aktuellen DNK-Mentoren finden interessierte DNK-Anwender auf der DNK-Website unter dem Menüpunkt „Anwendungen" (vgl. https://www.deutscher-nachhaltigkeitskodex.de/fileadmin/user_upload/dnk/dok/leitfaden/20180213_Anwendungshilfe_DNK_CSR_RUG_Anwender.pdf; RNE 2019, S. 13). Jeder Prozessschritt auf dem Weg zu einer DNK-Entsprechenserklärung wird mit zahlreichen Good-Practice-Beispielen („Das schreiben die anderen!") abgerundet (vgl. RNE 2019, S. 18 ff.) Die CSR-Erfolgssteuerung sowie das Risikomanagement auf der Basis des DNK werden ausführlich unter Abschn. 4.2.2 thematisiert.

3.3.5.5 Umsetzungsleitlinien gemäß GRI Sustainability Reporting Standards (GRI-SRS) 2016

Die neuen GRI-SRS 2016 haben im (spätestens) Juli 2018 die Vorgängerversion GRI4 abgelöst. Die GRI-SRS 2016 sind in drei universelle Standards unterteilt (vgl. GRI-SRS 101, S. 3):

▶ GRI-SRS 101: Grundlagen 2016 (Foundation)

▶ GRI-SRS 102: Allgemeine Angaben 2016 (General Disclosures)

▶ GRI-SRS 103: Managementansatz 2016 (Management Approach)

Abb. 3.13 zeigt schematisch den vorstehenden Zusammenhang.

Zusätzlich zu den universellen Standards gibt es 33 „themenspezifische Standards". Wie unter Abschn. 3.3.4.1 gezeigt wurde, haben die GRI-Anwender die Möglichkeit, im Rahmen der „themenspezifischen Standards" mittels der Verwendung von GRI-Leistungsindikatoren über ihre konkreten qualitativen und quantitativen Auswirkungen ihres unternehmerischen Handelns in den Wertschöpfungs- und Lieferantenketten in allen Bereichen der Nachhaltigkeit zu berichten (vgl. GRI-SRS 101, S. 3). Abb. 3.10 zeigt rückblickend den vorstehenden Zusammenhang.

Wie unter Abschn. 4.2.1 ausführlich gezeigt wird, können Unternehmen die GRI-SRS-Anleitungen als „Richtschnur" für eine adäquate Implementierung der CSR-Gütekriterien bzw. CSR-Erfolgsfaktoren, zur Ausschöpfung, Messung, Überwachung und Steuerung der CSR-Erfolgspotenziale sowie zur Konzeption und Implementierung eines CSR-Risikomanagement auf der Basis des Wesentlichkeitsprinzips nutzen.

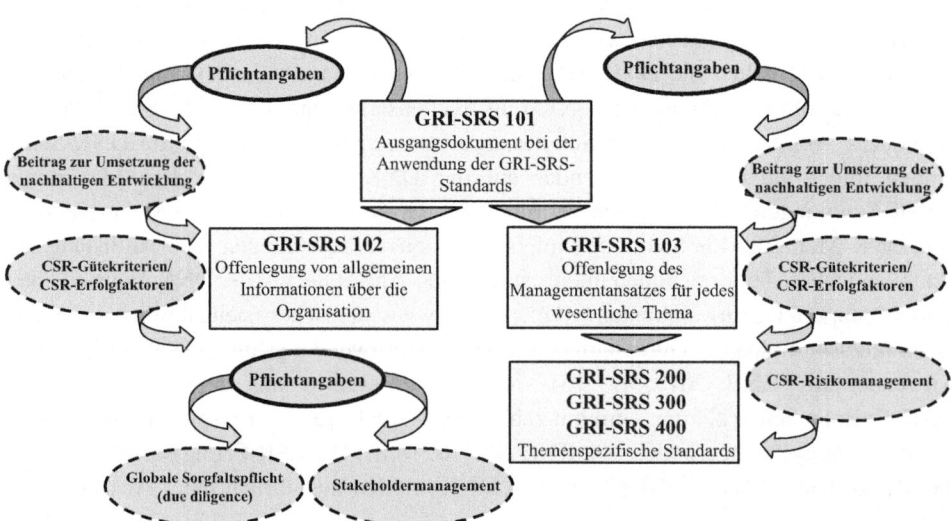

Abb. 3.13 Mit den GRI-SRS auf dem Weg zur CSR-Erfolgssteuerung. (Quelle: eigene Darstellung; in Anlehnung an GRI SRS 101 2016, S. 3)

3.4 Zwischenfazit – CSR-Implementierung und CSR-Risikomanagement im Fokus erfolgreicher Unternehmen

Die Ausführungen zu Kap. 3 haben verdeutlicht, dass Unternehmen, die die CSR-Gütekriterien im Rahmen ihrer CSR-Implementierung ernsthaft berücksichtigen, im direkten Vergleich der wirtschaftlichen Leistung zur Konkurrenz deutlich besser abschneiden. Empirische Studien bestätigen, dass die Einhaltung international vereinbarter Leitlinien und Leitsätze in den Wertschöpfungs- und Lieferantenketten als entscheidender Erfolgsfaktor in den Modulen „Gesellschaft" und „Wettbewerbsvorteil" genannt werden kann. Sogenannte CSR-Champions orientieren sich an international relevante CSR-Verhaltenskodizes (z. B. OECD-Leitsätze, VN-Leitprinzipien für Wirtschaft und Menschenrecht, UN-Global-Compact) und implementieren ein CSR-Risikomanagement entlang ihrer Wertschöpfungs- und Lieferantenketten. Ein weiterer wichtiger CSR-Erfolgsfaktor ist die Einbindung der internen und externen Stakeholder. Über die Einbindung aller wichtigen Stakeholder können relevante CSR-Themen frühzeitig identifiziert und Risiken und Reputationsschäden vermieden werden.

Vor dem Hintergrund der vorstehenden Analyse wurde gezeigt, dass eine zielorientierte CSR-Erfolgssteuerung ohne eine präzise Messung der CSR-Erfolgsgrößen nicht auskommt. Im vorstehenden Zusammenhang wurden die zahlreichen betriebswirtschaftlichen Besonderheiten von CSR diskutiert und adäquate Instrumente und Konzepte der CSR-Erfolgssteuerung vorgestellt.

Im folgenden Kap. 4 wird gezeigt, dass im Rahmen einer erfolgreichen CSR-Erfolgssteuerung zwei Perspektiven des Risikomanagement sowie zwei Sichtweisen der CSR-Berichterstattung beachtet werden müssen.

Übungsfragen

1. Kommentieren Sie ausführlich die nachstehende Aussage: „CSR-Management ist Nachhaltigkeitsmanagement".
2. Kommentieren Sie ausführlich die nachstehende Aussage: „CSR-Management ist Stakeholdermanagement".
3. Kommentieren Sie ausführlich die nachstehende Aussage: „CSR-Gütekriterien sind duale Erfolgsfaktoren".
4. Kommentieren Sie ausführlich die nachstehende Aussage: „CSR-Management ist Intangiblemanagement".
5. Erläutern Sie ausführlich die betriebswirtschaftlichen Besonderheiten von CSR.
6. Erläutern Sie ausführlich die Module der CSR-Erfolgssteuerung (Stichworte: CSR-Erfolgsfaktoren, CSR-Erfolgspotenziale, CSR-Kennzahlen, CSR-Indikatoren).
7. Erläutern Sie Möglichkeiten und Grenzen einer CSR-Erfolgssteuerung auf der Basis von Kennzahlen.

(Fortsetzung)

8. Charakterisieren Sie die Balanced-Scorecard und erläutern Sie die Relevanz dieses Konzeptes aus der Perspektive der CSR-Erfolgssteuerung.
9. Erläutern Sie ausführlich den Deutschen Corporate Governance Kodex (DCGK).
10. Nennen und erläutern Sie relevante Praxisleitfäden, die als Orientierungshilfen im Rahmen einer CSR-Erfolgssteuerung herangezogen werden können.

Literatur

Ahsen, A. 2013. Nachhaltigkeitscontrolling. In: Betriebliches Nachhaltigkeitsmanagement, Hrsg. Baumast, A. und J. Pape, Pape, J., Stuttgart/Deutschland: Eugen-Ulmer-Verlag, S. 208–224.

Boston Consulting Group (BCG) (Hrsg.) 2017. Total Societal Impact: A New Lense for Strategy". Boston/Massachusetts. https://urldefense.proofpoint.com/v2/url?u=https-3A__www.bcg.com_Images_BCG-5FStudie-5FTotal-2520Societal-2520Impact-5Ftcm108-2D176084.pdf&d=DwMFAw&c=vh6FgFnduejNhPPD0fl_yRaSfZy8CWbWnIf4XJhSqx8&r=5W8EBdDdyzAUbSFrCVA8wMvVPXUNm55yGMbcDM9Ak_0&m=Wqh9bCcgTgleySBmBRzDx3WoXPSAUQ3TMQJ7SHPBMu8&s=HsoJ81UR_OoX7bwRHG2dlZjxXjkCg9OwfQHm6P_Jf74&e= https://www.bcg.com/Images/BCG_Studie_Total%20Societal%20Impact_tcm108-176084.pdf. Zugegriffen am 06.05.2018.

Bertelsmann Stiftung (Hrsg.) 2014. CRI Corporate Responsibility Index 2013. Gütersloh/Deutschland. http://www.cr-index.de/downloads/Gesamtbericht_CRI_2013.pdf. Zugegriffen: 20.05.2018.

BMAS (Hrsg.) 2010. Nationale Strategie zur gesellschaftlichen Verantwortung von Unternehmen (Corporate Social Responsibility – CSR) – Aktionsplan CSR – der Bundesregierung. Berlin/Deutschland. https://www.bundesregierung.de/Content/DE/StatischeSeiten/Breg/Nachhaltigkeit/_SubsiteInhalte/_Anlagen/2010-12-07-aktionsplan-csr.pdf;jsessionid=6811783ACE366B546221A78697E6B60B.s6t1?__blob=publicationFile&v=2. Zugegriffen: 20.04.2018.

BMAS (Hrsg.) 2012. Entwicklung einer Studie zur Messung und Darstellung der Korrelation zwischen CSR-Engagement und Wettbewerbsfähigkeit von Unternehmen in Deutschland – Abschlussbericht. Berlin/Deutschland. http://www.bmas.de/SharedDocs/Downloads/DE/PDF-Publikationen-DinA4/fb425-studie-csr-engagement-wettbewerbsfaehigkeit2.pdf;jsessionid=8958E7E1019441E89A424373A66BBE8D?__blob=publicationFile&v=2. Zugegriffen: 06.05.2018.

BMAS (Hrsg.). 2017. BCG-Studie: Nachhaltigkeit als wirtschaftlicher Erfolgsfaktor. Berlin/Deutschland. http://www.csr-in-deutschland.de/DE/Aktuelles/Meldungen/2017/bcg-studie-nachhaltigkeit-als-wirtschaftlicher-erfolgsfaktor.html. Zugegriffen: 01.06.2018.

BMAS (Hrsg.) 2018a. Berliner CSR-Konsens zur Unternehmensverantwortung in Liefer- und Wertschöpfungsketten. Beschlossen am 25.Juni 2018 in Berlin. Berlin/Deutschland. https://www.csr-in-deutschland.de/SharedDocs/Downloads/DE/PDF-Dateien/csr-konsens-grundsatzverordnung-liefer-wertschoepfungsketten.pdf?__blob=publicationFile&v=2. Zugegriffen: 30.07.2018.

BMAS (Hrsg.) 2018b. Nationales CSR-Forum beschließt Grundsatzpapier zur Unternehmensverantwortung in Liefer- und Wertschöpfungsketten, S. 1–3. Berlin/Deutschland. https://www.bmas.de/DE/Presse/Pressemitteilungen/2018/grundsatzpapier-unternehmensverantwortung.html. Zugegriffen: 31.07.2018.

BMU (Hrsg.) 2011. Verantwortung neu denken – Risikomanagement und CSR. Berlin/Deutschland. https://www.akzente.de/fileadmin/Publikationen/PDF_Publikationen/BMU_2011_CSR_und_Risikomanagement.pdf. Zugegriffen: 06.05.2018.

BMU (Hrsg.) 2014. Gesellschaftliche Verantwortung von Unternehmen – Eine Orientierungshilfe für Kernthemen und Handlungsfelder des Leitfadens DIN ISO 26000. Verantwortung neu denken –

Literatur

Risikomanagement und CSR. Berlin/Deutschland. https://www.bmu.de/fileadmin/Daten_BMU/Pools/Broschueren/csr_iso26000_broschuere_bf.pdf. Zugegriffen: 29. 08. 2018.

BMU (Hrsg.) 2017. Schritt für Schritt zum nachhaltigen Lieferkettenmanagement – Praxisleitfaden für Unternehmen. Berlin/Deutschland. https://www.bmu.de/fileadmin/Daten_BMU/Pools/Broschueren/leitfaden_nachhaltige_lieferkette_bf.pdf. Zugegriffen: 29. 08. 2018.

Buzzell, R. D. und B. T. Gale. 1989. Das PIMS-Programm: Strategien und Unternehmenserfolg. Wiesbaden: Gabler Verlag.

Deutscher Bundestag (Hrsg.). 2016. Corporate Social Responsibility (CSR) – Aktueller Stand in Deutschland. Berlin/Deutschland. https://www.bundestag.de/blob/424954/76374d447099012620a493400ba0001c/wd-5-032-16-pdf-data.pdf. Zugegriffen: 20.01.2018.

Europäische Kommission (Hrsg.). 2011. Eine neue EU-Strategie (2011–14) für die soziale Verantwortung der Unternehmen (CSR), KOM (2011) 681, Brüssel/Belgien. http://eur-lex.europa.eu/LexUriServ/LexUriServ.do?uri=COM:2011:0681:FIN:DE:PDF. Zugegriffen: 20.01.2018.

Financial Experts Association e. V. (FEA) (Hrsg.) o.J. FEA-Leitlinien zur Prüfung der nichtfinanziellen Berichterstattung ("CSR-Bericht") durch den Aufsichtsrat. Bremen/Deutschland. https://www.adar.info/fileadmin/AdAR/Dokumente/BOARD/2018/BOARD-1-2018_FEA.pdf. Zugegriffen: 20.09.2018.

Financial Experts Association e. V. (FEA) (Hrsg.) 2017. FEA-Leitlinien zur Prüfung der nichtfinanziellen Berichterstattung („CSR-Bericht") durch den Aufsichtsrat. Bremen/Deutschland. https://financialexperts.eu/kunden/fea/Dokumente/171114_FEA-Leitlinie_CSR_.pdf?ver=2017-11-14-164124-347. Zugegriffen: 20.09.2018.

Forsmann, D., H. Haenecke, Chr. Zerres und M. Zerres (o.J.). Erfolgsfaktorenforschung. http://rybarecords.de/eBooks/Marketing/erfolgsfaktorenforschung.pdf. Zugegriffen: 29.05.2018.

Fröhlich, E. 2015. Corporate Social Responsibility in der Beschaffung: Theoretische wie praktische Implikationen. In: CSR und Beschaffung, hrsg. von E. Fröhlich. 1. Auflage, S. 3–36. Berlin/Heidelberg: Springer-Verlag.

Geschäftsstelle Deutsches Global Compact Netzwerk (DGCN) (Hrsg.). 2012a. Menschenrechte achten – Ein Leitfaden für Unternehmen. Berlin/Deutschland. https://www.globalcompact.de/wAssets/docs/Menschenrechte/menschenrechteachten_130109_download.pdf. Zugegriffen: 01.09.2018.

Geschäftsstelle Deutsches Global Compact Netzwerk (DGCN) (Hrsg.). 2012b. Nachhaltigkeit in der Lieferkette – Ein praktischer Leitfaden zur kontinuierlichen Verbesserung. Berlin/Deutschland. https://www.globalcompact.de/wAssets/docs/Lieferkettenmanagement/nachhaltigkeit_in_der_lieferkette.pdf. Zugegriffen: 01.09.2018.

Geschäftsstelle Deutsches Global Compact Netzwerk (DGCN) (Hrsg.). 2015. 5 Schritte zum Management der menschenrechtlichen Auswirkungen Ihres Unternehmens. Berlin/Deutschland. https://www.globalcompact.de/wAssets/docs/Menschenrechte/Publikationen/5_schritte_zum_management_der_menschenrechtlichen_auswirkungen_ihres_unternehmens.pdf. Zugegriffen: 01.09.2018.

GRI-Sustainability Reporting Standards 101 (GRI-SRS 101) 2016. Foundation. Amsterdam/Niederlande. https://www.globalreporting.org/standards/gri-standards-download-center/gri-101-foundation/. Zugegriffen: 10.09.2018.

GRI-Sustainability Reporting Standards 102 (GRI-SRS 102) 2016. General Disclosures. Amsterdam/Niederlande. https://www.globalreporting.org/standards/gri-standards-download-center/gri-102-general-disclosures/. Zugegriffen: 10.09.2018.

GRI-Sustainability Reporting Standards 103 (GRI-SRS 103) 2016. Management Approach. Amsterdam/Niederlande. https://www.globalreporting.org/standards/gri-standards-download-center/gri-103-management-approach-2016/. Zugegriffen: 10.09.2018.

GRI-Sustainability Reporting Standards 202 (GRI-SRS 202). Marktpräsenz. Amsterdam/Niederlande. https://www.globalreporting.org/standards/gri-standards-download-center/. Zugegriffen: 11.09.2018.

GRI-Sustainability Reporting Standards 203 (GRI-SRS 203). Wirtschaftliche Leistung. Amsterdam/Niederlande. https://www.globalreporting.org/standards/gri-standards-download-center/. Zugegriffen: 11.09.2018.

Kleine, A. und J. Pape. 2013. Nachhaltigkeitskennzahlen und –systeme. In: Betriebliches Nachhaltigkeitsmanagement, hrsg. von A. Baumast/J. Pape, S. 259–282. Wien–Köln–Weimar/Deutschland: Böhlau Verlag.

Loew, T., K. Ankele, S. Braun, und J. Clausen. 2004. Bedeutung der CSR-Diskussion für Nachhaltigkeit und die Anforderungen an Unternehmen. Berlin/Deutschland. http://www.upj.de/fileadmin/user_upload/MAIN-dateien/Themen/Einfuehrung/ioew_csr_diskussion_2004.pdf. Zugegriffen: 06.05.2018.

Loew, T. und J. Clausen. 2010. Wettbewerbsvorteile durch CSR – Eine Metastudie zu den Wettbewerbsvorteilen von CSR und Empfehlungen zur Kommunikation an Unternehmen. Berlin/Deutschland. http://www.4sustainability.de/fileadmin/redakteur/bilder/Publikationen/Loew-Clausen-2010-Wettbewerbsvorteile-durch-CSR-Gutachten-fuerBMAS.pdf. Zugegriffen: 10.05.2018.

Loew, T., und F. Rohde. 2013. CSR und Nachhaltigkeitsmanagement – Definitionen, Ansätze und organisatorische Umsetzung im Unternehmen. Berlin/Deutschland. http://www.4sustainability.de/fileadmin/redakteur/bilder/Publikationen/Loew_Rohde_2013_CSR-und-Nachhaltigkeitsmanagement.pdf. Zugegriffen: 10.12.2017.

Mahammad, M. 2013. Nachhaltigkeitsorientierte Balanced Scorecard. In: Betriebliches Nachhaltigkeitsmanagement, Hrsg. Baumast, A. und J. Pape, Pape, J., Stuttgart/Deutschland: Eugen-Ulmer-Verlag, S. 2283–301.

OECD (Hrsg.) 2016. OECD-Leitfaden für verantwortungsvolle landwirtschaftliche Lieferketten. Paris/Frankreich. https://mneguidelines.oecd.org/OECD-FAO-Leitfaden.pdf. Zugegriffen: 28.08.2018.

OECD (Hrsg.) 2017a. OECD-Leitfaden für die Erfüllung der Sorgfaltspflicht zur konstruktiven Stakeholderbeteiligung im Rohstoffsektor. https://www.bmwi.de/Redaktion/DE/Publikationen/Aussenwirtschaft/oecd-leitfaden-fuer-erfuellung-der-sorgfaltspflicht-zur-konstruktiven-stakeholderbeteiligung-im-rohstoffsektor.pdf?__blob=publicationFile&v=8. Zugegriffen: 28.08.2018.

OECD (Hrsg.) 2017b. Responsible business conduct for institutional investors: Key considerations for due diligence under the OECD Guidelines for Multinational Enterprises. http://mneguidelines.oecd.org/RBC-for-Institutional-Investors.pdf. Zugegriffen: 28.08.2018.

OECD (Hrsg.) 2018. OECD Due Diligence Guidance for Responsible Supply Chains in the Garment and Footwear Sector. https://www.oecd-ilibrary.org/docserver/9789264290587-en.pdf?expires=1535712946&id=id&accname=guest&checksum=F536B5ACE0CBEF80EC232CA6D79AC46E. Zugegriffen: 28.08.2018.

Peters J. T. und R. H. Waterman. 2000. Auf der Suche nach Spitzenleistungen: Was man von den bestgeführten US-Unternehmen lernen kann. 8. Auflage, Landsberg am Lech/Deutschland: Moderne Verlagsges. MVG

Rat für nachhaltige Entwicklung (RNE) (Hrsg.) 2017. Der Deutsche Nachhaltigkeitskodex – Maßstab für nachhaltiges Wirtschafte, 4. aktualisierte Fassung. Berlin/Deutschland. https://www.deutscher-nachhaltigkeitskodex.de/fileadmin/user_upload/dnk/dok/kodex/DNK_Broschuere_2017.pdf. Zugegriffen: 22.08.2018.

Rat für nachhaltige Entwicklung (RNE) (Hrsg.) 2018. Der DNK im Sinne des CSR-Richtlinie-Umsetzungsgesetzes (CSR-RUG) – Eine Orientierungshilfe für Anwender. 3. Fassung, 08. Mai 2018. Berlin/Deutschland. https://www.deutscher-nachhaltigkeitskodex.de/de-DE/Home/DNK/DNK-Overview. Zugegriffen: 22.08.2018.

Rat für nachhaltige Entwicklung (RNE) (Hrsg.) 2019. Leitfaden zum Deutschen Nachhaltigkeitskodex – Orientierungshilfe für Einsteiger. Berlin/Deutschland. https://www.nachhaltigkeitsrat.de/wp-content/uploads/2019/01/DNK_Leitfaden_BITV_DE_190226_1.pdf. Zugegriffen: 15.03.2019.

Literatur

Regierungskommission Deutscher Governance Kodex (RDGK) (Hrsg.) 2017. Deutscher Corporate Governance Kodex. Frankfurt/Deutschland. https://www.dcgk.de//files/dcgk/usercontent/de/download/kodex/170424_Kodex.pdf. Zugegriffen: 30.08.2018.

Schaltegger, S. und T. Dyllick 2002. Nachhaltigkeit managen mit der Balanced Scorecard. Konzept und Fallstudien, Wiesbaden/Deutschland: Gabler-Verlag.

Schmalen, C., Kunert, M. und H. Weindlmaier o.J. Erfolgsfaktorenforschung: Theoretische Grundlagen, methodische Vorgehensweise und Anwendungserfahrungen in Projekten für die Ernährungsindustrie. http://www.uni-goettingen.de/docs/de3ce1be13dea20bce2d2fe660a78a26.pdf. Zugegriffen: 29.05.2018.

Stibbe, R., Voigtländer, M. 2013. Corporate Social Responsibility in der Immobilienbranche. In: Trends 3/2013, Hrsg. Institut der deutschen Wirtschaft Köln. Köln/Deutschland. http://www.iwkoeln.de/studien/iw-trends/beitrag/rosemarie-stibbe-michael-voigtlaender-corporate-social-responsibility-in-der-immobilienbranche-119298. Zugegriffen: 01.08.2016.

Stibbe, R. 2009. Kostenmanagement – Methoden und Instrumente. 3., überarbeitete und erweiterte Auflage, München/Deutschland: Oldenburg-Verlag.

Stibbe, R. 2017. Globales Life-Cycle-Controlling – Footprinting in der Praxis. Wiesbaden/Deutschland: Springer-Gabler.

Stibbe, R. 2018. Compliance, Messung und Steuerung der nachhaltigen Entwicklung: EMAS auf dem Vormarsch. In: Nachhaltiges Wirtschaften im digitalen Zeitalter, Hrsg. Gadatsch et al., Wiesbaden/Deutschland: Springer-Gabler, S. 307–320.

Stoi, R. 2003. Identifikation und Steuerung der immateriellen Werttreiber, in: Zeitschrift Controlling, Heft 3, März/April 2003, München/Deutschland: Vahlen, S. 175–183.

Stoi, R. 2004. Management und Controlling von Intangibles auf Basis der immateriellen Werttreiber des Unternehmens, in: Intangibles in der Unternehmenssteuerung, Hrsg. Horváth, P./Möller, München/Deutschland: Vahlen, S. 187–201.

Umweltgutachterausschuss (UGA) (Hrsg.) (2010). Die neuen Kernindikatoren der EMAS III. Berlin/Deutschland. http://www.emas.de/fileadmin/user_upload/06_service/PDF-Dateien/UGA_Infoblatt-Indikatoren_Mrz_2010.pdf. Zugegriffen: 28.08.2018.

4 CSR-Risikomanagement – Best-Practice-Rahmenwerke und Good-Practice-Beispiele

Kapitelausblick und Lernziele

Im Rahmen der CSR-Erfolgssteuerung müssen zwei Perspektiven des Risikomanagement unterschieden werden, das a) CSR-Risikomanagement und b) das formale Risikomanagement. Das CSR-Risikomanagement gemäß internationaler CSR-Verhaltenskodizes fokussiert das Risikomanagement in den globalen Wertschöpfungs- und Lieferantenketten bzw. die stakeholderorientierte Sichtweise der Wesentlichkeit. Das Risikomanagement gemäß CSR-RUG entspricht dagegen der Sichtweise des formalen Risikomanagement auf der Basis gesetzlicher Vorgaben bzw. der geschäftsorientierten Sichtweise der Wesentlichkeit.

Dieses Kapitel verfolgt die Zielsetzung, die Stärken und Schwächen der vorstehend genannten Risikomanagementansätze aus der Sicht der CSR-Erfolgssteuerung transparent zu machen. Im vorstehenden Zusammenhang wird mithilfe von Good-Practice-Unternehmen das formale Risikomanagement beispielhaft analysiert. Anschließend werden die sogenannten Good-Practice-Rahmenwerke zur CSR-Berichterstattung thematisiert. Mithilfe der Berichterstattungsvorgaben gemäß GRI-SRS und DNK werden anschließend Umsetzungsschritte einer CSR-Berichterstattung gemäß CSR-RUG sowie NAP erläutert und Wege einer adäquaten CSR-Risikomanagement-Implementierung aufgezeigt.

> **Lernziele**
>
> - CSR-Risikomanagement und formales Risikomanagement aus der Sicht der CSR-Erfolgssteuerung charakterisieren.
> - ISO 31000 [Risikomanagement] kennen und in ihren Grundzügen beschreiben.
> - Implementierung des CSR-RUG in das formale Risikomanagement begründen.
> - Zusammenwirken von Risiko- und Nachhaltigkeitsmanagement erklären.
> - Ermessensspielräume im Rahmen der Umsetzung des CSR-RUG kennen.
>
> (Fortsetzung)

- Wesentlichkeitsverständnis CSR-RUG versus NAP gegenüberstellen.
- GRI-SRS aus der Perspektive der CSR-Erfolgssteuerung mit dem Schwerpunkt CSR-Risikomanagement beurteilen.
- DNK aus der Perspektive der CSR-Erfolgssteuerung mit dem Schwerpunkt CSR-Risikomanagement kennen.

4.1 Risiko- und Chancenmanagement im Fokus der CSR-Erfolgssteuerung

In der Literatur und in der Praxis sind zahlreiche Definitionen für den Begriff „Risiko" zu finden (zur wissenschaftlichen Diskussion der verschiedenen Risikobegriffe vgl. ausführlich Hotwagner 2008, S. 23 f.; Kersten et al. 2008, S. 10 f.; Lasch et al. 2015, S. 78 ff.; Loew et al. 2011, S. 13 f.). In der Gesetzgebung und in zahlreichen internationalen CSR-Verhaltenskodizes werden Risiken im engen Sinne definitorisch überwiegend mit negativen Ereignissen und ungünstigen Entwicklungen gleichgesetzt (vgl. Lasch et al. 2015, S. 79; Loew et al. 2011, S. 13). Im Rahmen der OECD-Leitsätze für multinationale Unternehmen, der VN-Leitprinzipien für Wirtschaft und Menschenrechte, der EU-Richtlinie 2014/95 und des CSR-RUG werden Risiken als negative ökologische und soziale Auswirkungen interpretiert (vgl. Bundesgesetzblatt 2017, S. 804; DGCN 2014, S. 15 ff.; EU Kommission 2017, S. 12; EU Parlament 2014, Artikel 1 (d); OECD 2011, S. 27 ff.). Im vorstehenden Zusammenhang sind Unternehmen i. S. v. CSR aufgefordert, ihren Beitrag zur Umsetzung der nachhaltigen Entwicklung zu leisten, indem negative Auswirkungen (z. B. Menschenrechtsverletzungen und Umweltverschmutzungen) in den Wertschöpfungs- und Lieferantenketten vermieden werden.

In der Unternehmenspraxis und in der wissenschaftlichen Literatur zur CSR-Thematik hat sich der erweiterte Risikobegriff durchgesetzt, der im Gegensatz zu der oben erläuterten engen Begriffsauslegung auch Chancen in die Begriffsdefinition einschließt (vgl. BMU 2011, S. 5 ff.; BMW-Group 2017a, S. 96 ff.; DIN 2018, S. 7; Lasch et al. 2015, S. 79; Linde Group 2017a, b, S. 75 ff.; Loew et al. 2011, S. 13; Lufthansa Group 2017, S. 64 ff.). Vor dem Hintergrund der vorstehenden Ausführungen sollte im Rahmen der CSR-Erfolgssteuerung der erweiterte Risikobegriff Anwendung finden, indem die Chancen bzw. positiven Auswirkungen von CSR in die Risikoanalyse einfließen:

▶ Risikomanagement = Risiko- und Chancenmanagement

4.2 CSR-Risikomanagement versus formales Risikomanagement

Im Rahmen der CSR-Erfolgssteuerung sind zwei Perspektiven des Risikomanagement zu unterscheiden:

4.2 CSR-Risikomanagement versus formales Risikomanagement

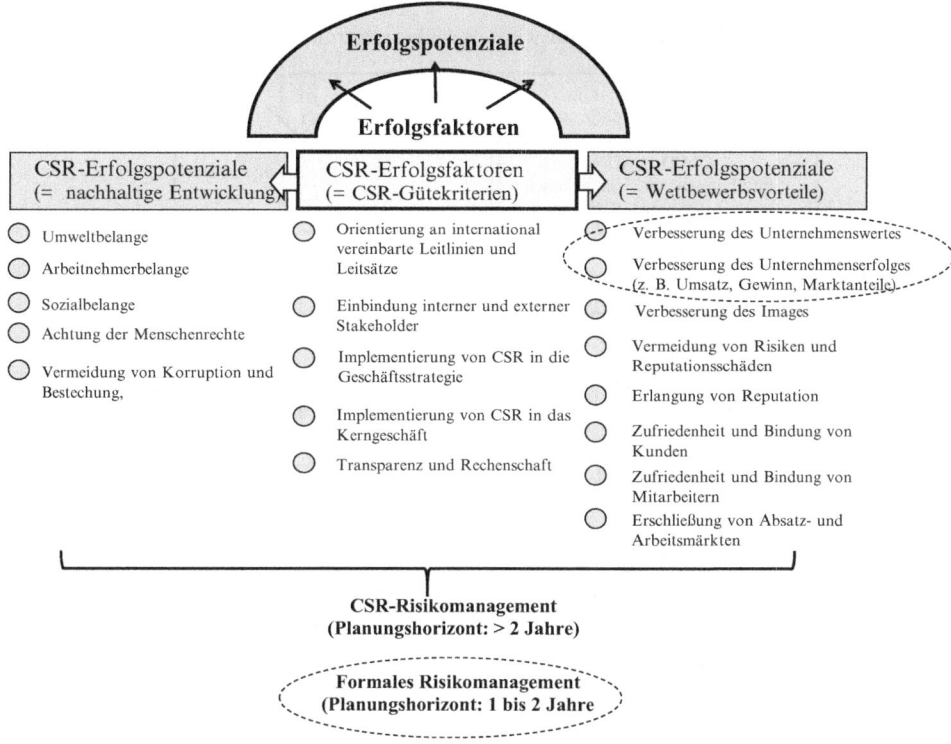

Abb. 4.1 CSR-Erfolgssteuerung – CSR-Risikomanagement versus formales Risikomanagement. (Quelle: eigene Darstellung)

▶ das CSR-Risikomanagement und

▶ das formale Risikomanagement.

Abb. 4.1 und 4.2 zeigen schematisch den vorstehenden Zusammenhang, der nachstehend ausführlich thematisiert wird.

4.2.1 CSR-Risikomanagement gemäß internationaler CSR-Verhaltenskodizes

Das CSR-Risikomanagement orientiert sich an internationale Leitlinien und Leitsätze. Sowohl im Rahmen der OEDC-Leitsätze für multinationale Unternehmen (Fassung 2011) als auch im Rahmen der VN-Leitprinzipien für Wirtschaft und Menschenrechte (2011) werden Unternehmen aufgefordert, adäquate Risikomanagementsysteme in den Wertschöpfungs- und Lieferantenketten zu implementieren, mithilfe derer potenziell negative Effekte rechtzeitig erkannt und verhindert werden. Wie unter Abschn. 2.2.3 gezeigt

80   4 CSR-Risikomanagement – Best-Practice-Rahmenwerke und Good-Practice-Beispiele

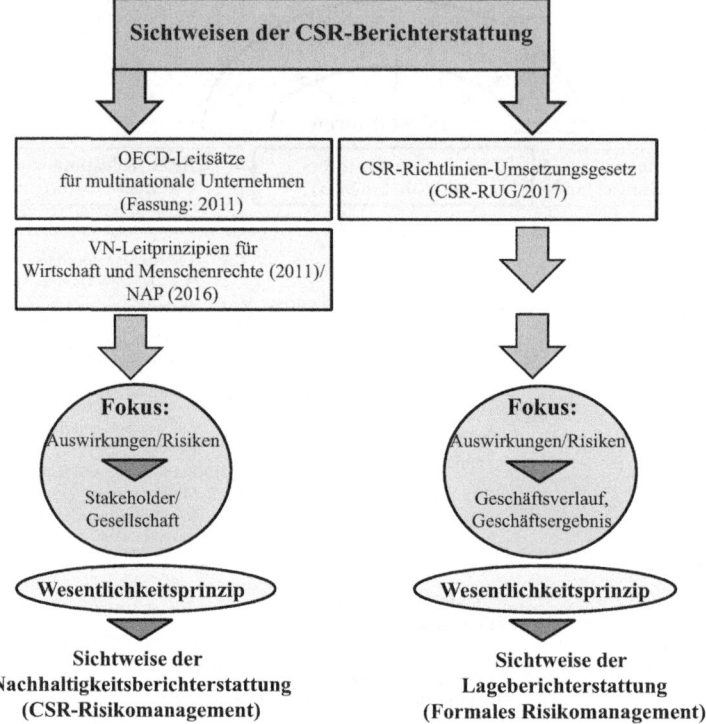

Abb. 4.2 CSR-Risikomanagement versus formales Risikomanagement. (Quelle: eigene Darstellung)

wurde, folgt das CSR-Risikomanagement der stakeholderorientierten Sichtweise der Wesentlichkeit. Unternehmen werden im vorstehenden Zusammenhang zur Umsetzung eines Stakeholdermanagement aufgefordert. Wie im Rahmen des Abschn. 3.3.2 deutlich wurde, fungiert der Stakeholderdialog als Umfeldradar zur Früherkennung der Chancen und Risiken. Das CSR-Gütekriterium „Stakeholderdialog" wird als wichtigster zentraler Ansatzpunkt der CSR-Erfolgssteuerung charakterisiert. CSR-Management ist Stakeholdermanagement! Ein CSR-Risikomanagement setzt im vorstehenden Zusammenhang die Implementierung sämtlicher CSR-Gütekriterien voraus, die zugleich die relevanten CSR-Erfolgsfaktoren bilden. CSR erhält im vorstehenden Zusammenhang den Charakter eines dualen Erfolgsfaktors (Umsetzung der nachhaltigen Entwicklung, Wettbewerbsvorteile). Abb. 4.1 zeigt den vorstehenden Zusammenhang.

Die CSR-Erfolgssteuerung der nachhaltigen Entwicklung auf der CSR-Ebene der Unternehmen erfolgt in Good-Practice-Unternehmen auf der Basis nicht-monetärer CSR-Leistungsindikatoren. Im vorstehenden Zusammenhang können Unternehmen zwecks Ausschöpfung, Messung, Überwachung und Steuerung der CSR-Erfolgspotenziale (Umweltbelange, Arbeitnehmerbelange, Sozialbelange, Achtung der Menschenrechte, Vermeidung von Korruption und Bestechung) Kennzahlenkataloge auf der Basis anerkannter

Best-Practice-Rahmenwerke (GRI-SRS, DNK) heranziehen (vgl. Abschn. 3.3.4). Die Leitlinien zur Nachhaltigkeitsberichterstattung gemäß GRI-SRS sowie DNK sind in Übereinstimmung mit international anerkannten CSR-Verhaltenskodizes (z. B. UN-Global Compact, OECD-Leitsätze, VN-Leitprinzipien für Wirtschaft und Menschenrechte) konzipiert und folgen dem stakeholder-basierten Wesentlichkeitsprinzip der Nachhaltigkeitsberichterstattung (vgl. Abschn. 2.2.3). Der Planungszeitraum ist mit einem Betrachtungshorizont von mehr als zwei Jahren strategisch ausgerichtet.

4.2.2 Formales Risikomanagement gemäß CSR-RUG – Transparenz und Lernprozess für CSR-Einsteiger

Wie der nachstehende kurze historische Rückblick zeigt, gehört es in Deutschland schon lange zu den Aufgaben des Vorstandes Entwicklungen, die den Fortbestand einer Gesellschaft gefährden könnten, rechtzeitig zu erkennen und geeignete Maßnahmen zu ergreifen:

> **Beispiel**
>
> **Formales Risikomanagement – ein historischer Rückblick!**
> Mit dem Inkrafttreten des Gesetzes zur Kontrolle und Transparenz im Unternehmen (KonTraG) am 1. Mai 1998 wurden gesetzliche Anforderungen an die Vorstände von Aktiengesellschaften in Bezug auf die Identifikation, Kommunikation und Überwachung von Risiken gestellt. Das KonTraG führte zur Anpassung mehrerer Gesetze (z. B. Aktiengesetz (AktG), Handelsgesetzbuch (HGB), Publizitätsgesetz) und zur Implementierung erster Risikomanagementansätze in zahlreichen Unternehmen. Im Jahr 2002 wurde der Deutsche Corporate Governance Kodex (DCGK) erstmalig verabschiedet. Der DCGK beschreibt insbesondere Rechte und Pflichten der Aktionäre, des Aufsichtsrats und des Vorstands. Wie unter Abschn. 3.3.5.1 ausführlich gezeigt wurde, bilden die Elemente Risikomanagement und Risikocontrolling einen wesentlichen Schwerpunkt des DCGK. Im Hinblick auf das Risikomanagement hat das im Jahr 2005 in Kraft getretene BilanzrechtsReformGesetz (BilReG) dazu geführt, dass im Lagebericht neben den Risiken auch auf die wesentlichen Chancen der zukünftigen Entwicklungen einzugehen ist. Die durch das BilReG vorgenommenen Änderungen der §§ 289 und 315 HGB verlangen seither von großen Kapitalgesellschaften, auch im Lagebericht ihrer Geschäftsberichte über sogenannte „nicht-finanzielle Indikatoren" zu berichten, sofern diese für den Unternehmenserfolg relevant sind (vgl. Loew et al. 2011, S. 19). Während im KonTraG noch von einem „Risikofrüherkennungssystem" gesprochen wurde, führt das im Jahr 2009 verabschiedete BilanzrechtsformModernisierungsgesetz (BilMoG) den Begriff „Risikomanagementsystem" ein. Aufgrund der durch das BilMoG geänderten Anforderungen an die Konzernlageberichterstattung wurden die Deutschen Rechnungslegungsstandards (DRS) DRS 5 sowie DRS 15 angepasst. Seit dem Jahr 2009 müssen nach dem DRS 5 Informationen so dargelegt werden, dass es möglich ist, sich ein zutreffendes Bild über Risiken der künftigen Entwicklung des Unternehmens zu machen. Dabei müssen auch die

Strategie, der Prozess und die Organisation des Risikomanagementsystems angemessen erläutert werden (vgl. Loew et al. 2011, S. 20 ff.). Seit November 2009 existiert eine internationale Best-Practice-ISO-Norm, die *ISO 31000 [Risikomanagement]*, die im Jahr 2018 aktualisiert wurde. Ebenso wie die Vorgängerversion liefert die ISO 31000:2018 Empfehlungen, die an die spezifische Organisation angepasst werden können oder müssen. Aus vorgenanntem Grund bietet die ISO 31000 keinen Raum für eine Zertifizierung (vgl. DIN 2018, S. 3). Die ISO 31000:2018 definiert den Begriff „Risiko" als „Auswirkungen von Unsicherheit auf Ziele" (DIN 2018, S. 7). Gemäß ISO 31000:2018 stellt eine Auswirkung „ [...] eine Abweichung vom Erwarteten dar. Diese Abweichung kann positiv, negativ oder beides [...] sein [...]" (DIN 2018, S. 7). Abb. 4.3 zeigt die Kernelemente des Risikomanagementprozesses gemäß ISO 31000:2018.

Das sogenannte formale Risikomanagement orientiert sich an rechtliche und regulatorische Anforderungen sowie allgemein anerkannte Grundsätze. Der Planungshorizont beträgt i. d. R. maximal zwei Jahre. Wie unter Abschn. 2.2.3 gezeigt wurde, folgt das formale Riskomanagement gemäß CSR-RUG der geschäftsbezogenen Sichtweise der Wesentlichkeit, die ein Ausschöpfen sämtlicher CSR-Erfolgspotenziale nicht erlaubt. Abb. 4.1 zeigt schematisch den vorstehenden Zusammenhang, der nachstehend mithilfe zahlreiche Good-Practice-Beispiele vertiefend thematisiert wird.

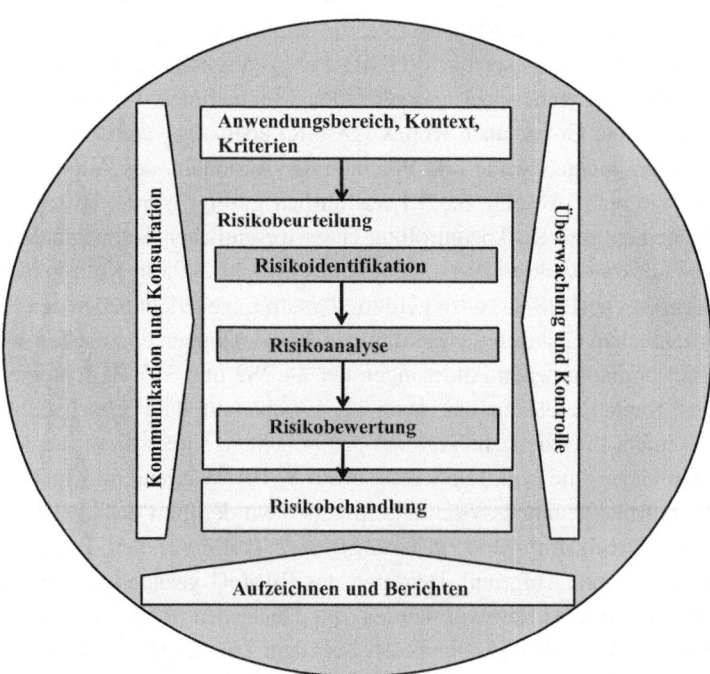

Abb. 4.3 Risikomanagementprozess – Kernelemente der ISO 31000:2018. (Quelle: in enger Anlehnung an DIN 2018, S. 16)

4.2 CSR-Risikomanagement versus formales Risikomanagement

Eine wesentliche Zielsetzung des CSR-RUG liegt darin, „[...], dass Unternehmen ihre Risiken in Zukunft noch besser erkennen und deren Realisierung verhindern können [...]" (BMAS o.J.). Bei den Verhandlungen zum CSR-RUG war es der Bundesregierung wichtig, dass Unternehmen ihre Berichtspflichten in möglichst flexibler Form und ohne unverhältnismäßige Vorgabe erfüllen können (vgl. BMAS o.J.; FEA o.J.; FEA 2017):

▶ Das CSR-RUG zielt gemäß dem „comply-or-explain"-Prinzip in erster Linie auf Transparenz und Offenlegung des Status Quo, nicht auf Leistung!

▶ Kein Unternehmen muss seinen Leistungsstandard in Sachen CSR verbessern, um gesetzeskonform zu sein!

▶ Eine gesetzeskonforme CSR-Berichterstattung stellt für viele Unternehmen lediglich einen CSR-Einstieg dar!

▶ Das CSR-RUG löst in vielen Unternehmen einen CSR-Lernprozess aus!

Wie unter Abschn. 2.2.3.2 gezeigt wurde, sind die Angaben zu den verfolgten Konzepten, Risiken und Leistungsindikatoren gemäß § 289c Abs. 3 HGB nur dann verpflichtend, wenn sie für das Verständnis des Geschäftsverlaufs, der Geschäftsergebnisse, der Lage der Kapitalgesellschaft *sowie* der Auswirkungen ihrer Tätigkeit auf die relevanten Aspekte (insbesondere Umweltbelange, Arbeitnehmerbelange, Sozialbelange, Menschenrechte, Bekämpfung und Korruption und Bestechung) erforderlich sind. Das CSR-RUG fordert von den berichtspflichtigen Unternehmen somit einen Wesentlichkeitsmaßstab. Im vorstehenden Zusammenhang sind insbesondere die §§ 289 c bis 289 e in Verbindung mit DRS 20 relevant:

▶ „Die Entscheidung darüber, welche Information ein verständiger Adressat benötigt, um den Geschäftsverlauf, die Lage des Unternehmens und seine voraussichtliche Entwicklung beurteilen zu können, obliegt der Unternehmensleitung. Dabei hat die Unternehmensleitung nicht nur das Recht, sondern sogar die Pflicht, ihre Sicht auf die Dinge zu vermitteln [...]" (Loew und Braun 2018, S. 16)

CSR-RUG – Ermessensspielräume (vgl. FEA o.J.; FEA 2017; RNE 2018a)
Wesentlichkeitsanalyse/Stakeholderdialog: Die Unternehmensleitung muss entscheiden, ob bereits belastbare Angaben zu wesentlichen Aspekten gemacht werden können oder ob zusätzliche Analysen und die Einbindung von Stakeholdern notwendig sind.

(Fortsetzung)

> *Auswahl der bedeutendsten Leistungsindikatoren:* Die Unternehmensleitung muss entscheiden, welche nicht-finanziellen Leistungsindikatoren für eine Geschäftstätigkeit bedeutsam sind oder nicht.
> *Darstellung und Erläuterung der CSR-Konzepte:* Das berichtspflichtige Unternehmen hat im vorstehenden Zusammenhang gemäß „comply-or-explain"-Prinzip lediglich über ein bestehendes Konzept zu berichten und andernfalls zu erläutern, warum kein Konzept vorliegt.
> *Auswahl der Risikoperspektive:* Eine Konkretisierung dessen, was als „wesentliches Risiko" gelten darf, liegt aktuell im Ermessen der Unternehmensleitung.

Im vorstehenden Zusammenhang steht die Unternehmensleitung im Rahmen der Umsetzung des CSU-RUG vor zahlreichen *Ermessensspielräumen* (vgl. FEA o.J.; FEA 2017; Loew und Braun 2018):

▶ Wesentlichkeitsanalyse

▶ Stakeholderdialog

▶ Auswahl der bedeutenden CSR-Leistungsindikatoren

▶ Darstellung und Erläuterung der Konzepte

▶ Auswahl der Risikoperspektive

Der DNK teilt die geschäftsbezogene Sichtweise der Wesentlichkeit und ermöglicht – im Gegensatz zu den GRI-SRS- über zahlreiche „comply-or-explain"-Vorgaben ein „Weglassen" von zahlreichen Angaben. Wie unter Abschn. 4.2 ausführlich gezeigt wird, haben Unternehmen darüber hinaus die Möglichkeit, eine über das CSR-RUG hinausgehende Risikodarstellung zu den einzelnen Nachhaltigkeitsaspekten vorzunehmen. Insbesondere CSR-Berichtseinsteiger haben im vorstehenden Zusammenhang somit die Möglichkeit, ihr CSR-Engagement und ihr CSR-Risikomanagement step-by-step zu verbessern.

Abb. 4.4 zeigt den vorstehenden Zusammenhang.

Wie die nachstehenden Good-Practice-Beispiele zeigen, wurde nach dem Inkrafttreten des CSR-RUG im April 2017 das formale Risikomanagement in zahlreichen Unternehmen um CSR-relevante Aspekte (Umwelt-, Arbeitnehmer- und Sozialbelange, Menschenrechte sowie Bekämpfung von Korruption und Bestechung) und deren Risiken erweitert. Abb. 4.5 zeigt schematisch den vorstehenden Zusammenhang, der nachstehend thematisiert wird.

4.2 CSR-Risikomanagement versus formales Risikomanagement

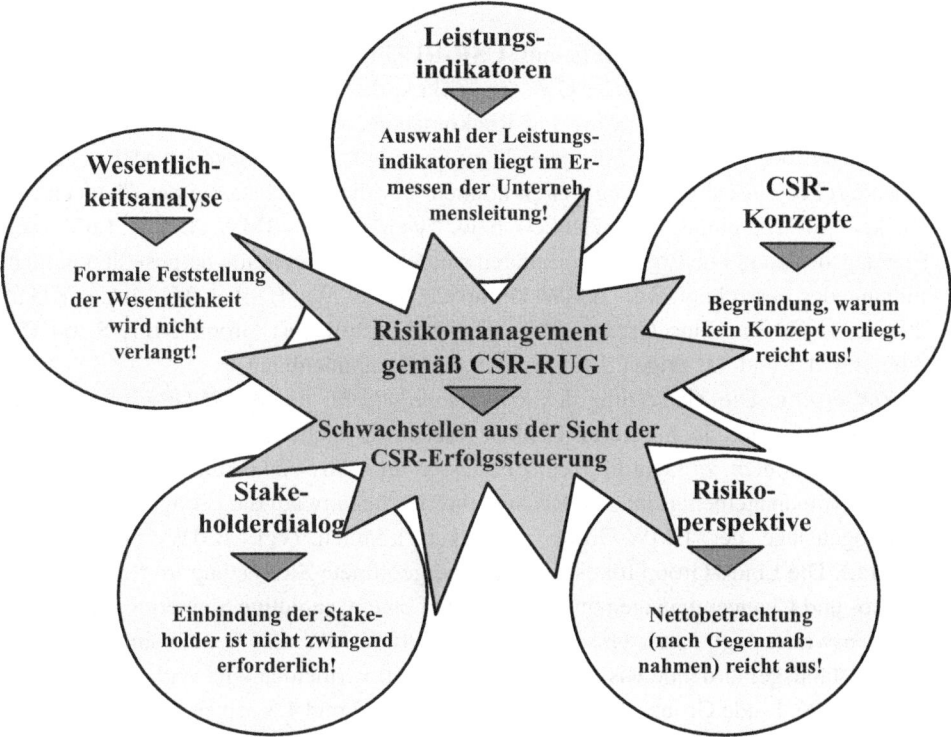

Abb. 4.4 Risikomanagement gemäß CSR-RUG – Schwachstellen aus der Perspektive der CSR-Erfolgssteuerung. (Quelle: eigene Darstellung)

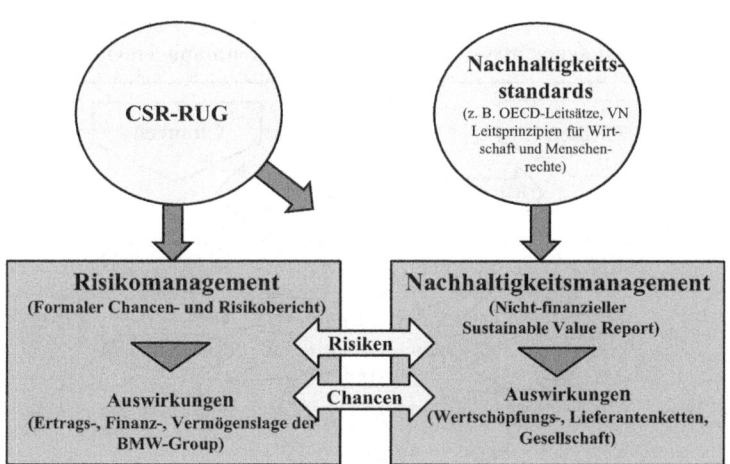

Abb. 4.5 Zusammenwirken von Risiko- und Nachhaltigkeitsmanagement am Beispiel der BMW-Group. (Quelle: eigene Darstellung; Daten entnommen aus BMW-Group 2017a, S. 97 ff.)

> **Beispiel**
> **Formales Risikomanagement gemäß CSR-RUG (Good-Practice-Beispiele)**
> Die BMW-Group, die Henkel AG & Co. KGaA, die Linde-Group und die Lufthansa Group fokussieren ihr Chancen- und Risikomanagement auf mögliche künftige Entwicklungen oder Ereignisse, die jeweils zu einer positiven (Chancen) oder negativen (Risiken) Prognoseabweichung führen können. Für die Einschätzung der Chancen und Risiken gilt ein einjähriger (Henkel) bzw. zweijähriger (BMW, Linde, Lufthansa) Planungshorizont. Die Ergebniswirkungen werden jeweils getrennt dargestellt und nicht miteinander verrechnet (vgl. BMW Group 2017a, S. 96; Henkel AG & Co. KGaA 2017a; S. 97 ff.; Linde Group 2017a, S. 75 ff.; Lufthansa Group 2017, S. 64 ff.). Abb. 4.6, 4.7 und 4.8 zeigen den vorstehenden Zusammenhang.
>
> *Zielsetzung:* Die Zielsetzung des *Risikomanagements* der BMW-Group liegt darin, sowohl interne als auch externe Risiken, die die Erreichung der Unternehmensziele gefährden könnten, zu identifizieren, zu erfassen und aktiv zu beeinflussen. Gegenstand des Risikomanagements sind alle Risiken, die sich negativ auf die Ertrags-, Finanz- und Vermögenslage der BMW-Group auswirken könnten (vgl. BMW-Group 2017a, S. 96 f.). Die Linde-Group fokussiert ihre übergeordnete Zielsetzung im Rahmen ihres Risiko- und Chancenmanagements dagegen auf eine nachhaltige Steigerung des Unternehmenswertes (vgl. Linde Group 2017a, S. 75 ff.) BMW und Henkel sind sich einig, dass bestandsgefährdende Risiken grundsätzlich zu vermeiden sind (vgl. BMW Group 2017a, S. 96; Linde Group 2017a, S. 97). Abb. 4.6, 4.7 und 4.8 zeigen den vorstehenden Zusammenhang. Im Rahmen des *Chancenmanagements* werden Chancen identifiziert und ggfs. genutzt, die aus heutiger Sicht die Ertrags- Finanz- und Vermögenslage der BMW-Group wesentlich beeinflussen können (vgl. BMW-Group 2017a, S. 99). Abb. 4.6, 4.7 und 4.8 zeigen den vorstehenden Zusammenhang.

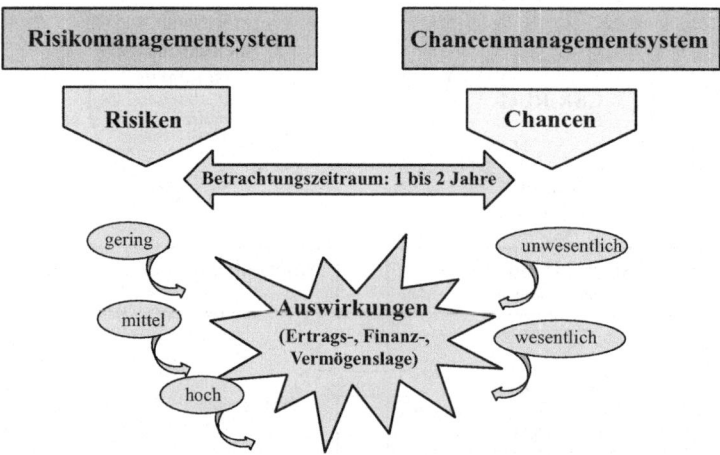

Abb. 4.6 Risiko- und Chancenmanagement – Good-Practice-Beispiele. (Quelle: eigene Darstellung)

Abb. 4.7 Risikobewertung am Beispiel der BMW-Group. (Quelle: in enger Anlehnung an BMW-Group 2017a, S. 98)

Klasse	Ergebnisauswirkung
Gering	> 0 – 500 Mio. Euro
Mittel	> 500 – 2.000 Mio. Euro
Hoch	> 2.000 Mio. Euro

Risiken und Chancen	Risikohöhe	Veränderung zum Vorjahr	Chancen	Veränderung zum Vorjahr
Volkswirtschaftliche Risiken und Chancen	Hoch	Konstant	Unwesentlich	Konstant
Strategische und branchenspezifische Risiken und Chancen				
Änderungen von Gesetzen und Regulierung	Hoch	Erhöht	Unwesentlich	Konstant
Marktentwicklung	Hoch	Konstant	Unwesentlich	Konstant
Risiken und Chancen aus betrieblichen Aufgabenbereichen				
Produktion und Technologie	Mittel	Reduziert	Unwesentlich	Konstant
Einkauf	Hoch	Erhöht	Unwesentlich	Konstant
Vertrieb	Gering	Konstant	Unwesentlich	Konstant
Information, Datenschutz und IT	Hoch	Konstant	Unwesentlich	Konstant

Abb. 4.8 Risiken und Chancen der BMW-Group [Ausschnitt]. (Quelle: in enger Anlehnung an BMW-Group 2017a, S. 99)

Ergebnisauswirkung: Die *Risiken* werden nach der Höhe ihrer Auswirkungen auf die Ertrags-, Finanz- und Vermögenslage klassifiziert und entsprechend ihrer jeweiligen Bedeutung in die Kategorien hoch, mittel oder gering eingestuft. Ebenso wie Lufthansa und Henkel zieht die BMW-Group zur Risikoabschätzung die sogenannte Nettobetrachtung heran, d. h. es werden nur die nach Gegenmaßnahmen verbleibenden Restrisiken aufgeführt (vgl. BMW-Group 2017a, S. 97; Henkel AG & Co. KGaA 2017a; S. 97.; Lufthansa Group 2017, S. 66; RNE 2018a, S. 20 f.). Die *Chancen* werden anhand ihrer jeweiligen Bedeutung für die Ertrags-, Finanz- und Vermögenslage in die Kategorien „wesentlich" und „unwesentlich" eingestuft (BMW-Group 2017a, S. 99 ff.). Henkel und Lufthansa wählen vergleichbare Kategorisierungen (vgl. Henkel AG & Co. KGaA 2017a; S. 74; Lufthansa Group 2017, S. 66) Abb. 4.6, 4.7 und 4.8 zeigen am Beispiel der BMW-Group den vorstehenden Zusammenhang.

Implementierung des CSR-RUG: Nach dem Inkrafttreten des CSR-RUG im April 2017 wurde das formale Risiko- und Chancenmanagement der BMW- und der Lufthansa-Group um CSR-relevante Aspekte (Umwelt-, Arbeitnehmer- und Sozialbelange, Menschenrechte sowie Bekämpfung von Korruption und Bestechung) und deren Risiken für externe Stakeholder erweitert. Risiken und Chancen, die sich auf

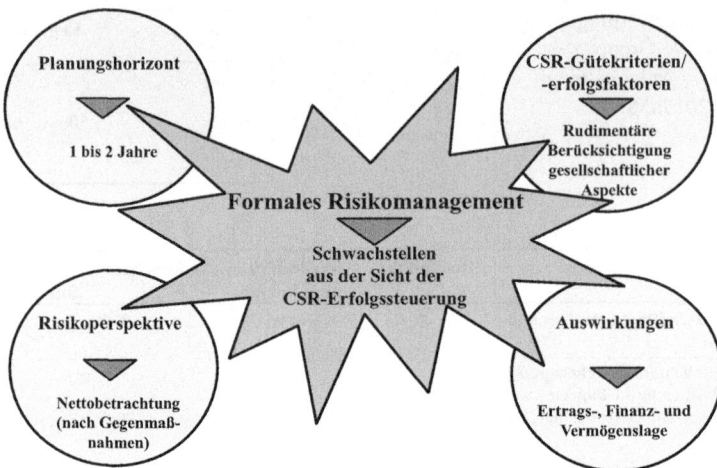

Abb. 4.9 Formales Risikomanagement – Schwachstellen aus der Perspektive der CSR-Erfolgssteuerung. (Quelle: eigene Darstellung)

die Ertrags-, Finanz- und Vermögenslage auswirken können, werden in den formalen Risiko- und Chancenmanagementprozess integriert. Risiken und Chancen, die schwerwiegende Auswirkungen auf die Gesellschaft haben, werden durch das Nachhaltigkeitsmanagement kontrolliert und gesteuert und sind Gegenstand des nicht-finanziellen Nachhaltigkeitsberichts (vgl. BMW-Group 2017a, S. 97 ff.; Lufthansa-Group 2017, S. 66). Abb. 4.5 zeigt schematisch den vorstehenden Zusammenhang.

▶ Vor dem Hintergrund der vorstehenden Analyse kann zusammenfassend festgehalten werden, dass das formale Risikomanagement eine Integration von CSR-Aspekten nur ansatzweise erlaubt. Abb. 4.9 zeigt den vorstehenden Zusammenhang. Schwachstellen aus der Sicht der CSR-Erfolgssteuerung ergeben sich insbesondere aufgrund des relativ kurzen Betrachtungszeitraumes von ein bis maximal zwei Jahren sowie der strengen Fokussierung der Auswirkungen auf die Ertrags-, Finanz- und Vermögenslage im Rahmen der Risiko- und Chancenhandhabung. Wie unter Abschn. 3.3 ausführlich gezeigt wurde, ist eine direkte Messung von CSR-Engagement und Unternehmenserfolg grundsätzlich nicht möglich. Zurückblickend können wir festhalten, dass CSR-Management sowohl Stakeholdermanagement als auch Intangiblemanagement ist. Mithilfe der im Rahmen des traditionellen Risikomanagements verwendeten Erfolgskennzahlen auf der Basis eines ein- bis maximal zweijährigen Planungshorizonts können die Wirkungszusammenhänge von CSR auf die strategischen Ziele des Unternehmens und auf den Unternehmenserfolg nur unvollständig abgebildet werden. Wie unter Kap. 3 deutlich wurde, sind im Rahmen der CSR-Erfolgssteuerung zwei Sichtweisen zu unterscheiden. CSR ist ein dualer

Erfolgsfaktor, der Nutzen für die Gesellschaft und für die Unternehmen stiftet. Das formale Risikomanagement betrachtet die unternehmerischen Auswirkungen einseitig, d. h. die gesellschaftlichen Auswirkungen bzw. der Beitrag der Unternehmen zur Umsetzung der nachhaltigen Entwicklung bleiben weitgehend unberücksichtigt. Abb. 4.1 zeigt rückblickend den vorstehenden Zusammenhang.

▶ Ein zentraler Ansatzpunkt im Rahmen der CSR-Erfolgssteuerung ist die langfristige Perspektive, die sowohl die Auswirkungen von CSR auf den Unternehmenserfolg als auch die Auswirkungen von CSR in den Wertschöpfungs- und Lieferantenketten einbezieht. Die Orientierung an die CSR-Gütekriterien, die zugleich die CSR-Erfolgsfaktoren erfolgreicher Unternehmen darstellen (vgl. Abschn. 3.3.1), bildet die wesentliche Basis einer adäquaten CSR-Erfolgssteuerung. Die auf den CSR-Erfolgsfaktoren basierenden CSR-Erfolgspotenziale können aufgrund der dargelegten Schwächen über die Implementierung eines formalen Risikomanagements nicht umfassend ausgeschöpft werden. Abb. 4.2 und 4.9 zeigen rückblickend den vorstehenden Zusammenhang.

4.3 CSR-Risikomanagement auf der Basis anerkannter Berichterstattungsrahmenwerke – Umsetzungsschritte und Good-Practice-Beispiele

CSR-Paradigmenwechsel im Fokus der Berichterstattungspflicht
Wie unter Abschn. 2.2.1 und 2.2.3 gezeigt wurde, müssen Unternehmen gemäß CSR-RUG und NAP ein Risikomanagement implementieren und über ihre Risiken und die Risikosituation berichten. Die Umsetzung des CSR-RUG sowie des NAPs in die Unternehmenspraxis erfolgt allerdings gemäß dem sogenannten „comply-or-explain"-Prinzip. Die berichterstattenden Unternehmen machen zu den jeweiligen Modulen des CSR-RUG und des NAP Angaben nach dem *Wesentlichkeitsprinzip* und begründen Abweichungen im Rahmen der Berichterstattungsvorgaben, falls z. B. Daten noch nicht erhoben sind:

▶ Das CSR-RUG und der NAP zielen somit in erster Linie auf Transparenz und nicht auf Leistung!

Die Bundesregierung verfolgt mit der Umsetzung des CSR-RUG sowie des NAP insbesondere die Zielsetzung, auf der Ebene der Unternehmen einen Lernprozess in Richtung CSR-Implementierung und CSR-Risikomanagement auszulösen. Abb. 4.10 zeigt den vorstehenden Zusammenhang, der nachstehend ausführlich thematisiert wird.

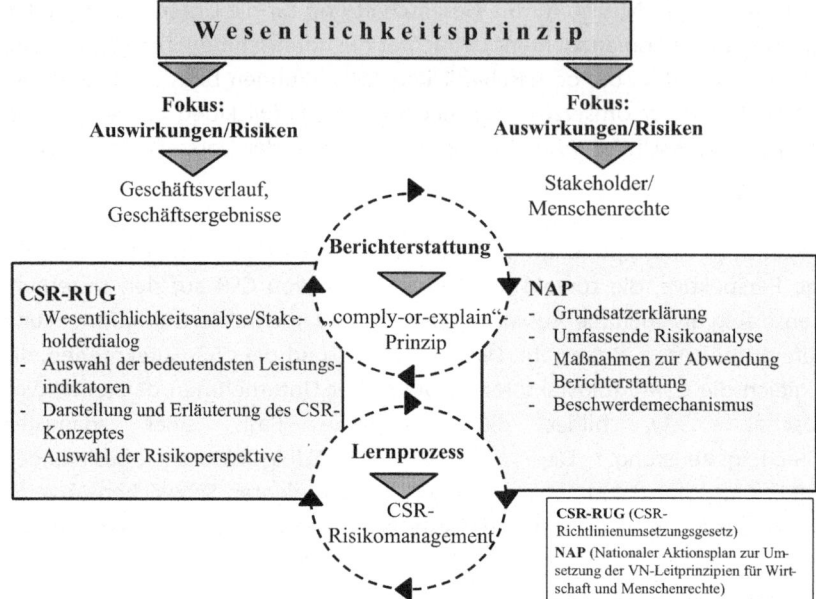

Abb. 4.10 Wesentlichkeitsverständnis – CSR-RUG versus NAP. (Quelle: eigene Darstellung)

Wie nachstehend gezeigt wird, kann die CSR-Berichterstattung im vorstehenden Zusammenhang sowohl mithilfe der Anwendungsleitlinien gemäß DNK als auch über die Berichterstattungsvorgaben der GRI-SRS erfolgen.

Die GRI-SRS folgen der stakeholderbasierten Sichtweise der Wesentlichkeit. Die Pflichtangaben der GRI-SRS setzen – im Gegensatz zum DNK – die Implementierung sämtlicher CSR-Erfolgsfaktoren voraus. Aus der Sicht der CSR-Erfolgssteuerung bietet die enge Orientierung an die GRI-SRS den berichterstattenden Unternehmen die Möglichkeit, CSR als „dualen Erfolgsfaktor" in die Wertschöpfungs- und Lieferantenketten zu implementieren.

Der DNK wird sowohl der geschäftsbezogenen als auch der stakeholderorientierten Sichtweise der „Wesentlichkeit" gerecht. Wie nachstehend deutlich wird, sieht der DNK allerdings im Gegensatz zu den Berichtsvorgaben der GRI-SRS weniger Pflichtangaben vor und erlaubt zahlreiche Auslassungen und „explain"-Angaben. Der DNK zeigt insbesondere CSR-Einsteigern mittels flexibler Berichtsvorgaben Wege zur schrittweisen Implementierung der CSR-Erfolgsfaktoren bzw. eines CSR-Risikomanagement auf.

4.3.1 Nachhaltigkeitsberichterstattung gemäß Global Reporting Initiative (GRI)

Die Global Reporting Initiative (GRI) wurde 1997 von der US-amerikanischen Coalition for Environmentally Responsible Economies (CERES) mit dem Ziel gegründet, einen globalen branchenunabhängigen Leitfaden zur Nachhaltigkeitsberichterstattung zu erschaffen. Die GRI veröffentlichte unter Einbezug zahlreicher Anspruchsgruppen im Jahr 2000 den ersten GRI-Leitfaden. Im Jahr 2002 folgte die zweite GRI-Generation, die beim Weltgipfel für nachhaltige Entwicklung in Johannesburg vorgestellt wurde. Die GRI wurde anschließend als Partnerorganisation des Umweltprogramms der Vereinten Nationen (UNEP) aufgenommen. Im Jahr 2006 wurde die zusammen mit über 3000 Experten entwickelte dritte Generation des GRI-Leitfadens veröffentlicht. Im Jahr 2011 erfolgte nach der zusätzlichen Entwicklung von auf spezielle Branchen zugeschnittenen Leitlinien-Ergänzungen die Version 3.1 (vgl. Stibbe 2017, S. 28 f.). Im Mai 2013 wurde schließlich die GRI4-Version veröffentlicht. Mit der Umsetzung der GRI4-Version wurde die ursprüngliche A-, B-, C-Kategorisierung mit dem Vorteil aufgegeben, dass die berichterstattenden Unternehmen aufgrund der vergleichsweise engeren Auslegung des Wesentlichkeitsprinzips nur noch über unternehmensindividuell relevante GRI-Aspekte berichten müssen (vgl. Stibbe et al. 2014, S. 185; Stibbe 2017, S. 28 f.). Im Jahr 2016 hat die GRI unter dem Namen „GRI-Sustainability Reporting Standards" (GRI-SRS) die letzte aktualisierte Version der Leitlinien publiziert. Die GRI-SRS haben die Vorgängerversion (GRI4) am 1. Juli 2018 abgelöst. Im Rahmen der neuen GRI-SRS-Version wurden im Wesentlichen die Inhalte der G4-Leitlinien übernommen. Neu sind der modulare Aufbau der Standards sowie die ISO-basierte Terminologie (verpflichtende Anforderungen „shall"; Empfehlungen „should"/„can"). Auf der Basis der neuen GRI-SRS-Struktur kann die GRI zukünftig neue Anforderungen schneller und einfacher in den GRI-Standard integrieren.

4.3.1.1 GRI-SRS – CSR-Best-Practice-Rahmenwerk

Die GRI-Leitlinien werden seitens der Europäischen Kommission bereits seit 2001 als CSR-Best-Practice-Rahmenwerk charakterisiert (vgl. EU-Kommission 2011, S. 20). Für die CSR-Performance in Richtung der Stakeholder haben sich die GRI-Leitlinien seit spätestens 2006 als weltweiter de facto Standard für eine CSR-Berichterstattung etabliert. Abb. 4.11 zeigt den vorstehenden Zusammenhang. Wie nachstehend deutlich wird, verfügen Unternehmen, die entsprechend der GRI-SRS-Vorgaben berichten, bereits über eine relativ ausgereifte CSR-Implementierung:

▶ Aus der Sicht der CSR-Erfolgssteuerung bietet die enge Orientierung an die GRI-SRS den berichterstattenden Unternehmen die Möglichkeit, CSR als „dualen Erfolgsfaktor" in die Wertschöpfungs- und Lieferantenketten zu implementieren.

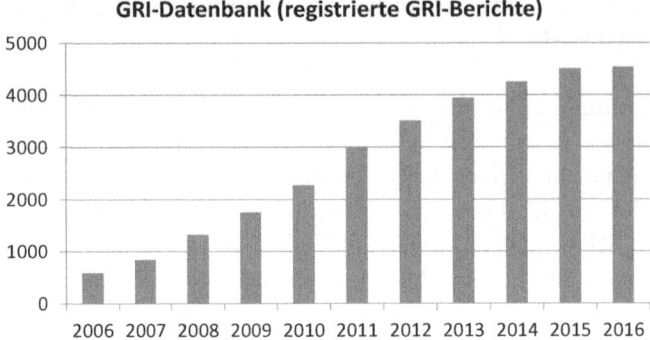

Abb. 4.11 Nach GRI-Leitlinien berichtende Unternehmen (2006–2016). (Quelle: Daten entnommen aus GRI-Database o.J.)

> **GRI-SRS – CSR-Erfolgssteuerung und CSR-Risikomanagent im Fokus!**
>
> - Die Pflichtangaben der GRI-SRS berücksichtigen sämtliche CSR-Gütekriterien, die als duale CSR-Erfolgsfaktoren insbesondere zur Umsetzung der nachhaltigen Entwicklung auf der Unternehmensebene beitragen sollen.
> - Über die Pflege und Dokumentation weltweit einheitlicher GRI-Standardangaben und GRI-Indikatoren legen Unternehmen offen, mit welchen Verfahren, Instrumenten und Prozessen sie die CSR-Gütekriterien einhalten, steuern und überwachen.
> - GRI-berichtende Unternehmen gehen vom erweiterten Risikobegriff aus, indem sie ihre ökonomischen, ökologischen und/oder sozialen Auswirkungen transparent machen und offenlegen, wie sie – in sowohl positiver als auch negativer Art – zum Ziel der nachhaltigen Entwicklung beitragen.
> - Mit den GRI-Standards wird für Unternehmen und Stakeholder eine gemeinsame Sprache geschaffen, auf deren Grundlage die ökonomischen, ökologischen und sozialen Auswirkungen von Organisationen vermittelt und verstanden werden können.
> - Unternehmen können sich im Rahmen der CSR-Erfolgssteuerung relativ unkompliziert und mit wenig Zeitaufwand über branchenbezogene und branchenfremde Benchmarkinganalysen einen Überblick zum aktuellen CSR-Implementierungsstand der Konkurrenten und Nichtkonkurrenten verschaffen.

Die Nachhaltigkeitsberichterstattung ist bei (insbesondere) großen Unternehmen in den letzten Jahren zu einem „Mast-Have" geworden. Die Zahl der Unternehmen, die ihre GRI-Nachhaltigkeitsberichte in der GRI-Datenbank registrieren ließen (Stand: Dezember 2018), ist von 591 im Jahr 2006 auf 4537 im Jahr 2016 gestiegen (2006 = 591,

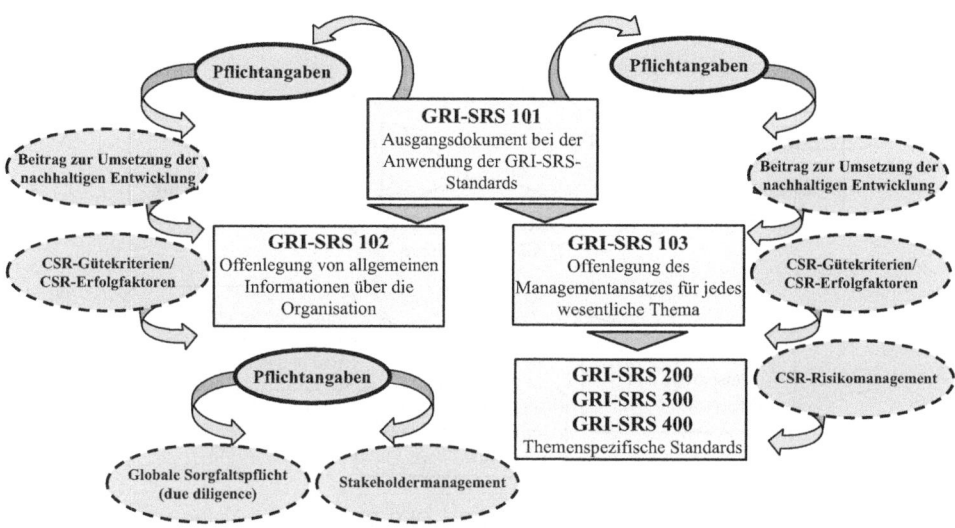

Abb. 4.12 Zusammenwirken der GRI-SRS. (Quelle: eigene Darstellung)

2007 = 843, 2008 = 1320, 2009 = 1755, 2010 = 2275, 2011 = 2996, 2012 = 3506, 2013 = 3939, 2014 = 4255, 2015 = 4503, 2016 = 4537) (vgl. GRI-Database o.J.). Abb. 4.11 zeigt schematisch den vorstehenden Zusammenhang.

4.3.1.2 GRI-SRS – CSR-Risikomanagement und Good-Practice-Beispiele

Die GRI-Standards sind als Reihe miteinander verbundener Standards strukturiert. Die GRI-SRS 101 (Grundlagen) beinhalten die Pflichtanforderungen an die Erstellung eines Nachhaltigkeitsberichts in Übereinstimmung mit den GRI-Standards. Die GRI-SRS 101 sind zusammen mit den GRI-SRS 102 (Allgemeine Angaben) und GRI-SRS 103 (Managementansatz) anzuwenden. Anschließend verwendet die berichterstattende Organisation die entsprechenden themenspezifischen GRI-Standards, um über ihre wesentlichen Themen zu berichten. Abb. 4.12 zeigt den vorstehenden Zusammenhang, der nachstehend ausführlich thematisiert wird. Der Planungshorizont gemäß GRI-SRS umfasst – im Gegensatz zum formalen Risikomanagement – mehr als zwei Jahre, d. h. die ökologischen und sozialen Themen beziehen sich auf die langfristige Strategie, die Risiken, Chancen und Ziele.

Im Gegensatz zum formalen Risikomanagement, das über den engen Geschäftsbezug die Risiken der Organisation fokussiert, stellen die GRI-SRS (Nachhaltigkeitskontext) mittels von Pflichtvorgaben die *Umsetzung der nachhaltigen Entwicklung auf der Unternehmensebene* mit dem Schwerpunkt *globale Sorgfaltspflicht* (due diligence) in den Vordergrund. Abb. 4.12 und Abb. 4.13 zeigen schematisch den vorstehenden Zusammenhang, der nachstehend ausführlich thematisiert wird.

94 4 CSR-Risikomanagement – Best-Practice-Rahmenwerke und Good-Practice-Beispiele

Abb. 4.13 CSR-Erfolgssteuerung gemäß GRI-SRS – CSR-Risikomanagement im Fokus! (Quelle: eigene Darstellung)

4.3.1.2.1 GRI-SRS 101 – Prinzipien, grundlegende Verfahren und spezifische Erklärungen

Die GRI-SRS 101 enthalten

▶ GRI-SRS 101.1 Prinzipien der Berichterstattung,

▶ GRI-SRS 101.2 Grundlegende Verfahren zur Anwendung der GRI-Standards und

▶ GRI-SRS 101.3 Spezifische Erklärungen (vgl. GRI-SRS 101 2016, S. 4 ff.).

GRI-SRS 101.1 – Prinzipien der Berichterstattung zur Bestimmung des Berichtsinhalts

- (1.1) Einbindung von Stakeholdern,
- (1.2) Nachhaltigkeitskontext,
- (1.3) Wesentlichkeit,
- (1.4) Vollständigkeit,
- (1.5) Genauigkeit,
- (1.6) Ausgewogenheit,
- (1.7) Verständlichkeit,
- (1.8) Vergleichbarkeit,
- (1.9) Zuverlässigkeit,
- (1.10) Aktualität.

4.3 CSR-Risikomanagement auf der Basis anerkannter ...

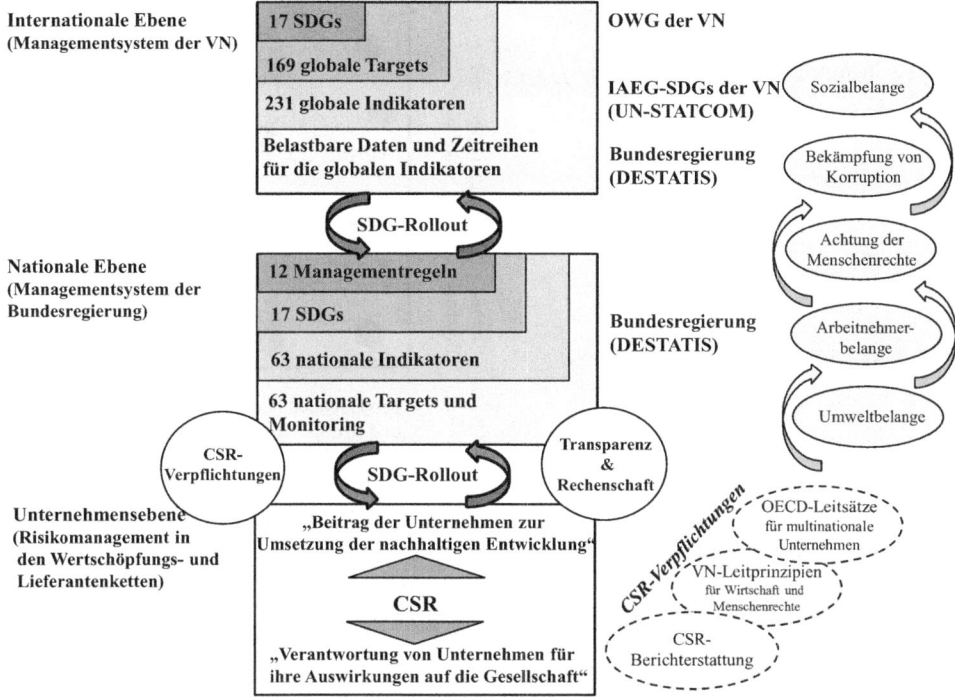

Abb. 4.14 CSR-Transformationsprozess auf der Basis der CSR-Berichterstattung. (Quelle: eigene Darstellung)

Organisationen, die in Übereinstimmung mit den GRI-Standards ihren jeweiligen Nachhaltigkeitsbericht erstellen, *müssen* sämtliche Prinzipien der Berichterstattung (GRI-SRS 101.1) zur Bestimmung des Berichtsinhalts und zur Sicherstellung der Berichtsqualität verstehen und umsetzen (vgl. GRI-SRS 101 2016, S. 17). Abb. 4.12 zeigt schematisch den vorstehenden Zusammenhang.

Die GRI-SRS 101 fokussieren mit ihrem Berichterstattungsprinzip GRI-SRS 101-1.2 (Nachhaltigkeitskontext) den unter Abschn. 2.2.3 erläuterten CSR-Transformationsprozess bzw. den

▶ Beitrag der Unternehmen zur Umsetzung der nachhaltigen Entwicklung.

Abb. 4.14 zeigt rückblickend den vorstehenden Zusammenhang. Die Leistung der Organisation *muss* gemäß -GRI-SRS 101-1.2 im breiteren Nachhaltigkeitskontext dargestellt sein. Die Unternehmen werden im vorstehenden Zusammenhang aufgefordert, ihre verbindlichen Maßnahmen zur Erreichung der nachhaltigen Entwicklung transparent zu machen. Ökologische und/oder soziale Aspekte beziehen sich gemäß GRI-SRS 101-1.2 auf die langfristige Strategie, die Risiken, Chancen und Ziele sowie die Wertschöpfungsketten der Organisation (vgl. GRI-SRS 101 2016, S. 9).

Abb. 4.15 Visuelle Darstellung der Priorisierung von Themen. (Quelle: in Anlehnung an GRI-SRS 101 2016, S. 11)

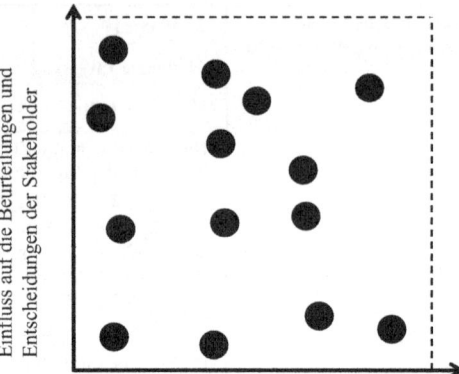

Die GRI-SRS 101 fordern von den berichterstattenden Unternehmen mit GRI-SRS-101-1.3 (Wesentlichkeit) explizit die

▶   Durchführung einer formalen Wesentlichkeitsanalyse.

Die Organisationen *müssen* Themen behandeln, die die erheblichen ökonomischen, ökologischen und sozialen Auswirkungen der berichtenden Organisation aufzeigen oder die Beurteilungen und Entscheidungen der Stakeholder erheblich beeinflussen (vgl. GRI-SRS 101 2016, S. 10). Abb. 4.15 zeigt schematisch den vorstehenden Zusammenhang. Zur Einhaltung des Wesentlichkeitsprinzip ist es notwendig, wesentliche Themen auf der Grundlage der vorstehenden Dimensionen zu ermitteln. Ein Thema kann aber auch dann wesentlich sein, wenn nur eine der genannten Dimensionen tangiert wird. Bei der Definition wesentlicher Themen sind folgende Faktoren zu berücksichtigen: nachvollziehbare ökonomische, ökologische und/oder soziale Auswirkungen, die von adäquaten Experten/Expertengremien mittels fundierter Untersuchungen ermittelt worden sind, die Interessen und Erwartungen von Stakeholder, Gesetze, Vorschriften, internationale Normen und Vereinbarungen oder freiwillige Vereinbarungen, die für die Organisation und ihre Stakeholder von strategischer Bedeutung sind. Auswirkungen/Themenstellungen gelten als bedeutsam, wenn ein aktives Management oder ein entsprechender Einsatz der Organisation erforderlich ist. Durch die Anwendung des vorstehenden Prinzips wird sichergestellt, dass insbesondere wesentliche Themen im Bericht Priorität haben. Gemäß SRS-101-1.3 musst das Verfahren zur Feststellung der Priorität transparent gemacht werden (vgl. GRI-SRS 101 2016, S. 10).

Wie unter Abschn. 3.3.2 vertiefend gezeigt wurde, ist ein erfolgreiches CSR-Management mit Stakeholdermanagement gleichzusetzen:

▶   Der Stakeholderdialog fungiert als Umfeldradar zur Früherkennung der Chancen und Risiken im Rahmen des CSR-Risikomanagements.

Die GRI-SRS fordern im Rahmen ihrer Prinzipien gemäß GRI-SRS 101-1 explizit die Implementierung eines Stakeholdermanagement. Die Erwartungen, Interessen sowie die Einbindung sämtlicher Stakeholder bestimmen die Berichtsinhalte, den Berichtsumfang und die Berichtsqualität. Tab. 4.1 zeigt zusammenfassend den vorstehenden Zusammenhang.

> **GRI-SRS 101.2 – Grundlegende Verfahren zur Erstellung von Nachhaltigkeitsberichten**
>
> - Anwendung der Prinzipien der Berichterstattung gemäß GRI-SRS 101-1 i. V. m. GRI-SRS 102-46,
> - Offenlegung allgemeiner Angaben i. V. m. GRI-SRS 102,
> - Identifizierung wesentlicher Themen und ihrer Abgrenzungen i. V. m. GRI-SRS 102-47, GRI-SRS 103-1,
> - Offenlegung wesentlicher Themen i. V. m. GRI-SRS 102-47, GRI-SRS 103 und GRI-SRS 200er-, 300er- und 400er-Reihe,
> - Darstellung der Informationen i. V. m. GRI-SRS 102-55,
> - Zusammenstellung und Darstellung der Informationen im Bericht.

Im Rahmen der GRI-SRS-101.2 (Anwendung der GRI-Standards für die Erstellung von Nachhaltigkeitsberichten) wird das grundlegende Verfahren zur Anwendung der GRI-Standards erläutert.

▶ Die GRI-SRS-101.2 sind für sämtliche Organisationen, die in Übereinstimmung mit den GRI-Standards berichten, verpflichtend (Option „Kern", Option „Umfassend"). Tab. 4.2 zeigt den vorstehenden Zusammenhang.

GRI-SRS-101.2 sind eng mit den GRI-SRS 102 oder GRI-SRS 103 verknüpft (vgl. GRI-SRS-101 2016, S. 17). Die GRI-SRS-101-2 stellen explizit die *verpflichtende Einhaltung* der Prinzipien der Berichterstattung (GRI-SRS-101-1), die Berücksichtigung der allgemeinen Angaben (GRI-SRS-102) sowie die Offenlegung des Managementansatzes für jedes wesentliche Thema (GRI-SRS-103) heraus. Abb. 4.13 zeigt schematisch den vorstehenden Zusammenhang.

Für die Anwendung der GRI-Standards bieten die GRI-SRS-101.3 (Abgabe von Erklärungen zur Anwendung der GRI-Standards) zwei alternative Verfahren an (vgl. GRI-SRS 101 2016, S. 21 ff.):

Tab. 4.1 GRI-SRS 101.1 – Prinzipien der Berichterstattung (vgl. Quelle: GRI-SRS 101 2016, S. 7 bis 16)

Prinzipien der Berichterstattung (GRI-SRS 101-1)	Titel (gekürzt)	Bezug/Basis	CSR-Gütekriterien –
Einbindung der Stakeholder (GRI-SRS 101-1.1)	Ermittlung der *Stakeholder*, Berücksichtigung der Erwartungen und Interessen der *Stakeholder*, Entwicklung eines Verfahrens, mithilfe dessen die Sichtweisen der *Stakeholder* berücksichtigt werden.	Erwartungen und Interessen der Stakeholder.	Einbindung interner und externer Stakeholder.
Nachhaltigkeitskontext (GRI-SRS 101-1.2)	Beitrag der Organisation zur Umsetzung der nachhaltigen Entwicklung, Darlegung verbindlicher Maßnahmen.	Langfristige Strategie, Risiken, Chancen, Ziele, Wertschöpfungsketten.	Implementierung von CSR in die Geschäftsstrategie, Implementierung von CSR in das Kerngeschäft, Transparenz und Rechenschaft.
Wesentlichkeit (GRI-SRS 101-1.3)	Formale Durchführung einer Wesentlichkeitsanalyse, wesentliche Themen, die die ökonomischen, ökologischen und sozialen Auswirkungen der berichtenden Organisation aufzeigen und/oder die Beurteilung und Entscheidungen der *Stakeholder* erheblich beeinflussen, Darstellung des/der Verfahren(s) zur Feststellung der priorisierten Themen.	Expertenmeinungen, Interessen und Erwartungen der Stakeholder, Gesetze, Vorschriften, internationale Normen und Vereinbarungen.	Einbindung interner und externer Stakeholder, Orientierung an international vereinbarte Leitlinien und Leitsätze, Transparenz und Rechenschaft.
Vollständigkeit (GRI-SRS 101-1.4)	Wesentliche Themen und ihre Abgrenzung, Aufzeigen der erheblichen ökonomischen, ökologischen und sozialen Auswirkungen in Richtung der *Stakeholder*, Planungsperiode: Berichtszeitraum und zukünftige Auswirkungen.	Berücksichtigung der Ergebnisse des/der Verfahren zur Feststellung der Einbindung der Stakeholder sowie darüber hinausgehende gesellschaftliche Erwartungen.	Einbindung interner und externer Stakeholder.
Genauigkeit (GRI-SRS 101-1.5)	Detailliertheit der Informationen, Leistung der Organisation muss seitens der *Stakeholder* beurteilt werden können, Verfahren/Methoden/Annahmen müssen beschrieben werden, Angabe, wo Informationen zu finden sind.	Berechnungen, Schätzungen, Annahmen.	Transparenz und Rechenschaft.

Ausgewogenheit (GRI-SRS 101-1.6)	Positive und negative Leistungstrends gegenüber dem Vergleichszeitraum des Vorjahres müssen durch *Stakeholder* erkennbar sein.	Umfang und Qualität der Berichterstattung.	Einbindung interner und externer Stakeholder, Transparenz und Rechenschaft.
Verständlichkeit (GRI-SRS 101-1.7)	Verständliche und zugängliche Informationen für *Stakeholder*.	Umfang und Qualität der Berichterstattung.	Einbindung interner und externer Stakeholder, Transparenz und Rechenschaft.
Vergleichbarkeit (GRI-SRS 101-1.8)	*Stakeholder* müssen Änderungen der Leistung der Organisation im Zeitablauf analysieren und Vergleiche zu anderen Organisationen durchführen können.	Umfang und Qualität der Berichterstattung.	Einbindung interner und externer Stakeholder, Transparenz und Rechenschaft.
Zuverlässigkeit (GRI-SRS 101-1.9)	Sämtliche Aufzeichnungen, Zusammenstellungen und Analysen müssen einer Überprüfung durch *Stakeholder* unterzogen werden können. Es wird erwartet, dass interne Kontrollmaßnahmen oder Dokumente die Richtigkeit der im Bericht enthaltenen Informationen belegen.	Umfang und Qualität der Berichterstattung, Kontrollmöglichkeiten.	Transparenz und Rechenschaft.
Aktualität (GRI-SRS 101-1.10)	Der Bericht muss den *Stakeholdern* für fundierte Entscheidungen rechtzeitig vorliegen.	Aktualität und zeitnahe Bereitstellung der Informationen.	Einbindung interner und externer Stakeholder, Transparenz und Rechenschaft.

Tab. 4.2 Kriterien „In Übereinstimmung mit den GRI-Standards" (Quelle: GRI-SRS 101 2016, S. 23 – gekürzte Darstellung)

Erforderliche Kriterien	Option „Kern"	Option „Umfassend"
Verwenden Sie in allen öffentlichen Dokumenten mit Angaben auf der Basis der GRI-Stan-dards die korrekte Erklärung (Anwendungserklärung).	Fügen Sie folgende Erklärung ein: „Dieser Bericht" wurde in Übereinstimmung mit den GRI-Standards „Option Kern" erstellt.	Fügen Sie folgende Erklärung ein: „Dieser Bericht" wurde in Übereinstimmung mit den GRI-Standards „Option Umfassend" erstellt.
Wenden Sie GRI 101 (Grundlagen) an, um bei der Erstellung eines Nachhaltigkeitsberichts dem grundlegenden Ver-fahren zu entsprechen.	Erfüllen Sie alle Pflichtanforderungen aus Abschn. 2 des Standards GRI 101 (Grundlagen) „Anwendung der GRI-Standards für die Erstellung von Nachhaltigkeitsberichten".	[wie für „Option Kern"]
Wenden Sie für die Offenlegung von kontextbezogenen Informationen über eine Organisation den Standard GRI 102 (Allgemeine Angaben) an.	Erfüllen Sie alle Pflichtanforderungen für die folgenden Angaben aus GRI 102 (Allgemeine Angaben): Angaben 102-1 bis 102-13 (Organisationsprofil), Angabe 102-14 (Strategie), Angabe 102-16 (Ethik und Integrität), Angabe 102-18 (Unternehmensführung), Angaben 102-40 bis 102-44 (Einbindung von Stakeholdern), Angaben 102-45 bis 102-56 (Vorgehensweise bei der Berichterstattung).	Erfüllen Sie alle Pflichtanforderungen für alle Angaben aus GRI 102 (Allgemeine Angaben): Die Angabe von Gründen für eine Auslassung ist nur für folgende Angaben zulässig: Angabe 102-17 (Ethik und Integrität) und Angaben 102-19 bis 102-39 (Unternehmensführung).
Wenden Sie für die Offenlegung des Managementansatzes und der Abgrenzungen aller wesentlichen Themen GRI 103 (Managementansatz) an.	Erfüllen Sie für jedes wesentliche Thema alle Pflichtanforderungen aus GRI 103 (Managementansatz). Die Angabe von Gründen für eine Auslassung ist nur für die Angaben 103-2 und 103-3 zulässig.	[wie für „Option Kern"]
Wenden Sie für die Offenlegung wesentlicher Themen die themenspezifischen GRI	Für jedes in einem themenspezifischen GRI-Standard behandelte wesentliche Thema gilt: Erfüllen Sie alle	Für jedes in einem themenspezifischen GRI-Standard behandelte wesentliche Thema gilt: Erfüllen Sie alle

(Fortsetzung)

Tab. 4.2 (Fortsetzung)

Erforderliche Kriterien	Option „Kern"	Option „Umfassend"
Standards (200er, 300er, 400er-Reihe) an.	Pflichtanforderungen des Abschnitts „Angaben zum Managementansatz". Erfüllen Sie alle Pflichtanforderungen für mindestens eine themenspezifische Angabe. Die Angabe von Gründen für eine Auslassung ist für alle themenspezifischen Angaben zulässig.	Pflichtanforderungen des Abschnitts „Angaben zum Managementansatz". Erfüllen Sie alle Pflichtanforderungen für alle themenspezifischen Angaben. Die Angabe von Gründen für eine Auslassung ist für alle themenspezifischen Angaben zulässig.
Stellen Sie ggfs. sicher, dass die Gründe für die Auslassung korrekt angegeben sind.	Erfüllen Sie alle Pflichtanforderungen (Klausel 3.2) (Gründe für die Auslassung).	[wie für „Option Kern"]
Informieren Sie GRI über die Anwendung der GRI-Standards.	Erfüllen Sie alle Pflichtanforderungen in Klausel 3.4 (Benachrichtigung von GRI über die Anwendung der GRI-Standards).	[wie für „Option Kern"]

▶ Anwendung aller GRI-Standards bei der Erstellung eines Nachhaltigkeitsberichts in Übereinstimmung mit den GRI-Standards (Option Kern, Option Umfassend). Tab. 4.1 zeigt den vorstehenden Zusammenhang.

▶ Anwendung ausgewählter GRI-Standards oder Teile davon bei der Offenlegung spezifischer Informationen (selektive Anwendung der GRI-Standards; die Optionen „Kern" oder „Umfassend" werden nicht erfüllt.

Die GRI-berichtenden Organisationen, die in Übereinstimmung mit den GRI-Standards berichten, müssen gemäß GRI-SRS-103-3.1 eine Erklärung abgeben, ob sie die Kriterien gemäß der Option „Kern" oder der Option „Umfassend" erfüllen. Tab. 4.2 zeigt die Kriterien „In Übereinstimmung mit den GRI-Standards". Kann eine Organisation, die einen Nachhaltigkeitsbericht in Übereinstimmung mit den GRI-Standards erstellt, in Ausnahmefällen eine erforderliche Angabe nicht offenlegen, muss die Organisation gemäß GRI-SRS-103-3.2 im Bericht einen Grund der Auslassung angeben. Tab. 4.3 zeigt die möglichen Gründe für die Erklärung einer Auslassung.

4.3.1.2.2 GRI-SRS 102 – Allgemeine Angaben

Der GRI-Standard 102 (Allgemeine Angaben) legt Berichtsanforderungen bezüglich der Offenlegung von kontextbezogenen Informationen der berichterstattenden Organisation fest (vgl. GRI-SRS 102 2016, S. 4 ff.). Wie nachstehend beispielhaft gezeigt wird,

Tab. 4.3 Gründe für die Auslassung gemäß GRI-SRS (Quelle: GRI-SRS 101 2016, S. 24)

Grund für die Auslassung	Erforderliche Erklärung im Nachhaltigkeitsbericht
Nicht zutreffend	Geben Sie den oder die Gründe dafür an, warum die Angabe als nicht zutreffend angesehen wird.
Einschränkungen aufgrund einer Verschwiegenheitspflicht	Beschreiben Sie die konkreten Einschränkungen, die sich aus der Verschwiegenheitspflicht ergeben und die Offenlegung untersagen.
Explizite rechtliche Verbote	Beschreiben Sie die expliziten rechtlichen Verbote.
Keine Informationen verfügbar	Beschreiben Sie die einzelnen Schritte, die ergriffen werden, um an die Informationen zu gelangen, und geben sie den voraussichtlichen Zeitrahmen dafür an. Liegt der Grund für die Auslassung darin, dass auf die erforderlichen Informationen nicht zugegriffen werden kann oder dass die Informationen keine für eine Offenlegung angemessene Qualität aufweisen (dies kann manchmal der Fall sein, wenn die Abgrenzung eines wesentlichen Themas über die berichtende Organisation hinausgeht), dann erklären Sie die Situation.

dokumentieren Unternehmen mithilfe von Pflichtangaben ihren jeweiligen Implementierungstand von CSR in den Bereichen:

▶ Globale Sorgfaltspflicht (due-diligence-Prozesse),

▶ Nachhaltigkeitsstrategie und CSR-Risikomanagement,

▶ Stakeholdermanagement,

▶ Identifizieren und Priorisieren der wesentlichen Themen.

GRI-SRS 102 – Allgemeine Angaben

- *Organisationsprofil (102-1 bis 102-13):* z. B. Name, Aktivitäten, Marken, Produkte, Dienstleistungen, Rechtsform, Information über Angestellte und andere Mitarbeiter, Lieferkette, signifikante Änderungen in der Organisation und ihrer Lieferkette, Vorsorgeprinzip oder Vorsichtsmaßnahmen, Externe Initiativen.
- *Strategie* (102-14 bis 102-15): Aussagen der Führungskräfte, wichtigste Auswirkungen, Risiken und Chancen.

(Fortsetzung)

- *Ethik und Integrität* (102-16 bis 102-17): z. B. Werte, Richtlinien, Standards und Verhaltensnormen, Verfahren für ethische Beratung und Bedenken.
- *Führung* (102-18 bis 102-39): z. B. Führungsstruktur, Einbindung der Stakeholder bei ökonomischen, ökologischen und sozialen Themen, Interessenkonflikte, die Rolle des höchsten Kontrollorgans bei der Bestimmung von Aufgaben, Werten und Strategien, die Beteiligung der Stakeholder an der Vergütung.
- *Stakeholdereinbeziehung* (102-40 bis 102-44): z. B. Liste der Stakeholder-Gruppen, Bestimmen und Auswählen von Stakeholdern, Ansatz für die Stakeholdereinbeziehung, Schlüsselthemen und Anliegen.
- *Vorgehensweise bei der Berichterstattung* (102-45 bis 102-56): z. B. Bestimmung des Berichtsinhalts und Themenabgrenzung, Liste der wesentlichen Themen, Neuformulierung von Informationen, Änderungen bei der Berichterstattung, Berichtszeitraum, Berichtszyklus, GRI-Inhaltsindex.

Globale Sorgfaltspflicht im Fokus der GRI-SRS 102

Unternehmen, die in Übereinstimmung mit den GRI-Standards berichten, müssen sowohl im Rahmen der Option „Kern" als auch im Rahmen der Option „Umfassend" sämtliche Pflichtanforderungen der GRI-SRS 102-1 bis 102-13 (Organisationsprofil) erfüllen. Neben allgemeinen Angaben zur Organisation werden die berichterstattenden Organisationen aufgefordert, ihr CSR-Risikomanagement in den globalen Wertschöpfungs- und Lieferantenketten transparent zu machen. Tab. 4.4 zeigt den vorstehenden Zusammenhang, der nachstehend vertiefend thematisiert wird.

Über die verpflichtende Anwendung von GRI-SRS-102-9 (Lieferkette) wird die Wertschöpfungs-/Lieferkette in ihren wesentlichen Eckpunkten erläutert (vgl. GRI-SRS 102 2016, S. 11). Abb. 4.16 zeigt beispielhaft die Wertschöpfungskette der BMW-Group. Gemäß GRI-SRS-102-11 muss die berichtende Organisation darüber informieren, ob und wie sie das Vorsorgeprinzip und die Vorsichtsmaßnahmen umsetzt. Im vorgenannten Zusammenhang kann die berichtende Organisation ihren Risikomanagementansatz im

Tab. 4.4 GRI-SRS 102 (Allgemeine Angaben) – globale Sorgfaltspflicht im Fokus der Berichterstattung (Quelle: GRI-SRS-102 2016, S. 11 ff.)

GRI-SRS	Titel (gekürzt)
GRI-SRS-102-9 Lieferkette	Pflichtinformation: Beschreibung der Lieferkette.
GRI-SRS-102-10 Signifikante Änderungen in der Organisation und ihrer Lieferkette	Pflichtinformation: Bericht über signifikante Veränderungen innerhalb der Organisation und/oder in der Lieferkette.
GRI-SRS-102-11 Vorsorgeprinzip oder Vorsichtsmaßnahmen	Pflichtinformation: Information darüber, ob und wie das Vorsorgeprinzip und die Vorsichtsmaßnahmen angewandt werden.

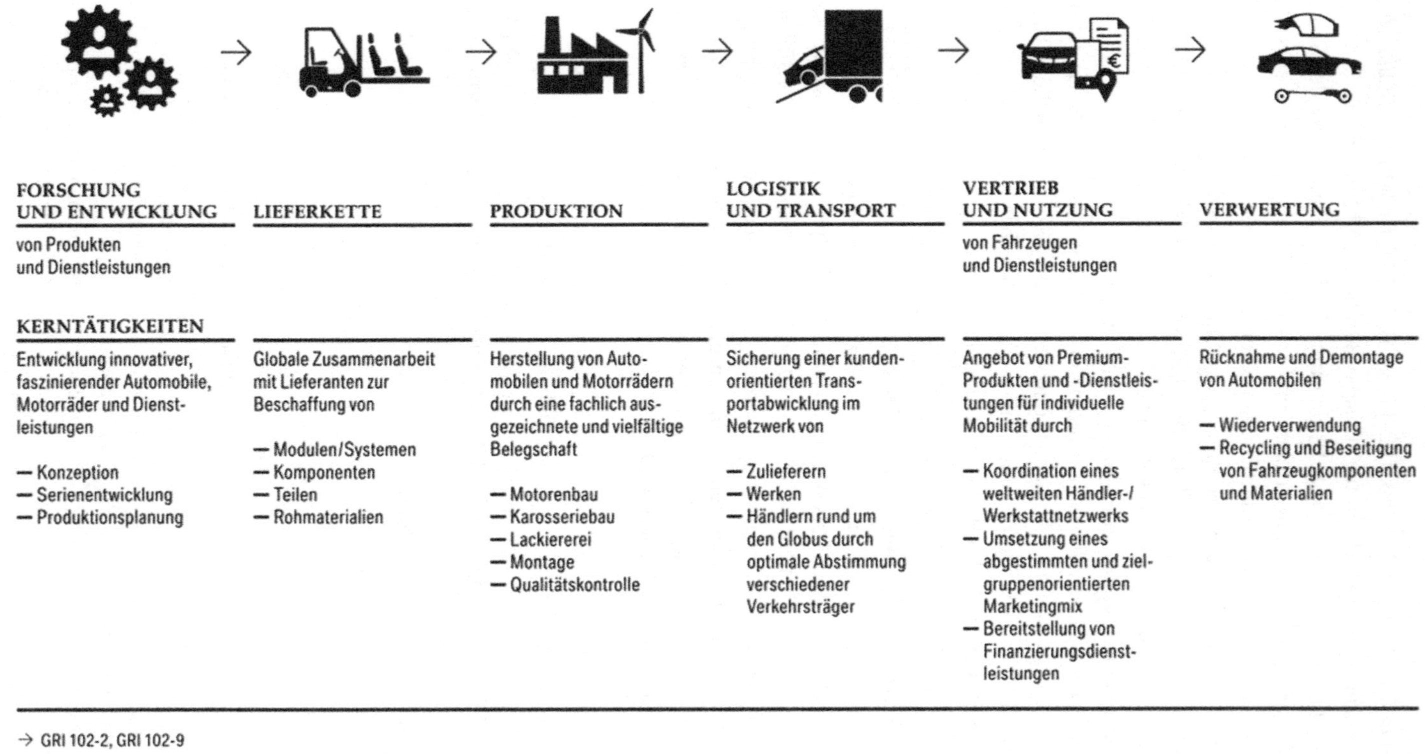

	FORSCHUNG UND ENTWICKLUNG	LIEFERKETTE	PRODUKTION	LOGISTIK UND TRANSPORT	VERTRIEB UND NUTZUNG	VERWERTUNG
	von Produkten und Dienstleistungen				von Fahrzeugen und Dienstleistungen	
KERNTÄTIGKEITEN	Entwicklung innovativer, faszinierender Automobile, Motorräder und Dienstleistungen — Konzeption — Serienentwicklung — Produktionsplanung	Globale Zusammenarbeit mit Lieferanten zur Beschaffung von — Modulen/Systemen — Komponenten — Teilen — Rohmaterialien	Herstellung von Automobilen und Motorrädern durch eine fachlich ausgezeichnete und vielfältige Belegschaft — Motorenbau — Karosseriebau — Lackiererei — Montage — Qualitätskontrolle	Sicherung einer kundenorientierten Transportabwicklung im Netzwerk von — Zulieferern — Werken — Händlern rund um den Globus durch optimale Abstimmung verschiedener Verkehrsträger	Angebot von Premium-Produkten und -Dienstleistungen für individuelle Mobilität durch — Koordination eines weltweiten Händler-/Werkstattnetzwerks — Umsetzung eines abgestimmten und zielgruppenorientierten Marketingmix — Bereitstellung von Finanzierungsdienstleistungen	Rücknahme und Demontage von Automobilen — Wiederverwendung — Recycling und Beseitigung von Fahrzeugkomponenten und Materialien

→ GRI 102-2, GRI 102-9

Abb. 4.16 Wertschöpfungskette der BMW-Group. (Quelle: BMW 2017b, S. 10)

Tab. 4.5 GRI-SRS 102 – Strategie und CSR-Risikomanagement im Fokus der Berichterstattung (vgl. GRI-SRS-102 2016, S. 12 ff.)

GRI-SRS	Titel (gekürzt)
GRI-SRS-102-14 Strategie – Aussagen der Führungskräfte	Pflichtinformation: Stellungnahme der obersten Führungskraft über die Bedeutung der Nachhaltigkeit für die Organisation und ihre strategische Vorgehensweise in Bezug auf *Nachhaltigkeit*.
GRI-SRS-102-15 Strategie – wichtigste Auswirkungen, Risiken und Chancen	Pflichtinformation (*Option „Umfassend"*): Beschreibung der wichtigsten *Auswirkungen*, Risiken und Chancen.
GRI-SRS-102-11 Vorsorgeprinzip oder Vorsichtsmaßnahmen	Pflichtinformation: ob und wie das Vorsorgeprinzip und die Vorsichtsmaßnahmen angewandt werden.
GRI-SRS-102-12 Externe Initiativen	Pflichtinformation: Liste von extern entwickelten ökonomischen, ökologischen und sozialen Satzungen, Leitlinien oder andere Initiativen, zu denen sich die Organisation bekennt oder die sie unterstützt.
GRI-SRS-102-16 Werte, Richtlinien, Standards und Verhaltensnormen	Pflichtinformation: Werte, Prinzipien, Standards und Verhaltensnormen der Organisation.
GRI-SRS-102-30 Effektivität des Risikomanagementprozesses	Pflichtinformation: Rolle des höchsten Kontrollorgans im Rahmen der Prüfung der Effektivität der Risikomanagementprozesse der Organisation in Bezug auf ökonomische, ökologische und soziale Themen.
GRI-SRS-102-31 Prüfung von ökonomischen, ökologischen und sozialen Themen	Pflichtinformation: wie oft das höchste Kontrollorgan die ökonomischen, ökologischen und sozialen Themen und ihre Auswirkungen, Risiken und Chancen überprüft.

Rahmen der Betriebsplanung und/oder bei der Entwicklung und Einführung neuer Produkte/Dienstleistungen erläutern (vgl. GRI SRS 102 2016, S. 12). Wie die nachstehenden Fallbeispiele exemplarisch zeigen, wird GRI-SRS-102-11 (Vorsorgeprinzip) in der Unternehmenspraxis häufig gemeinsam mit GRI-SRS-102-14 (Strategie – Aussagen der Führungskräfte), GRI-SRS-102-15 (Strategie – wichtigste Auswirkungen, Risiken und Chancen), GRI-SRS-102-12 (Externe Initiativen), GRI-SRS-102-16 (Werte, Richtlinien, Standards und Verhaltensnormen), GRI-SRS-102-30 (Effektivität des Risikomanagementprozesses), GRI-SRS-102-31 (Prüfung von ökonomischen, ökologischen und sozialen Themen) zur Beschreibung des implementierten CSR-Risikomanagementprozesses angewandt. Tab. 4.5 zeigt den vorstehenden Zusammenhang.

Wie nachstehend deutlich wird, werden GRI-Anwender mittels von Pflichtangaben zur Implementierung einer Nachhaltigkeitsstrategie sowie zur Umsetzung eines CSR-Risikomanagement in den Wertschöpfungs-und Lieferantenketten aufgefordert.

Nachhaltigkeitsstrategie und CSR-Risikomanagement im Fokus der Berichterstattung
GRI-SRS-102-14 (Strategie – Aussagen der Führungskräfte) verlangt von der obersten Führungskraft eine Stellungnahme bezüglich der Bedeutung der Nachhaltigkeit für die

Organisation sowie eine Beschreibung der strategischen Vorgehensweise in Bezug auf Nachhaltigkeit. Im vorstehenden Zusammenhang sollte die berichtende Organisation die gesamte kurz-, mittel- und langfristige Vision und Strategie in Bezug auf das Steuern der ökonomischen, ökologischen und sozialen *Auswirkungen* erläutern (vgl. GRI-SRS 102 2016, S. 14). Darüber hinaus wird erwartet, dass die Berichterstatter bezüglich der Einhaltung international anerkannter Standards eine Stellungnahme abgeben (vgl. GRI-SRS-102 2016, S. 14). GRI-SRS-102-15 (Strategie – Wichtigste Auswirkungen, Risiken und Chancen) bezieht sich auf Organisationen, die gemäß der Option „Umfassend" berichten. Von den vorstehend genannten Organisationen wird erwartet, dass sie bereits über ein implementiertes CSR-Risikomanagement verfügen. Gemäß GRI-SRS-102-15 müssen die berichtenden Unternehmen über ihre wichtigsten *Auswirkungen*, Risiken und Chancen berichten. Im vorstehenden Zusammenhang sollte die berichtende Organisation die wichtigsten ökonomischen, ökologischen und sozialen Auswirkungen sowie damit verbundene Herausforderungen und Chancen sowie das Spektrum der begründeten Erwartungen und Interessen der Stakeholder beschreiben (vgl. GRI-SRS 102 2016, S. 15).

> Beispiel
> **GRI-SRS-102 – Nachhaltigkeitsstrategie und CSR-Risikomanagement im Fokus!! (Fall-beispiele)**
> Im Rahmen von GRI-SRS-102-14 beschreibt die oberste Führungskraft die Bedeutung der Nachhaltigkeit für die Organisation und die strategische Vorgehensweise bezüglich der Umsetzung von Nachhaltigkeitszielen (vgl. GRI-SRS-102 2016, S. 14) Die Volkswagen AG wählt im vorstehenden Zusammenhang als Kommunikationsform einen sogenannten „Brief an die Stakeholder". Die Volkswagen AG bekennt sich im vorstehenden Zusammenhang zu ihrem selbstverschuldeten „Dieselskandal" und kündigt in diesem Zusammenhang schärfere Kontrollmechanismen und eine Neuausrichtung ihres Compliance-Systems an. Die Volkswagen AG, die BMW-Group sowie die Linde Group betonen unter GRI-SRS-102-14 ihre Orientierung an den UN-Global-Compact sowie den Sustainable Development Goals (SDGs) der VN im Rahmen ihrer Steuerungsprozesse. Die vorgenannten Beispielunternehmen betrachten Nachhaltigkeit als unternehmerische Chance und betonen explizit die Relevanz des Stakeholderdialogs im Rahmen ihres jeweiligen Risiko- und Chancenmanagements (vgl. Volkswagen AG 2017, S. 12 f.; BMW-Group 2017b, S. 5 ff.; Linde Group 2017b, S. 8 f.). Die ausgewählten Good-Practice-Unternehmen berichten gemäß GRI-SRS-102-15 (Option „Umfassend") über ihre wichtigsten Auswirkungen, Risiken und Chancen, die implementierten Prozesse und Führungsstrukturen in Bezug auf das Steuern/die Handhabung der Risiken und Chancen. BMW, Henkel, Linde und Volkswagen verdeutlichen in ihren jeweiligen CSR-Berichten die unter Abschn. 4.3.2.1 erläuterte notwendige Koordination zwischen dem traditionellen Risikomanagement und dem CSR-Risikomanagement. Abb. 4.17 zeigt schematisch rückblickend den vorstehenden Zusammenhang. Die vorgenannten Good-Practice-Unternehmen beschreiben ihre jeweiligen due-diligence-Prozesse in den Bereichen Produktsicherheit, Beschaffung, Produktion und Wertschöpfung und verweisen auf ihre jeweiligen Compliance- und Risikomanage-

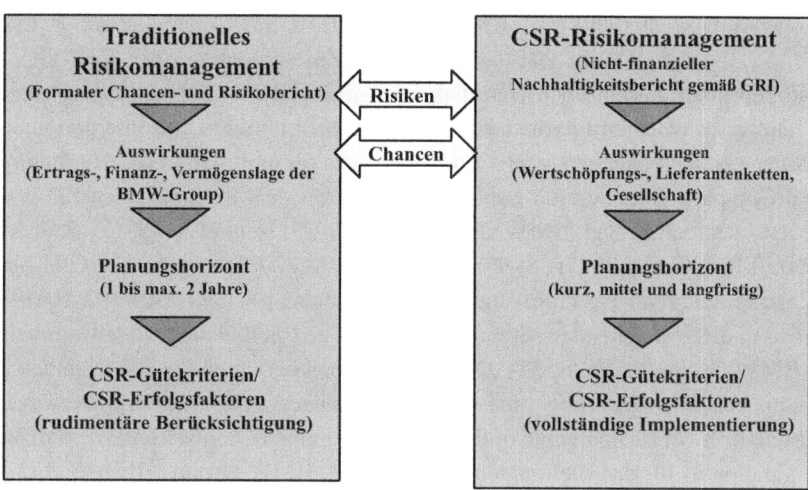

Abb. 4.17 Zusammenwirken von traditionellem Risikomanagement und CSR-Risikomanagement. (Quelle: eigene Darstellung)

mentsysteme und -prozesse (vgl. BMW-Group 2017b, S. 175; Henkel AG & Co. KGAa 2017c, S. 1; Linde Group 2017b, S. 94; Volkswagen AG 2017, S. 105).

Die Volkswagen AG verweist in ihrem Nachhaltigkeitsbericht unter *GRI-SRS 102-11* (Vorsorgeprinzip) auf den unter Abschn. 3.3.5.1 erläuterten Deutschen Corporate Governance Kodex (DCGK), der eine Best-Practice-Unternehmensführung in der Volkswagen AG unterstützen soll (vgl. Volkswagen AG 2017, S. 27). Die Volkswagen AG bekräftigt im vorstehenden Zusammenhang, dass sie sich nicht nur an die bestehenden Gesetze, sondern auch an internationale und nationale Standards guter und verantwortungsvoller Unternehmensführung orientiert. Eine Orientierung an den DCGK impliziert die Integration eines formalen Risikomanagements (vgl. Abschn. 4.2.2) sowie die Implementierung eines Compliance Management Systems. Ebenso wie die Volkswagen AG verweisen die BMW Group, die Henkel AG & Co. KGaA sowie die Linde Group bezüglich der Umsetzung des Vorsorgeprinzips auf das unter Abschn. 4.2.2 erläuterte Zusammenwirken von Risiko- und Nachhaltigkeitsmanagement (vgl. BMW Group 2017b, S. 174; Henkel AG & Co. KGaA 2017c, S. 3; Linde Group 2017b, S. 95; Volkswagen AG 2017, S. 27 f., S. 44 ff.). Die ausgewählten Beispielunternehmen berichten unter GRI-SRS 102-11 (Vorsorgeprinzip) bezüglich der Umsetzung ihrer Nachhaltigkeitskoordination (Zusammenwirken formales Risikomanagement und CSR-Risikomanagement) sowie über interne Selbstverpflichtungen (z. B. Code of Conduct, Nachhaltigkeitsleitbild, Stakeholder-Guidelines, Corporate Guidelines, Weiterentwicklung von Compliance-relevanten Grundsatzfragen) (vgl. BMW Group 2017b, S. 74; Henkel AG & Co. KGaA 2017c, S. 174; Linde Group 2017b, S. 95; Volkswagen AG 2017, S. 27 f., 44 ff.). BMW, Henkel und Linde verweisen in ihren Nachhaltigkeitsberichten im vorstehenden Zusammenhang auf die Umsetzung des Vorsorgeprinzips im Rahmen ihrer wesentlichen Themen (z. B. Produktverantwortung, Umweltschutz,, Lieferantenauswahl, Mitarbeitervorsorge/Arbeitssicherheit) (vgl. BMW Group 2017b, S. 174; Henkel AG & Co.KGaA 2017c, S. 3; Linde Group 2017b, S. 95). Im Zusammenhang mit GRI-SRS-102-11 (Vorsorgeprinzip) beschreiben Unternehmen gemäß GRI-SRS-102-12 (Externe Initiativen) häufig, zu welchen internationalen Leitsätzen, Leitlinien und internationale Organisationen sie sich bekennen (z. B. OECD Leitsätze für multinationale Unternehmen, UN Global Compact, International Labour Organization, VN Leitprinzipien für Wirtschaft und Menschenrechte) (vgl. BMW Group 2017b, S. 37; Henkel AG & Co. KGaA 2017b, S. 27 ff.; Linde Group 2017c, S. 95; Volkswagen AG 2017, S. 4, S. 27). GRI-SRS-102-12 (Externe Initiativen) steht im engen Zusammenhang mit GRI-SRS-102-16 (Ethik und Integrität); die vorstehenden Standards werden textlich daher oft zusammengefasst (vgl. BMW Group 2017b, S. 37). Die Unternehmen berichten im vorstehenden Zusammenhang beispielsweise über ihre Verhaltenskodizes, wertorientierte Personalpolitik, Erklärung über Menschenrechte und Arbeitsbedingungen, Umweltleitlinie und Nachhaltigkeitsstandards für das Lieferantennetzwerk (vgl. BMW Group 2017b, S. 175; Volkswagen AG 2017, S. 105). Die Pflichtinformationen zu GRI-SRS-102-30 (Effektivität des Risikomanagementprozesses) sowie GRI-SRS-102-31 (Prüfung von ökonomischen, ökologischen und sozialen Themen) verdeutlichen das unter Abschn. 4.3.2.1 erläuterte Zusammenwirken von traditionellem Risikomanagement und CSR-Risikomanagement. Good-Practice-Unternehmen verweisen im vorstehenden Zusammenhang auf den jeweils beschriebenen Risikomanagementprozess in ihren Risiko- und Chancenberichten (vgl. BMW Group 2017b, S. 179; Henkel AG & Co.KGAa 2017b, S. 1; Volkswagen AG 2017, S. 106).

Stakeholdermanagement im Fokus der Berichterstattung
Der Stakeholderdialog bzw. die Einbeziehung der Meinungen und Interessen der Stakeholder ziehen sich durch die GRI-SRS hindurch. Vor dem Hintergrund der vorstehenden Ausführungen sind für das CSR-Erfolgscontrolling insbesondere die GRI-Aspekte mit dem Schwerpunkt CSR-Risikomanagement relevant. Tab. 4.6 zeigt die relevanten GRI-SRS. Gemäß GRI-SRS-102-21 (Einbindung der Stakeholder) müssen Unternehmen, die gemäß GRI-Option „Umfassend" ihren Nachhaltigkeitsbericht erstellen, die Einbeziehungsprozesse zwischen Stakeholdern und dem höchsten Kontrollorgan bezüglich ökonomischer, ökologischer und sozialer Themen offenlegen (vgl. GRI-SRS 102 2016, S. 19). GRI-SRS 102-25 (Interessenkonflikte) verlangt, dass die Berichterstatter (Option „Umfassend") die Verfahren der obersten Kontrollebene offenlegen, mittels derer Interessenkonflikte vermieden und verwaltet werden (vgl. GRI-SRS 102 2016, S. 21). Die ausgewählten Good-Practice-Unternehmen verdeutlichen im vorstehenden Zusammenhang wiederholt die Notwendigkeit der Koordination von formalem Risikomanagement und CSR-Risikomanagement (vgl. BMW-Group 2017b, S. 176 f.; Henkel AG & Co. KGAa 2017c, S. 3 ff.; Linde Group 2017b, S. 95 ff.; Volkswagen AG 2017, S. 105 ff.). Abb. 4.17 zeigt schematisch den vorstehenden Zusammenhang. Abschnitt fünf der GRI-SRS 102 (Stakeholdereinbeziehung) ist per GRI-SRS 102-40 bis 102-44 explizit dem Stakeholderdialog gewidmet. Im Rahmen

Tab. 4.6 GRI-SRS 102 – Stakeholdermanagement und systematischer Wesentlichkeitsprozess (vgl. GRI-SRS-102 2016, S. 19 ff.)

GRI-SRS	Titel (gekürzt)
GRI-SRS-102-21 Einbindung der Stakeholder bei ökonomischen, ökologischen und sozialen Themen	Pflichtinformation (Option „Umfassend"): Bericht bezüglich der Einbeziehungsprozesse zwischen Stakeholdern und dem höchsten Kontrollorgan hinsichtlich ökonomischer, ökologischer und sozialer Themen.
GRI-SRS-102-25 Interessenkonflikte	Pflichtinformation (Option „Umfassend"): Bericht bezüglich der Verfahren in Bezug auf Vermeidung von Interessenkonflikten sowie Darlegung, ob Interessenkonflikte mit Stakeholdern offengelegt werden.
GRI-SRS-102-40 Liste der Stakeholder-Gruppen	Pflichtinformation: Liste der Stakeholder-Gruppen, die von der Organisation einbezogen wurden (z. B.: Zivilgesellschaft, Kunden, Angestellte und Mitarbeiter, Gewerkschaften, lokale Gemeinschaften, Anteilseigner und Kapitalgeber, Lieferanten).
GRI-SRS-102-42 Bestimmen und Auswählen der Stakeholder	Pflichtinformation: Veröffentlichung der Grundlagen für die Bestimmung und Auswahl von Stakeholdern, die einbezogen werden sollen.
GRI-SRS-102-43 Ansatz für die Stakeholdereinbeziehung	Pflichtinformation: Publikation des Ansatzes der Organisation in Bezug auf die Stakeholdereinbeziehung einschließlich der Häufigkeit der Einbeziehung der jeweiligen Stakeholdergruppen.
GRI-SRS-102-44 Schlüsselthemen und Anliegen	Pflichtinformation: Publikation der Hauptthemen und Anliegen, die durch die Stakeholdereinbeziehung aufkamen und Erläuterung, wie die Organisation auf diese Themen und Anliegen reagiert hat.
GRI-SRS-102-46 Bestimmung des Berichtsinhalts und Themenabgrenzung	Pflichtinformation: Erklärung des Verfahrens, das verwendet wird, um den Berichtsinhalt und die Abgrenzung des Themas zu bestimmen plus Erklärung darüber, wie die Organisation die Prinzipien der Berichterstattung implementiert hat.
GRI-SRS-102-47 Liste der wesentlichen Themen	Pflichtinformation: Liste der wesentlichen Themen, die im Zusammenhang mit der Bestimmung des Berichtsinhalts identifiziert wurden.

von GRI-SRS 102-40 (Liste der Stakeholdergruppen) müssen die berichtenden Organisationen eine Liste der einbezogenen Stakeholder-Gruppen (z. B. Zivilgesellschaft, Kunden, Mitarbeiter, Gewerkschaften, Anteilseigner, Kapitalgeber, Lieferanten) bereitstellen. Gemäß GRI-SRS-102-42 (Bestimmen und Auswählen von Stakeholdern) und GRI-SRS-102-43 (Ansatz für die Stakeholdereinbeziehung) werden die berichtenden Unternehmen verpflichtet, die Grundlagen für die Bestimmung und Auswahl der einzubeziehenden Stakeholder, die Methoden der Stakeholder-Einbeziehung (z. B: Umfragen Lieferanten, Kunden, Mitarbeiter sowie schriftliche Kommunikation) und die Häufigkeit der Einbeziehung je Stakeholder-Gruppe offenzulegen (vgl. GRI-SRS 102 2016, S. 31). Unter GRI-SRS-102-44 (Schlüsselthemen und Anliegen) müssen die Berichterstatter die durch die Stakeholder vorgebrachten Hauptthemen und Anliegen transparent machen. Im vorstehenden Zusammenhang müssen die Organisationen erläutern, wie sie auf die vorgebrachten Themen und Anliegen reagiert haben (vgl. GRI-SRS 102 2016, S. 32).

Wie nachstehend mithilfe von Praxisbeispielen gezeigt wird, erläutern Good-Practice-Unternehmen ihren Stakeholderdialog (GRI-SRS-102-40 bis 102-44) im Zusammenhang mit dem geforderten systematischen Wesentlichkeitsprozess gemäß GRI-SRS-102-46 bis GRI-SRS-102-47. Tab. 4.6 zeigt den vorstehenden Zusammenhang.

Identifizieren und Priorisieren der wesentlichen Themen
Im Rahmen der Pflichtangaben gemäß GRI-SRS 102-46 (Bestimmung von Berichtsinhalt und Themenabgrenzung) müssen die berichtenden Organisationen die einzelnen Schritte zur Bestimmung des Berichtsinhalts und der Abgrenzung des jeweiligen Themas darlegen (vgl. GRI-SRS 102 2016, S. 34):

▶ Die Angabe 102-46 erfordert eine Erklärung darüber, wie die Organisation ihren Berichtsinhalt und die Abgrenzungen der Themen bestimmt hat und wie die unter Abschn. 4.3.1.2.1 erläuterten Prinzipien der Berichterstattung umgesetzt wurden.

▶ Die Angabe 102-46 erfordert eine Beschreibung dazu, wie das Wesentlichkeitsprinzip angewendet wurde.

Im Rahmen der Bestimmung des Berichtsinhalts sind insbesondere die unter Abschn. 4.3.1.2.1 beschriebenen vier GRI-SRS-101-Prinzipien Stakeholdereinbeziehung, Nachhaltigkeitskontext, Wesentlichkeit und Vollständigkeit relevant (vgl. GRI-SRS-102 2016, S. 34). Gemäß GRI-SRS-102-47 (Liste der wesentlichen Themen) muss die berichtende Organisation eine Liste der priorisierten bzw. wesentlichen Themen publizieren, die im Zusammenhang mit der Bestimmung des Berichtsinhalts identifiziert wurden (vgl. GRI-SRS-102 2016, S. 35). Abb. 4.18 zeigt schematisch den vorstehenden Zusammenhang.

4.3 CSR-Risikomanagement auf der Basis anerkannter ...

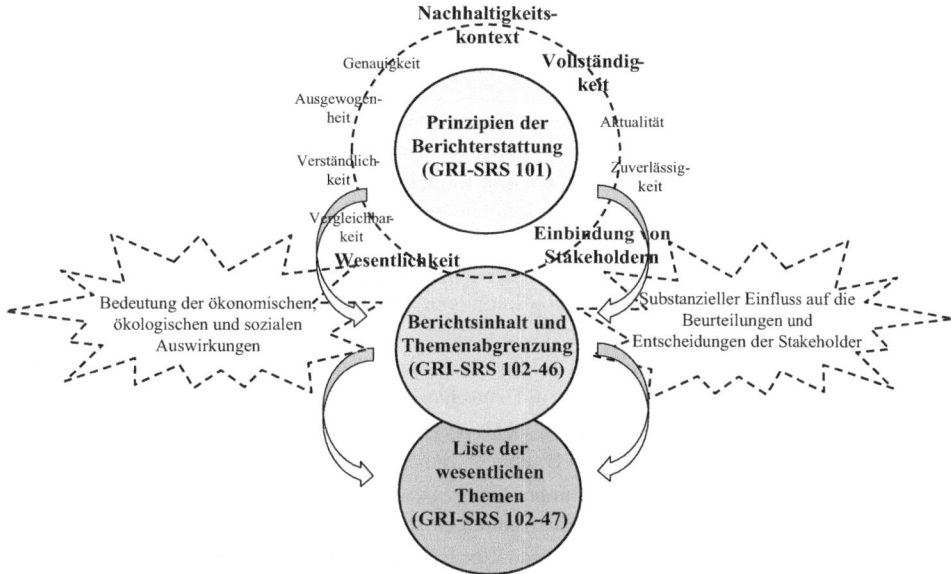

Abb. 4.18 Identifizieren und Priorisieren der wesentlichen Themen. (Quelle: eigene Darstellung)

Wesentliche Themen gemäß GRI (GRI-SRS-102 2016, S. 35)
„Wesentliche Themen sind solche, die eine Organisation bei der Berücksichtigung für den Bericht priorisiert hat. Die Priorisierung wird anhand der Stakeholdereinbeziehung und des Wesentlichkeitsprinzips umgesetzt. Das Wesentlichkeitsprinzip bestimmt die wesentlichen Themen aufgrund der folgenden beiden Dimensionen:

- Die Bedeutung der ökonomischen, ökologischen und sozialen *Auswirkungen*;
- Der substanzielle Einfluss auf die Beurteilungen und Entscheidungen der *Stakeholder*."

Beispiel

GRI-SRS-102 – Stakeholderdialog und systematischer Wesentlichkeitsprozess (Fallbeispiele)
GRI-SRS-102-40 bis 102-44 (Liste der Stakeholdergruppen, Bestimmen und Auswählen der Stakeholder, Ansatz für die Stakeholdereinbeziehung, Schlüsselthemen und Anliegen) werden in der Unternehmenspraxis häufig textlich zusammengefasst (vgl. BMW-Group 2017b, S. 24 ff.; Henkel AG & Co. KGaA 2017c, S. 3 ff.; Linde Group 2017b, S. 95 ff.; Volkswagen AG 2017, S. 28 ff.). Die BMW Group und die Volkswagen AG beschreiben unter GRI-SRS-102-40, 102-42, 102-43, 102-44 und 102-46 ihr

Tab. 4.7 Stakeholdergruppen und Dialogformen am Beispiel der BMW-Group (vgl. BMW Group 2017b, S. 25)

Stakeholdergruppen	Dialogformen
Kapitalmarkt	Dialog, Konferenzen und Technologieworkshops mit Investoren und Analysten zu den Strategiethemen Elektromobilität und Autonomes Fahren
Lieferanten	Dialog im Rahmen von Brancheninitiativen, gemeinsame Veranstaltungen, Schulungen, Vorträge, Supplier Risk Assessment, Forum Lernen vom Lieferanten
Netzwerke und Verbände	Teilnahme von Vorständen, technischen Experten oder Fachreferenten an einer Vielzahl von Initiativen, Foren und Veranstaltungen, Mitgliedschaften und Initiativen
Politische Entscheidungsträger	Workshops zu Schlüsselthemen, regelmäßige „Grüne Tische" mit Parlamentariern in Deutschland
Wissenschaft	Runde Tische, Besuch von Hochschulen, Vorträge, Diskussionen, „BMW Group Dialogue" mit Studenten
Medien	Dialog im Rahmen von Pressereisen, Presseinformation, Informationsveranstaltungen zu neuen Produkten, Testfahrten, Messen
Geschäftspartner	Dialog mit der Handelsorganisation und dem Verband der deutschen BMW-Händler, Unternehmertage, Dialog über die zentralen Steuerungsstellen der Importeure
Lokale Stakeholder	Persönliche Gespräche, Werksbesichtigung, Nachbarschaftsgespräche, Pressetermine
Zivilgesellschaft und NGOs	One-to-One-Meetings/Dialoge, Beantwortung von Anfragen
Mitarbeiter	Dialoge mit Mitarbeitern und Führungskräften, Mitarbeiterbefragung, Ideenmanagement, interne Medien
Kunden	Kundenbefragung, Social Media, Messen, Medien

strategisches Stakeholdermanagement. Tab. 4.7 zeigt exemplarisch die Stakeholdergruppen und die Dialogformen der BMW Group. BMW und VW sind sich einig, dass die Stakeholder maßgeblich zum Unternehmenserfolg/Chancenmanagement beitragen (vgl. BMW 2017b, S. 24 ff.; Volkswagen AG 2017, S. 31 ff.). BMW, Henkel, Linde und VW analysieren gemäß GRI-SRS-102-44, 102-46 und 102-47 aktuelle Nachhaltigkeitsthemen hinsichtlich ihrer Bedeutung aus der Unternehmensperspektive und aus der Sicht der verschiedenen Stakeholdergruppen (vgl. BMW Group 2017b, S. 17 ff.; Henkel AG & Co. KGaA 2017c, S. 3 ff.; Linde Group 2017b, S. 95 ff.; Volkswagen AG 2017, S. 31 ff.). Im Rahmen des systematischen Wesentlichkeitsprozesses der Volkswagen AG wurden beispielsweise alle nach dem CSR-RUG berichtspflichtigen Mindestaspekte sowie alle wesentlichen Themen gemäß GRI-Standards der Global Reporting Initiative als wesentlich identifiziert (vgl. Volkswagen AG 2017, S. 28). Abb. 4.19 zeigt beispielhaft die wesentlichen Handlungsfelder der Volkswagen AG.

4.3 CSR-Risikomanagement auf der Basis anerkannter ...

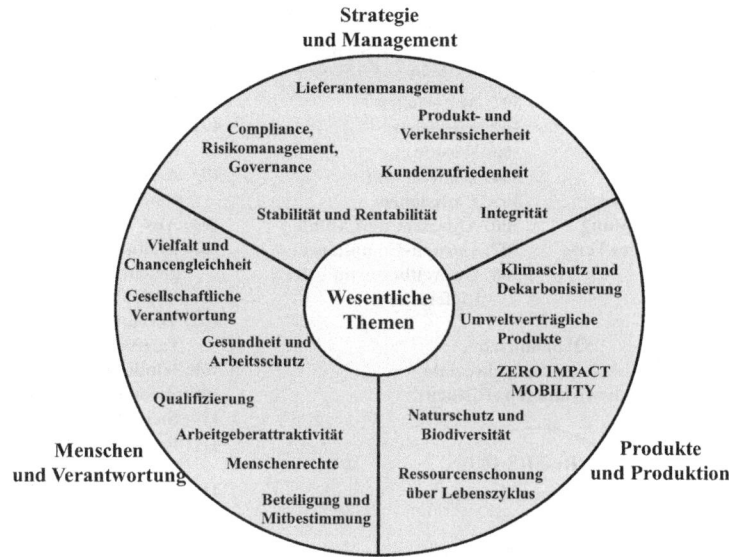

Abb. 4.19 Wesentliche Handlungsfelder des Volkswagen Konzerns nach CSR-RUG und GRI Standards. (Quelle: in enger Anlehnung an: Volkswagen AG 2017, S. 29)

4.3.1.2.3 GRI-SRS 103 – Managementansatz

Eine Organisation, die einen Nachhaltigkeitsbericht in Übereinstimmung mit den GRI-SRS erstellt, ist gemäß GRI-SRS 103 verpflichtet, ihren Managementansatz für jedes einzelne wesentliche Thema offen zu legen. Der GRI-Standard 103 (Managementansatz) beschreibt die Anforderungen an die Berichterstattung hinsichtlich des von einer Organisation gewählten Ansatzes zur Steuerung eines „wesentlichen Themas" (GRI-SRS 103 2016, S. 3 ff.). Abb. 4.20 zeigt den vorstehenden Zusammenhang, der nachstehend vertiefend thematisiert wird.

Die Angaben der wesentlichen Themen werden wie folgt beschrieben:

▶ GRI-SRS 103-1: Erklärung der wesentlichen Themen und ihre Abgrenzung

▶ GRI-SRS 103-2: Der Managementansatz und seine Komponenten

▶ GRI-SRS 103-3: Prüfung des Managementansatzes

Unternehmen, die in Übereinstimmung mit den GRI-Standards berichten, müssen sowohl im Rahmen der Option „Kern" als auch im Rahmen der Option „Umfassend" sämtliche Pflichtanforderungen der GRI-SRS 103 erfüllen.

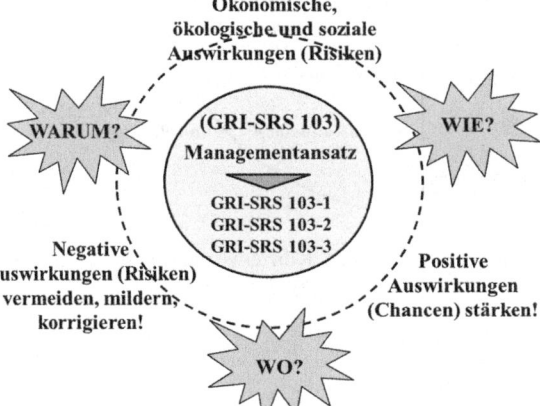

Abb. 4.20 GRI-SRS 103 (Managementansatz) – Risiko- und Chancenmanagement im Fokus! (Quelle: eigene Darstellung)

Managementansatz – Steuerung der Risikomanagementprozesse

Gemäß GRI-SRS 103-1 (Erklärung der wesentlichen Themen und ihre Abgrenzungen) muss die berichtende Organisation eine Erklärung darüber abgeben, *warum* das Thema wesentlich ist und *wo* die Auswirkungen (Risiken) auftreten. Von der GRI-berichtenden Organisation, die einen Bericht in Übereinstimmung mit den GRI-Standards erstellt, wird erwartet, dass sie nicht nur über die von ihr verursachten Auswirkungen berichtet, sondern auch über die Auswirkungen (Risiken), zu denen sie beiträgt und über die Auswirkungen (Risiken), die aufgrund einer Geschäftsbeziehung direkt mit ihren Aktivitäten, Produkten und Dienstleistungen verbunden sind. Gemäß GRI-SRS 103-2 (Der Managementansatz und seine Komponenten) sind die berichterstattenden Unternehmen aufgefordert, eine Erklärung abzugeben, die offenlegt, *wie* die Organisation das Thema handhabt. Darüber hinaus muss die Organisation den Zweck des Managementansatzes erklären. Der Managementansatz kann dem Zweck dienen, negative Auswirkungen (Risiken) zu vermeiden, zu mildern, zu korrigieren oder positive Auswirkungen (Chancen) zu stärken. GRI-SRS 103-3 (Prüfung des Managementansatzes) fordert die berichterstattenden Unternehmen auf, die

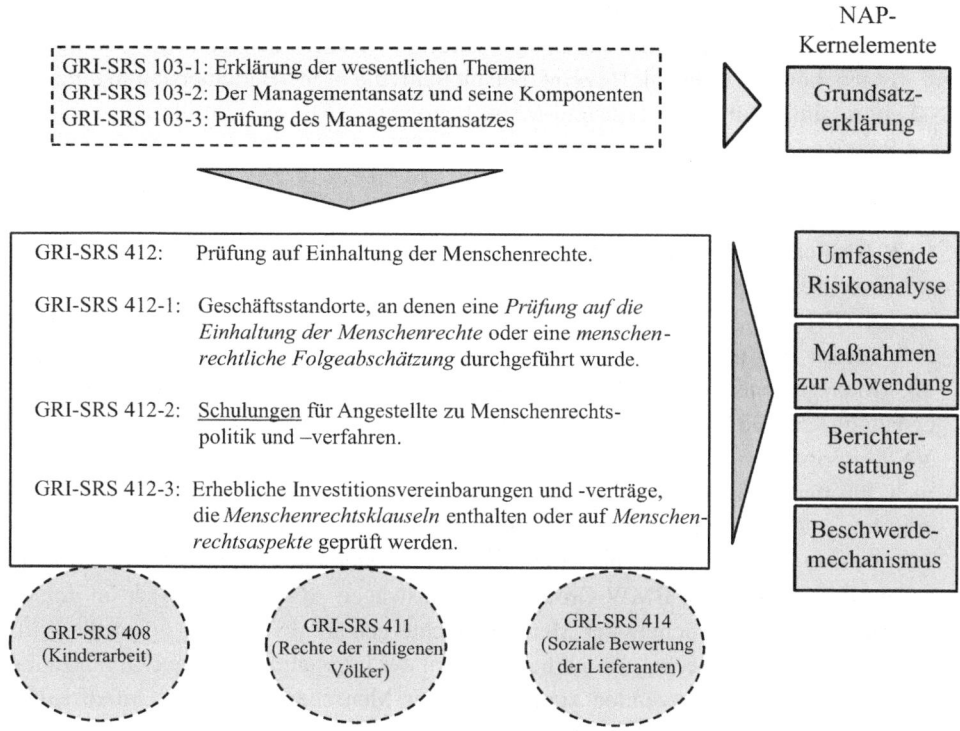

Abb. 4.21 GRI-SRS 412 (Menschenrechte) – Umsetzung der VN-Leitprinzipien für Wirtschaft und Menschenrechte/NAP

implementierten Verfahren und Prüfergebnisse des Managementansatzes (z. B. interne und externe Audits oder Zertifizierungen, Messsysteme, externe Leistungsbeurteilung, Benchmarking, Rückmeldungen der Stakeholder, Beschwerdeverfahren) zu beschreiben (vgl. GRI-SRS 103 2016, S. 6 ff.).

GRI-SRS 103 (Managementansatz) muss gemeinsam mit den themenspezifischen Standards (GRI-SRS 200, GRI-SRS 300 und GRI SRS 400) benutzt werden. Abb. 4.20 und 4.21 zeigen den vorstehenden Zusammenhang, der nachstehend thematisiert wird.

4.3.1.2.4 CSR-Erfolgssteuerung auf der Basis der GRI-Leistungsindikatoren gemäß GRI-SRS 200 bis 400

Die Umsetzung der VN-Leitprinzipien für Wirtschaft und Menschenrechte bzw. des NAP, der überarbeiteten OECD-Leitsätze für multinationale Unternehmen aus dem Jahr 2011 sowie des CSR-RUG erfolgt in der Praxis in Abhängigkeit von der Priorisierung der wesentlichen Themen. Die Priorisierung der für eine CSR-Erfolgssteuerung notwendigen GRI-Leistungsindikatoren fällt daher in Abhängigkeit von der Branche, der Größe und der Tiefe der Wertschöpfungs- und Lieferantenketten in der Praxis sehr unterschiedlich aus. Tab. 4.8 und 4.9 zeigen beispielhaft potenzielle GRI-Leistungsindikatoren, die für die GRI-Berichtsaspekte „Umweltbelange" und „Lieferantenmanagement" herangezogen werden können. Abb. 4.21 zeigt beispielhaft die CSR-Berichterstattung gemäß VN-Leitprinzipien für Wirtschaft und Menschenrechte/NAP, die mithilfe ausgewählter Good-Practice-Beispiele erläutert wird.

> **Beispiel**
>
> **CSR-Risikomanagement – Umsetzung der Leitprinzipien für Wirtschaft und Menschenrechte (Fallbeispiele)**
>
> Gemäß GRI-SRS 412 muss die berichtende Organisation über ihren Managementansatz zum Thema „Prüfung und Einhaltung der Menschenrechte" unter Verwendung von GRI 103 (Managementansatz) berichten. Die Unternehmen machen im Rahmen der Berichterstattung zu GRI-SRS 103 (103-1 bis 103-3) ihre *Grundsatzerklärung* gemäß VN-Leitprinzipien für Wirtschaft und Menschenrechte/NAP sowie OECD-Leitlinien für multinationale Unternehmen (Fassung 2011) transparent (vgl. ausführlich Abschn. 2.2.1 und 2.2.2). Die GRI-Berichterstattung gemäß GRI-SRS 103-1 bis 103-3 sowie GRI-SRS 412-1 bis 412-3 wird in der Unternehmenspraxis häufig in einem Fließtext integriert. Die BMW-Group, die Volkswagen AG bekennen sich im vorstehenden Kontext zum Schutz der Menschenrechte gemäß VN Leitprinzipien für Wirtschaft und Menschenrechte, Kernarbeitsnormen der International Labour Organization (ILO), europäische Konvention zum Schutz der Menschenrechte und Grundfrieden, OECD-Leitsätze für multinationale Unternehmen sowie Nationalen Aktionsplan „Wirtschaft und Menschenrechte" (NAP) der Bundesregierung Die ausgewählten Good-Practice-Unternehmen verweisen auf die Verankerung der Menschenrechte im Rahmen ihrer Verhaltensgrundsätze (Code of Conduct), die für alle Mitarbeiterinnen und Mitarbeiter gelten. Die ausgewählten Best-Practice-Unternehmen verpflichten ihre direkten Lieferanten dazu, die Einhaltung von Nachhaltigkeitsanforderungen auch bei ihren eigenen Zulieferern sicherzustellen (vgl. BMW-Group 2017b, S. 34 ff.; Volkswagen AG 2017, S. 89). Im vorstehenden Zusammenhang fordern explizit 13 der 16 großen Automobilhersteller (BMW-Group, Daimler, Fiat Chrysler, Ford, Nissan, Honda, Jaguar Land Rover, Maszda, Mitsubishi, Nissan PSA, Renault, Sabaru, Suzuki, Toyota und die Volkswagen AG) in ihren globalen Lieferantenketten die Implementierung zertifizierter Umweltmanagementsysteme gemäß EMAS oder ISO 14001 von ihren Lieferanten ein. Darüber hinaus befürworten die vorstehenden Automobilhersteller die Implementierung zertifizierter Managementsysteme für Arbeits- und Gesundheitsschutz nach OHSAS 18001, SA 8000 und/oder AA 1000 (vgl. Stibbe 2017, S. 162 ff.).
>
> GRI-SRS 412 kann in Querverbindung mit GRI 408 (Kinderarbeit), GRI 411 (Rechte der indigenen Völker) sowie GRI-SRS 414 (Soziale Bewertung der Lieferanten) angewandt werden. Abb. 4.21 zeigt schematisch den vorstehenden Zusammenhang. Die Berichterstattung zu den Kernelementen *„Risikoanalyse"* und *„Maßnahmen zur Abwendung"* in den Wertschöpfungs- und Lieferantenketten kann mithilfe von GRI-SRS 412-3 in Verbindung mit GRI-SRS 414 erfolgen. Die BMW-Group und die Volkswagen AG berichten im vorstehenden Zusammenhang über ihre implementierten

Tab. 4.8 GRI-Leistungs-Indikatoren „Umweltbelange"

Materialien	301-1 Eingesetzte Materialien nach Gewicht oder Volumen
	301-2 Eingesetzte rezyklierte Ausgangsstoffe
	301-3 Wiederverwertete Produkte und ihre Verpackungs-materialien
Energie	302-1 Energieverbrauch innerhalb der Organisation
	302-2 Energieverbrauch außerhalb der Organisation
	302-3 Energieintensität
	302-4 Verringerung des Energieverbrauchs
	302-5 Senkung des Energieverbrauchs für Produkte und Dienstleistungen
Wasser	303-1 Wasserentnahme nach Quelle
	303-2 Durch Wasserentnahme erheblich beeinträchtigte Wasserquellen
	303-3 Zurückgewonnenes und wiederverwendetes Wasser
Biodiversität	304-1 Eigene, gemietete oder verwaltete Betriebsstandorte, die sich in oder neben Schutzgebieten und Gebieten mit hohem Biodiversitätswert außerhalb von Schutzgebieten befinden
	304-2 Erhebliche Auswirkungen von Aktivitäten, Produkten und Dienstleistungen auf die Biodiversität
	304-3 Geschützte oder renaturierte Lebensräume
	304-4 Arten auf der Roten Liste der Weltnaturschutzunion und auf nationalen Listen geschützter Arten, die ihren Leben-raum in Gebieten haben, die von Geschäftstätigkeiten be-troffen sind
Emissionen	305-1 Direkte THG-Emissionen (Scope 1)
	305-2 Indirekte energiebedingte THG-Emissionen (Scope 2)
	305-3 Sonstige indirekte THG-Emissionen (Scope 3)
	305-4 Intensität der THG-Emissionen
	305-5 Senkung der THG-Emissionen
	305-6 Emissionen Ozon abbauender Substanzen (ODS)
	305-7 Stickstoffoxide (NOx), Schwefeloxide (SOx) und andere signifikante Luftemissionen
Abwasser und Abfall	306-1 Abwassereinleitung nach Qualität und Einleitungsort
	306-2 Abfall nach Art und Entsorgungsmethode
	306-3 Erheblicher Austritt schädlicher Substanzen
	306-4 Transport von gefährlichem Abfall
	306-5 Von Abwassereinleitungen und/oder Oberflächenabfluss betroffene Gewässer
Umwelt-Compliance	307-1 Nichteinhaltung von Umweltschutzgesetzen und -verordnungen
Umweltbewertung der Lieferanten	308-1 Neue Lieferanten, die anhand von Umweltkriterien über prüft wurden
	308-2 Negative Umweltauswirkungen in der Lieferkette und er-griffene Maßnahmen

Tab. 4.9 GRI-Leistungs-Indikatoren „Lieferantenmanagement"

Beschaffungspraktiken	204-1 Anteil der Ausgaben für lokale Lieferanten
Umweltbewertung der Lieferanten	308-1 Neue Lieferanten, die anhand von Umweltkriterien über prüft wurden
	308-2 Negative Umweltauswirkungen in der Lieferkette und ergriffene Maßnahmen
Soziale Bewertung der Lieferanten	414-1 Neue Lieferanten, die anhand von sozialen Kriterien überprüft wurden
	414-2 Negative soziale Auswirkungen in der Lieferkette und ergriffene Maßnahmen

Nachhaltigkeitsrisikofilter. Diese Filter berücksichtigen sowohl länder- als auch produktspezifische Risiken. Dazu gehören unter anderem soziale Risiken wie Kinder- oder Zwangsarbeit, Gesundheitsrisiken durch gefährliche Prozessmaterialien und Inhaltsstoffe sowie ökologische Risiken wie schädliche Emissionen und Eingriffe in die Natur (vgl. BMW-Group 2017b, S. 108; Volkswagen AG 2017, S. 38). Im Rahmen des sogenannten Lieferantenmonitoring setzen die ausgewählten Good-Practice-Unternehmen Nachhaltigkeitsfragebogen für ihre Lieferanten-Selbstauskünfte ein. Mithilfe der Ergebnisse der Selbstauskünfte werden zusätzliche spezifische Risiken am Lieferantenstandort (z. B. aufgrund fehlender Zuständigkeiten, Prozesse, Qualifizierungsmaßnahmen, Managementsysteme oder Zertifizierungen zur Umsetzung von Umwelt-, Sozial- und Governance-Standards) transparent. Im Rahmen von Auditierungen werden zusätzliche Nachhaltigkeitsverstöße aufgedeckt, die mithilfe konkreter Maßnahmen an den jeweiligen Lieferantenstandorten korrigiert werden. Im Rahmen der Lieferantenentwicklung verweisen die BMW-Group und die Volkswagen AG auf Schulungsmaßnahmen in der Lieferkette, auf elektronische Lernmodule (E-Learning), die in allen Sprachen der definierten Risikoländer zur Verfügung stehen sowie themenspezifische Nachhaltigkeitstrainings und –workshops. Die Good-Practice-Unternehmen berichten über das jeweils implementierte *Beschwerdemanagement*, das Mitarbeitern sowie Externen die Möglichkeit bietet, potenzielle Verstöße zu melden (vgl. BMW-Group 2017b, S. 108 ff.; Volkswagen AG 2017, S. 37 ff.).

4.3.2 Nachhaltigkeitsberichterstattung gemäß Deutscher Nachhaltigkeitskodex (DNK)

Der Rat für nachhaltige Entwicklung (RNE) hat die erste Fassung des DNK am 13. Oktober 2011 beschlossen. Der DNK ist seither ein international anwendungsfähiger Berichtsstandard für Nachhaltigkeitsaspekte. Im Jahr 2014 überarbeitete der RNE den DNK grundlegend. Anlass für die Aktualisierung war die Fortschreibung der GRI-Leitlinien von G 3/3.1 auf G4. Nachdem im März 2017 der Deutsche Bundestag das CSR-RUG beschlossen hatte, wurde der DNK erneut aktualisiert und an die gesetzlich formulierten

4.3 CSR-Risikomanagement auf der Basis anerkannter ...

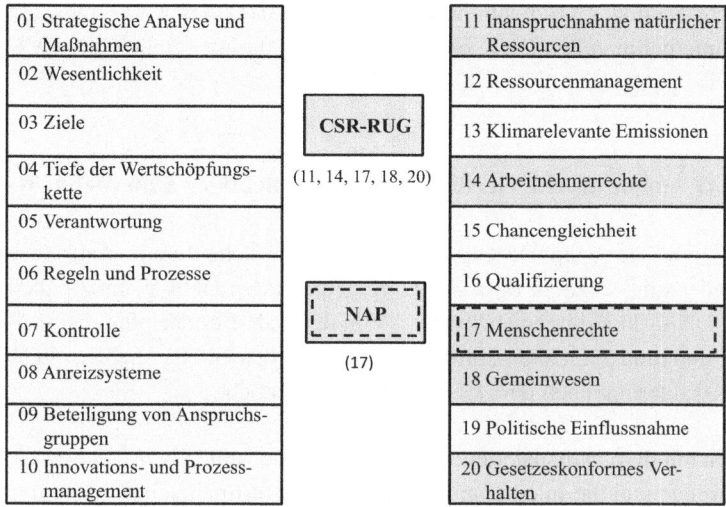

Abb. 4.22 DNK-Kriterien – Berücksichtigung der CSR-RUG- und NAP-Vorgaben (Quelle: eigene Darstellung; Daten entnommen RNE o.J.-b)

Anforderungen des CSR-RUG angepasst. Der DNK kann als nichtfinanzielle Erklärung zur Erfüllung der CSR-Berichtspflicht genutzt werden. Anwender berichten dabei die gesetzlich geforderten Belange in den Kriterien 11, 14, 17, 18 und 20. Der DNK kann außerdem zur Berichterstattung des NAP genutzt werden, indem die berichterstattenden Unternehmen das DNK-Kriterium 17 in ihre Berichterstattung einbeziehen (Abb. 4.22) (vgl. RNE 2017, S. 7 f.; RNE o.J.-a, o.J.-b). Abb. 4.26 zeigt den vorstehenden Zusammenhang.

> **Vorteile des DNK (RNE o.J.-b)**
>
> - Der DNK unterstützt den Aufbau einer Nachhaltigkeitsstrategie und bietet einen Einstieg in die Nachhaltigkeitsberichterstattung. Regelmäßig zu berichten, macht die Entwicklung des Unternehmens im Zeitablauf sichtbar.
> - Der DNK gibt Orientierung, wie die CSR-Berichtspflicht sowie der Nationale Aktionsplan Wirtschaft und Menschenrechte praktisch umgesetzt werden kann.
> - Das Büro Deutscher Nachhaltigkeitskodex prüft die DNK-Erklärungen auf formale Vollständigkeit, Anwender erhalten qualifiziertes Feedback.
> - Die allgemein zugängliche DNK-Datenbank erzeugt Sichtbarkeit. Die veröffentlichten Berichte können miteinander verglichen werden.
> - Der DNK ist kostenlos. Das Büro Deutscher Nachhaltigkeitskodex, die DNK-Schulungspartner und -Mentoren unterstützen bei der Berichterstattung.

Wie die nachstehende Zwischenbilanz (Stand: Juli 2018) des RNE zeigt, nutzen bereits zahlreiche Unternehmen den DNK für ihre Berichterstattung gemäß CSR-RUG (vgl. RNE 2018b):

> **Beispiel**
>
> **CSR-RUG – mehr als ein Viertel der berichtspflichtigen Unternehmen nutzen den DNK!**
> Der RNE publizierte im Dezember 2018 eine Zwischenbilanz zum CSR-RUG. Die vorstehende Analyse zeigt, dass 477 Unternehmen den DNK genutzt haben, um insgesamt 821 DNK-Erklärungen abzugeben. Von der CSR-Berichtspflicht gemäß CSR-RUG betroffen sind rund 530 Unternehmen. Für das Berichtsjahr 2017 haben 149 Unternehmen ihre DNK-Erklärung nach dem CSR-RUG veröffentlicht.

Der RNE will mit dem aktualisierten DNK Unternehmen eine klare Orientierung bezüglich der Anforderungen an die Inhalte und den Prozess nicht-finanzieller Erklärungen/Berichte bieten (vgl. RNE 2017, S. 7). Der DNK ist darüber hinaus auch weiterhin für alle nichtberichtspflichtigen Unternehmen und Organisationsformen jeder Größe und Rechtsform ein zweckmäßiges Instrument zur freiwilligen Selbstauskunft über ihre Maßnahmen zur ökologischen, sozialen und ökonomischen Dimension der Nachhaltigkeit (vgl. RNE 2017, S. 7; RNE 2019, S. 4 ff.).

Wie die nachstehenden Erläuterungen zeigen, bietet der DNK den Unternehmen einen Einstieg und einen begleitenden Lernprozess in die CSR-Implementierung und in das CSR-Risikomanagement. Es wird gezeigt, dass eine DNK-Entsprechenserklärung gemäß DNK keineswegs mit einem CSR-Qualitätssiegel gleichzusetzen ist. Die DNK-berichtenden Unternehmen machen ihr Nachhaltigkeitsengagement transparent. Aufgrund der zahlreichen Ermessensspielräume können Unternehmen sämtliche CSR-Gütekriterien step-by-step implementieren und damit die Chance zur Ausschöpfung der CSR-Erfolgspotenziale nutzen. Im Gegensatz zur Berichterstattung gemäß GRI-SRS liegt der gewünschte DNK-Schulungspartner einer Berichterstattung gemäß DNK im Entscheidungsbereich der berichterstattenden Unternehmen. Insbesondere KMU sollten im vorstehenden Zusammenhang abwägen, wie weit sie in eine CSR-Implementierung einsteigen wollen.

4.3.2.1 DNK – CSR-Risikomanagement und Good-Practice-Beispiele

In einer DNK-Entsprechenserklärung berichten Unternehmen zu den 20 DNK-Kriterien über ihre Strategien, Ziele, Maßnahmen, Konzepte und Risiken (RNE 2017, S. 9). Unternehmen machen im Zuge ihrer Berichterstattung (insbesondere über die DNK-Kriterien 4, 10 bis 17 und ergänzende Leistungsindikatoren) ihren Beitrag zur Umsetzung der nachhaltigen Entwicklung bzw. ihren Beitrag zur Transformation der Agenda 2030 und der darauf aufbauenden Deutschen Nachhaltigkeitsstrategie transparent. Abb. 4.13 zeigt schematisch die 20 DNK-Kriterien, die nachstehend ausführlich thematisiert werden.

4.3.2.1.1 Nachhaltigkeitskonzept gemäß DNK (Kriterien 01 bis 10)

Die DNK-Kriterien 01 bis 04 (Strategie) und 05 bis 10 (Prozessmanagement) sind dem sogenannten Nachhaltigkeitskonzept des berichtenden Unternehmens gewidmet (vgl. RNE 2017, S. 15 ff.). Tab. 4.10 und 4.11 verdeutlichen den vorstehenden Zusammenhang (Abb. 4.23).

Gemäß DNK machen die berichterstattenden Unternehmen ihr Nachhaltigkeitskonzept (Kriterien 01 bis 10) zu den Aspekten Strategie und CSR-Risikomanagement (Wesentlichkeit, Ziele, Tiefe der Wertschöpfungskette, Verantwortung, Regeln und Prozesse, Kontrolle, Anreizsysteme, Beteiligung der Anspruchsgruppen, Innovations- und Produktionsmanagement) transparent. Im vorstehenden Zusammenhang können

Tab. 4.10 Strategie (01 bis 04) – DNK (RNE 2017, S. 34 ff.)

Kriterium	Titel	Das sollte berichtet werden
01. Strategische Analyse und Maßnahmen	Das Unternehmen legt offen, *ob* es eine Nachhaltigkeitsstrategie verfolgt. Es erläutert, welche konkreten Maßnahmen es ergreift, um im Einklang mit den wesentlichen und anerkannten branchenspezifischen, nationalen und internationalen Standards zu operieren.	Ob eine allgemeine Nachhaltigkeitsstrategie vorhanden ist. Welches die wichtigsten Bestandteile dieser Strategie sind und welche Chancen sich aus dieser Strategie ergeben. Welche konkreten Maßnahmen ergriffen werden, um die Strategie umzusetzen.
02. Wesentlichkeit	Das Unternehmen legt offen, welche Aspekte der eigenen Geschäftstätigkeit wesentlich auf Aspekte der Nachhaltigkeit einwirken und welchen wesentlichen Einfluss die Aspekte der Nachhaltigkeit auf die Geschäftstätigkeit haben. Es analysiert die *positiven und negativen Wirkungen* und gibt an, wie diese Erkenntnisse in die eigenen Prozesse einfließen.	In welchem gesellschaftlichen Umfeld das Unternehmen agiert und welche *Auswirkungen* die Geschäftstätigkeit im Hinblick auf Nachhaltigkeitsaspekte hat. Welche Nachhaltigkeitsaspekte für die Geschäftsfähigkeit des Unternehmens in besonderem Maße relevant sind. Welche sozialen und ökologischen *Chancen und Risiken* sich aus diesen Aktivitäten ergeben und welche Schlussfolgerung daraus gezogen werden kann.
03. Ziele	Das Unternehmen legt offen, welche qualitativen und/oder quantitativen sowie zeitlich definierten Nachhaltigkeitsziele gesetzt und operationalisiert werden, und wie deren Erreichungsgrad kontrolliert wird.	Ob das Unternehmen für die Nachhaltigkeitsmaßnahmen längerfristige Ziele verfolgt und wenn ja, welche. Wie die Ziele bewertet, priorisiert und deren Erreichung kontrolliert werden.

(Fortsetzung)

Tab. 4.10 (Fortsetzung)

Kriterium	Titel	Das sollte berichtet werden
04. Tiefe der Wertschöpfungskette	Das Unternehmen gibt an, welche Bedeutung Aspekte der Nachhaltigkeit für die Wertschöpfung haben und bis zu welcher Tiefe seiner Wertschöpfungskette Nachhaltigkeitskriterien überprüft werden.	Wie die *Wertschöpfungskette* des Unternehmens aussieht, also welchen Weg das Produkt/die Dienstleistung durchläuft (z. B. vom Hersteller bis zum Endkunden). Welche Bedeutung Nachhaltigkeit für die Wertschöpfung hat und bis zu welcher Tiefe der Wertschöpfungskette Nachhaltigkeitskriterien überprüft werden. Ob die jeweiligen sozialen und ökologischen Probleme bekannt sind, die auf den einzelnen Stufen auftreten, und wie diese Probleme angegangen werden. Ob und wie das Unternehmen mit Lieferanten und Geschäftspartnern darüber kommuniziert.

CSR-Einsteiger gemäß dem „Fehlt-/Comply-/Explain"-Prinzip ihren jeweiligen Status quo transparent machen und ggfs. erläutern, warum kein Konzept vorliegt (vgl. RNE 2017, S. 38 ff.). Tab. 4.12 zeigt die Leistungsindikatoren, die im Rahmen der CSR-Erfolgssteuerung „Prozessmanagement" gemäß DNK zum Einsatz kommen können. Ebenso wie im Rahmen der GRI-SRS steht das Wesentlichkeitsprinzip im Fokus der DNK-Berichterstattung:

▶ „Das Wesentlichkeitsprinzip als Berichtsmaßstab bezieht sich in der DNK-Entsprechenserklärung auf das gesamte Dokument. Es ist bei den Angaben zu allen Kriterien zu beachten. Kurzum: nur, was wesentlich ist, soll berichtet werden. Was berichtet wird, liegt in der Verantwortung der Unternehmen" (RNE 2018a, S. 20).

▶ Der DNK wird – je nach Kontext – sowohl der geschäftsbezogenen als auch der stakeholderbasierten Sichtweise der Wesentlichkeit gerecht.

Abb. 4.25 zeigt den vorstehenden Zusammenhang.

Im Gegensatz zu den GRI-SRS verlangt der DNK allerdings nicht explizit die Durchführung einer formalen Wesentlichkeitsanalyse sowie die Darlegung des Prozesses zur Feststellung der Wesentlichkeit. Es liegt somit im Ermessen des berichtspflichtigen Unter-

Tab. 4.11 Prozessmanagement (05 bis 10) – DNK (RNE 2017, S. 37 ff.)

Kriterium	Titel	Das sollte berichtet werden
05. Verantwortung	Die Verantwortlichkeiten in der Unternehmensführung für Nachhaltigkeit werden offengelegt.	Wer in dem Unternehmen die zentrale Verantwortung für Nachhaltigkeitsthemen (Strategie, Überwachung, Analyse) hat.
06. Regeln und Prozesse	Das Unternehmen legt offen, wie die Nachhaltigkeitsstrategie durch Regeln und Prozesse im operativen Geschäft implementiert wird.	Wie die Umsetzung der allgemeinen Nachhaltigkeitsstrategie im Unternehmen gesteuert wird (Regeln, Prozesse und Strukturen).
07. Kontrolle	Das Unternehmen legt offen, wie und welche Leistungsindikatoren zur Nachhaltigkeit in der regelmäßigen internen Planung und Kontrolle genutzt werden. Es legt dar, wie geeignete Prozesse Zuverlässigkeit, Vergleichbarkeit und Konsistenz der Daten zur internen Steuerung und externen Kommunikation sichern.	Inwieweit bereits Leistungsindikatoren zur Überprüfung bestimmt wurden und wie Zuverlässigkeit, Vergleichbarkeit und Konsistenz der Daten gewährleistet werden.
08. Anreizsysteme	Das Unternehmen legt offen, wie sich die Zielvereinbarungen und Vergütungen für Führungskräfte und Mitarbeiter auch am Erreichen von Nachhaltigkeitszielen und an der langfristigen Wertschöpfung orientieren. Es wird offengelegt, inwiefern die Erreichung dieser Ziele Teil der Evaluation der obersten Führungsebene (Vorstand/Geschäftsführung) durch das Kontrollorgan (Aufsichtsrat/Beirat) ist.	Ob es ein Vergütungssystem gibt, in dem Nachhaltigkeitsziele bereits integriert sind oder integriert werden können, und wenn nicht, ob ein solches geplant ist. Ob und wie die Erreichung der Ziele durch Gremien kontrolliert wird.
09. Beteiligung von An-spruchsgruppen	Das Unternehmen legt offen, wie gesellschaftliche und wirtschaftlich relevante Anspruchsgruppen identifiziert und in den Nachhaltigkeitsprozess integriert werden. Es legt offen, ob und wie ein kontinuierlicher	Ob und wenn ja, wie die für das Unternehmen wichtigsten Anspruchsgruppen identifiziert wurden. Wer diese Anspruchsgruppen sind. Ob und wie Sie mit diesen Gruppen im Austausch stehen.

(Fortsetzung)

Tab. 4.11 (Fortsetzung)

Kriterium	Titel	Das sollte berichtet werden
	Dialog mit ihnen gepflegt und seine Ergebnisse in den Nachhaltigkeitsprozess integriert werden.	
10. Innovations- und Produktionsmanagement	Das Unternehmen legt offen, wie es durch geeignete Prozesse dazu beiträgt, dass Innovationen bei Produkten und Dienstleistungen die Nachhaltigkeit bei der eigenen Ressourcennutzung und bei Nutzern verbessern. Ebenso wird für die wesentlichen Produkte und Dienstleistungen dargelegt, ob und wie deren aktuelle und zukünftige Wirkung in der Wertschöpfungskette und im Produktlebenszyklus bewertet wird.	Ob die sozialen und ökologischen Wirkungen der wesentlichen Produkte und Dienstleistungen bekannt sind und wie diese ermittelt werden. Ob und wie Produkte nachhaltiger gestaltet werden, z. B. durch Innovationen und Prozesse.

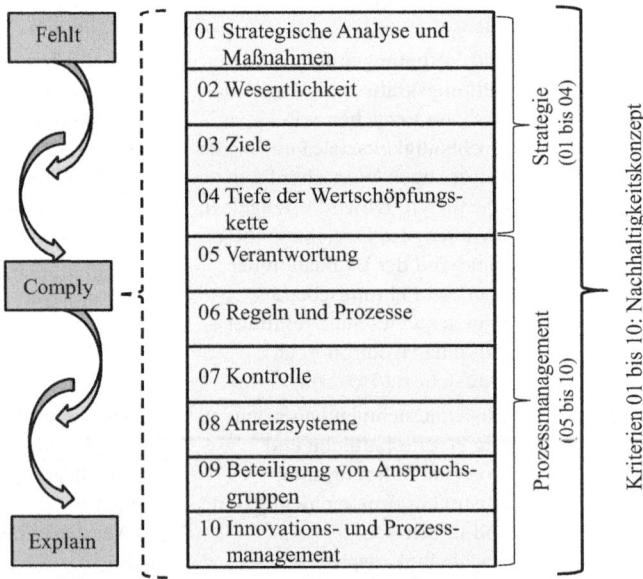

Abb. 4.23 Nachhaltigkeitskonzept gemäß DNK (Kriterien 01 bis 10). (Quelle: eigene Darstellung; Daten entnommen RNE 2017, S. 34 ff.)

Tab. 4.12 DNK-Leistungsindikatoren „Prozessmanagement" (RNE 2017, S. 38 ff.)

Kriterien	Leistungsindikatoren
Kriterien 05 bis 07 (Strategische Analyse und Maßnahmen, Wesentlichkeit, Ziele, Tiefe der Wertschöpfungskette, Verantwortung, Regeln und Prozesse, Kontrolle)	*GRI SRS 102-16*: Werte, Richtlinien, Standards und Verhaltensnormen.
	EFFAS SO6-01: Anteil aller Lieferanten und Partner innerhalb der Lieferkette, die auf die Einhaltung von ESG-Kriterien* bewertet wurden.
	EFFAS SO6-02: Anteil aller Lieferanten und Partner innerhalb der Lieferkette, die auf die Einhaltung von ESG-Kriterien auditiert wurden.
Kriterium 08 (Anreizsystem)	*GRI SRS 102-35a:* Vergütungspolitik des höchsten Kontrollorgans und seiner Führungskräfte.
	GRI SRS 102-35b: Beziehung zwischen den Leistungskriterien der Vergütungspolitik und den Vorgaben des höchsten Kontrollorgans und der Führungskräfte in Bezug auf ökonomische, ökologische und soziale Themen.
	GRI-SRS 102-38: Verhältnis der Jahresgesamtvergütung für die Person mit dem höchsten Gehalt der Organisation im Vergleich zum mittleren Niveau der Jahresgesamtvergütung aller Angestellten.
Kriterium 09 (Beteiligung von Anspruchsgruppen)	*GRI SRS 102-44:* Hauptthemen und Anliegen, die durch die Stakeholderbeziehung aufkamen, wie die Organisation auf diese Schlüsselthemen reagiert hat und Bedenken der Stakeholder.
Kriterium 10 (Innovations- und Prozessmanagement)	*G4-FS11:* Prozentsatz der Finanzanlagen, die eine positive oder negative Auswahlprüfung nach Umwelt- oder sozialen Faktoren durchlaufen.
	EFFAS E 13-01: Verbesserung der Energieeffizienz der eigenen Produkte im Vergleich zum Vorjahr.
	EFFAS VO4-12: Gesamtinvestitionen (CapEx) in Forschung für ESG-relevante Bereiche des Geschäftsmodells, z. B. ökologisches Design, ökoeffiziente Produktionsprozesse, Verringerung des Einflusses auf Biodiversität, Verbesserung der Gesundheits- und Sicherheitsbedingungen für Mitarbeiter und Partner, u. a. in Geldeinheiten bewertet, z. B. als Prozent des Umsatzes.

*ESG Environmental, Social, Governance

nehmens zu entscheiden, ob bereits belastbare Angaben zu wesentlichen Aspekten gemacht werden können oder ob zusätzliche Analysen und die Einbindung von Stakeholdern notwendig sind (vgl. RNE 2018a, S. 18).

Wie unter Abschn. 3.3.2 vertiefend gezeigt wurde, ist ein erfolgreiches CSR-Management mit Stakeholdermanagement gleichzusetzen. Der Stakeholderdialog fungiert als Umfeldradar zur Früherkennung der Chancen und Risiken im Rahmen des CSR-Risikomanagements. Abschn. 4.3.1.2.2 hat verdeutlicht, dass die GRI-SRS explizit eine Implementierung eines Stakeholdermanagements voraussetzen. Der DNK motiviert die berichterstattenden Unternehmen ebenfalls zu einem Stakeholderdialog, die formalen Anforderungen sind allerdings im Rahmen des „Fehlt-/Comply-/Explain"-Prinzips vergleichsweise deutlich geringer und weniger verbindlich.

4.3.2.1.2 CSR-Erfolgssteuerung auf der Basis der DNK-Leistungsindikatoren (DNK-Kriterien 11 bis 20)

Der DNK sieht zehn Nachhaltigkeitsaspekte (Kriterien 11 bis 20) vor, die im direkten Vergleich zu den GRI-SRS als themenspezifische Aspekte bezeichnet werden können (Tab. 4.13, 4.14, 4.15 und 4.16). Die GRI-SRS sehen im Gegensatz zum DNK 33 themenspezifische Berichtsaspekte vor (Abb. 4.24). Abb. 4.20 zeigt rückblickend den vorstehenden Zusammenhang.

Ebenso wie im Rahmen der GRI-SRS steht auch im DNK das Risikomanagement im Fokus der Berichterstattung. Der DNK geht ebenfalls vom erweiterten Risikobegriff aus, indem auch Chancen in die Berichterstattung einbezogen werden. Tab. 4.10 (Kriterium 01) und Abb. 4.25 zeigen den vorstehenden Zusammenhang. Eine Zwischenbilanz zum DNK zeigt allerdings, dass zahlreiche Unternehmen bisher von einer professionellen CSR-Implementierung der CSR-Gütekriterien bzw. – erfolgsfaktoren noch weit entfernt sind und ein Nachholbedarf in Richtung Risikoberichterstattung besteht (vgl. RNE 2018b, S. 2 ff.) (Abb. 4.26):

> **Beispiel**
>
> **DNK-Jahresbilanz 2018: Nachholbedarf in Richtung CSR-Implementierung und Risikobe-richterstattung!**
> Eine Analyse des RNE zeigt, dass im Berichtsjahr 2017 149 von rund 530 berichtspflichtigen Unternehmen ihre DNK-Erklärung nach dem CSR-RUG erstellt haben. Der RNE stellt im vorstehenden Zusammenhang fest, dass bisher ein Großteil der Unternehmen über keine Nachhaltigkeitsstrategie verfügt und insgesamt zu wenig konsistente Konzepte gemäß DNK-Kriterien 01 bis 10 vorliegen. Vor allem beim Aspekt „Menschenrechte" liegen mit mehr als 90 % „explain"-Berichten kaum konkrete Konzepte vor. Außerdem ist ein Nachholbedarf bezüglich der Risikoberichterstattung feststellbar. Zu Risiken wird im DNK von 70 bis 90 % der berichtenden Unternehmen im Sinne von „explain" berichtet. Im vorstehenden Zusammenhang werden – wenn überhaupt ! – häufig Risiken genannt, die dem Unternehmen durch Nachhaltigkeitsaspekte entstehen könnten, statt von negativen Auswirkungen, die ein Unternehmen auf ebenjene hat.

Tab. 4.13 DNK-Nachhaltigkeitsaspekt „Umweltbelange" – DNK (RNE 2017, S. 45 ff.)

Kriterium	Titel	Das soll berichtet werden
11. Inanspruchnahme natürlicher Ressourcen	Das Unternehmen legt offen, in welchem Umfang natürliche Ressourcen für die Geschäftstätigkeit in Anspruch genommen werden. Infrage kommen hier Materialien sowie der Input und Output von Wasser, Boden, Abfall, Energie, Fläche, Biodiversität sowie Emissionen für den Lebenszyklus von Produkten und Dienstleistungen.	*Falls Sie eine DNK-Entsprechenserklärung zur Erfüllung der Berichtspflicht nach dem CSR-RUG nutzen wollen*: Beschreiben Sie unter Beachtung des Wesentlichkeitsprinzips das von Ihnen zu den Kriterien 11–13 (Umwelt) verfolgte Konzept, Ergebnisse des Konzepts, wesentliche Risiken und den Umgang mit diesen sowie wesentliche Leistungsindikatoren und nehmen Sie soweit erforderlich auf Kennzahlen Ihrer Finanzberichte Bezug. In diesem Zusammenhang sollten Sie u. a. auf die nachfolgenden Punkte eingehen: *Hinweis: die folgenden Aspekte sind von allen Anwendern zu berichten:* Ob Ihnen bekannt ist, welche ökologischen Auswirkungen die Tätigkeit Ihres Unternehmens verursacht. Wo Sie entlang der Wertschöpfungskette Ihre Einflussmöglichkeiten sehen und wahrnehmen. In welchem Umfang die für die Geschäftstätigkeit wesentlichen natürlichen Ressourcen genutzt werden. Infrage kommen hier Materialien, Wasserverbrauch (Input und Output), Luftverschmutzung, Boden, Abfall, Energie (erneuerbar und nichterneuerbar), Fläche, Biodiversität sowie Emissionen für den Lebenszyklus von Produkten und Dienstleistungen.

(Fortsetzung)

Tab. 4.13 (Fortsetzung)

Kriterium	Titel	Das soll berichtet werden
12. Ressourcenmanagement	Das Unternehmen legt offen, welche qualitativen und quantitativen Ziele es sich für seine Ressourceneffizienz, insbesondere den Einsatz erneuerbarer Energien, die Steigerung der Rohstoffproduktivität und die Verringerung der Inanspruchnahme von Ökosystemdienstleistungen gesetzt hat, welche Maßnahmen und Strategien es hierzu verfolgt, wie diese erfüllt wurden bzw. in Zukunft erfüllt werden sollen und wo es Risiken sieht.	Welche Ziele hat das Unternehmen für die ökologischen Aspekte der Unternehmenstätigkeit gesetzt hat und welche Maßnahmen es hierzu einleitet bzw. eingeleitet hat. Ob und wie diese Ziele erreicht werden.
13. Klimarelevante Emissionen	Das Unternehmen legt die Treibhaus (THG-)Emissionen entsprechend dem Greenhouse Gas (GHG-)Protocoll oder darauf basierende Standards offen und gibt seine selbst gesetzten Ziele zur Reduktion der Emissionen und die bisherigen Ergebnisse an.	Was Sie über die klimarelevanten Emissionen des Unternehmens wissen (z. B. größte Herausforderungen, stärkste Emissionsquellen). Ob und welche Reduktionsziele gesetzt sind, was Sie tun, um diese zu erreichen, und was bisher erreicht wurde. Ob erneuerbare Energie genutzt wird und wenn ja, in welchem Umfang, wenn nicht, ob dies geplant ist. Welche Bezugsgrößen Sie für die Berechnungen heranziehen.

Wie nachstehend beispielhaft gezeigt wird, bietet der DNK insbesondere auch kleinen Unternehmen einen begleitenden Lernprozess zur schrittweisen Implementierung der CSR-Gütekriterien/-Erfolgsfaktoren sowie die Möglichkeit eines CSR-Erfolgscontrollings auf der Basis anerkannter Leistungsindikatoren. Im vorstehenden Zusammenhang publizierte der RNE einen Leitfaden zum Deutschen Nachhaltigkeitskodex, der als Orientierungshilfe für CSR-Einsteiger konzipiert ist. CSR-Berichtseinsteiger werden Schritt-für-Schritt an die Umsetzung einer Nachhaltigkeitsberichterstattung gemäß DNK und an die Implementierung eines glaubwürdigen Nachhaltigkeitsmanagement herangeführt (vgl. RNE 2019).

Tab. 4.14 DNK-Leistungsindikatoren „Umweltbelange" (vgl. RNE 2017, S. 46 ff.)

Kriterien	Leistungsindikatoren
Kriterien 12 bis 13 (Inanspruchnahme natürlicher Ressourcen, Ressourcenmanagement)	GRI-SRS-301-1: Eingesetzte Materialien nach Gewicht oder Volumen.
	GRI-SRS-302-1: Energieverbrauch innerhalb der Organisation.
	GRI-SRS-302-4: Verringerung des Energieverbrauchs.
	GRI-SRS-303-1: Wasserentnahme nach Quelle.
	GRI-SRS-306-2: Abfall nach Art und Entsorgungsmethode.
	EFFAS E04-01: Gesamtgewicht des Abfalls.
	EFFAS S05-01: Anteil des gesamten Abfalls, der recycelt wird.
	EFFAS E01-01: Gesamter Energieverbrauch.
Kriterium 13 (Klimarelevante Emissionen)	GRI-SRS-305-1: Direkte THG-Emissionen (Scope 1)
	GRI-SRS-305-2: Indirekte energiebedingte THG-Emissionen (Scope 2).
	GRI-SRS-305-3: Sonstige indirekte THG-Emissionen (Scope 3).
	GRI-SRS-305-5: Senkung der THG-Emissionen.
	EFFAS E02-01: Gesamte THG-Emissionen (Scope 1, 2, 3).

4.3.2.1.3 CSR-Erfolgssteuerung und CSR-Risikomanagement – kleine Unternehmen nutzen den DNK! (Fallbeispiele)

Zahlreiche KMU haben erkannt, dass sich eine CSR-Implementierung rentiert, indem Türen für Absatzmärkte geöffnet und Risiken- und Reputationsschäden vermieden werden. Der vorstehende Zusammenhang wurde ausführlich unter Abschn. 3.2 diskutiert. Insbesondere kleine Unternehmen nutzen die vergleichsweise unkomplizierte DNK-Berichterstattung, die im Gegensatz zu den GRI-SRS zahlreiche „Comply-or-Explain"-Möglichkeiten zulässt. Kleine Unternehmen mit einer Mitarbeiterzahl von deutlich unter zweihundertfünfzig, wie zum Beispiel die Christof Gemeiner Architekten Planungsgesellschaft, das Paulsen's Landhotel oder die FD-Textil GmbH, verwenden den DNK mit der Zielsetzung „Sicherung von Wettbewerbsvorteilen" sowie zur schrittweisen Implementierung der CSR-Erfolgs- bzw. – Gütekriterien und zum Aufbau eines CSR-Risikomanagements (vgl. RNE o.J.-c). Nachstehend wird am Beispiel der FD-Textil GmbH gezeigt, wie kleine Unternehmen ihren CSR-Erfolg steuern können.

Tab. 4.15 DNK-Nachhaltigkeitsaspekte „Menschenrechte" (RNE 2017, S. 56 f.)

Kriterium	Titel	Das sollten Sie berichten
17. Menschenrechte	Das Unternehmen legt offen, welche Maßnahmen, Strategien und Zielsetzungen für das Unternehmen und seine Lieferkette ergriffen werden, um zu erreichen, dass Menschenrechte weltweit geachtet und Zwangs- und Kinderarbeit sowie jegliche Form der Ausbeutung verhindert werden. Hierbei ist auch auf Ergebnisse der Maßnahmen und etwaige Risiken einzugehen.	*Falls Sie eine DNK-Entsprechenserklärung zur Erfüllung der Berichtspflicht nach dem* **CSR-RUG** *nutzen wollen:* Beschreiben Sie unter Beachtung des Wesentlichkeitsprinzips das von Ihnen zu Kriterium 17 (Menschenrechte) verfolgte Konzept, Ergebnisse des Konzepts, wesentliche Risiken und den Umgang mit diesen sowie wesentliche Leistungsindikatoren und nehmen Sie soweit erforderlich auf Kennzahlen Ihrer Finanzberichte Bezug. In diesem Zusammenhang sollten Sie u. a. auf die nachfolgenden Punkte eingehen: *Hinweis: die folgenden Aspekte sind von allen Anwendern zu berichten:* Ob und wie sichergestellt wird, dass Ihr Unternehmen (und etwaige Tochtergesellschaften) sowie Zulieferer grundlegende Menschenrechte einhalten.

Tab. 4.16 DNK-Leistungsindikatoren „Menschenrechte" (RNE 2017, S. 57 f.)

Kriterium	Leistungsindikatoren
17. Menschenrechte	*GRI-SRS-412-3:* Erhebliche Investitionsvereinbarungen und -verträge, die Menschenrechtsklauseln enthalten oder auf Menschenrechtsaspekte geprüft werden.
	GRI-SRS-412-1: Geschäftsstandorte, an denen eine Prüfung auf die Einhaltung der Menschenrechte oder eine menschenrechtliche Folgeabschätzung durchgeführt wurde.
	GRI-SRS-414-1: Neue Lieferanten, die anhand von sozialen Kriterien überprüft wurden.
	GRI-SRS-414-2: Negative soziale Auswirkungen in der Lieferkette und ergriffene Maßnahmen.
	EFFAS S07-02II: Prozentsätze aller Einrichtungen, die nach SA 8000 zertifiziert sind.

4.3 CSR-Risikomanagement auf der Basis anerkannter ...

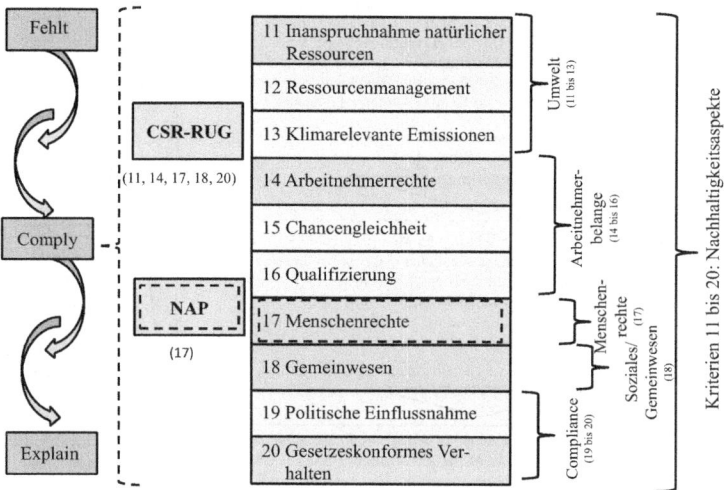

Abb. 4.24 Nachhaltigkeitsaspekte gemäß DNK (Kriterien 11 bis 20). (Quelle: eigene Darstellung: Daten entnommen RNE 2017, S. 44 ff.)

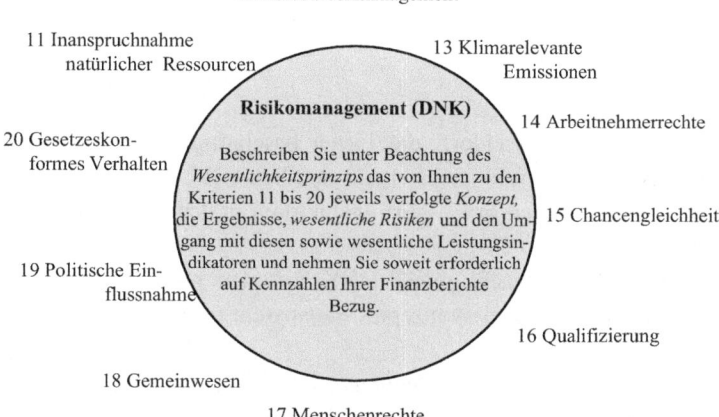

Abb. 4.25 Risiko- und Chancenmanagement gemäß DNK. (Quelle: eigene Darstellung)

Beispiel

FD-Textil GmbH – CSR-Erfolgssteuerung und CSR-Risikomanagement im Fokus der Berichterstattung!

Das Kerngeschäft der im Jahr 1980 durch die Eheleute Francesca und Rudolf Dollwa gegründete FD GmbH ist schwerpunktmäßig die Bedruckung und Bestickung von Textilien, die für Merchandising, Marketing und Promotion eingesetzt werden. Der Sitz

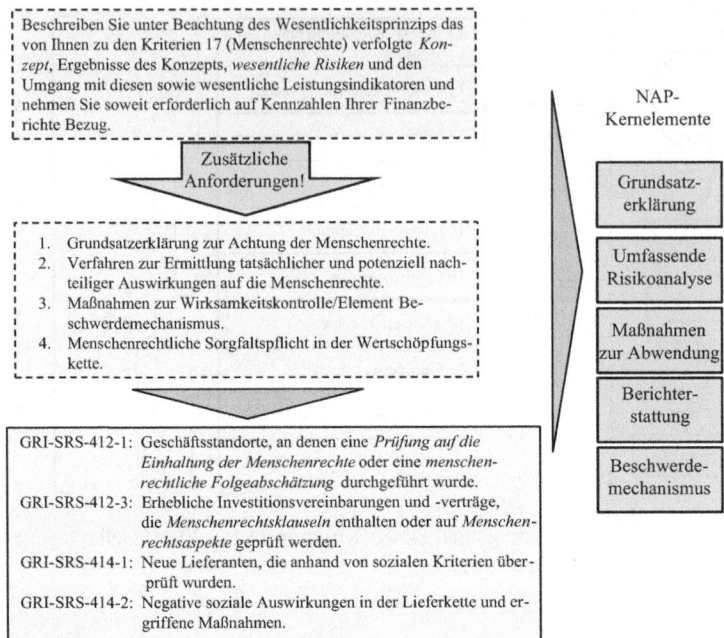

Abb. 4.26 DNK-Kriterium 17 (Menschenrechte) – Umsetzung der VN-Leitprinzipien für Wirtschaft und Menschenrechte/NAP

des Unternehmens ist Düsseldorf, die Firma beschäftigt 12 Mitarbeiter (FD-Textil GmbH o.J.; RNE o.J.-c). Wie nachstehend deutlich wird, stellt die FD-Textil GmbH relevante CSR-Gütekriterien bzw. – Erfolgsfaktoren in den Mittelpunkt ihrer CSR-Erfolgssteuerung.

Die FD-Textil GmbH macht gemäß DNK-Kriterien 1 bis 10 den Status quo ihres implementierten Nachhaltigkeitskonzeptes transparent (vgl. Tab. 4.10):

(1) *Strategische Analyse und Maßnahmen*: Die FD-Textil GmbH verfügt seit 2017 über eine eigene Nachhaltigkeitsstrategie mithilfe derer CSR in das Kerngeschäft des Unternehmens step-by-step integriert wird. Das Good-Practice-Unternehmen erfüllt aufgrund wiederkehrender Teilnahme an Ökoprofit-Projekten *hohe Umwelt- und Sozialstandards*. Die FD-Textil GmbH hat ihre *Risiken* und *Chancen* identifiziert und stellt diese in den Mittelpunkt ihrer Nachhaltigkeitsstrategie. Abb. 4.27 zeigt den vorstehenden Zusammenhang.

(2) *Wesentlichkeit*: Die FD-Textil GmbH hat erkannt, dass CSR-Management gleich Stakeholdermanagement ist. Auf der Basis der relevanten *Stakeholder* grenzt das Unternehmen mit Blick auf die Herausforderungen und Chancen ihre wesentlichen Handlungsfelder ab. Abb. 4.27 zeigt den vorstehenden Zusammenhang.

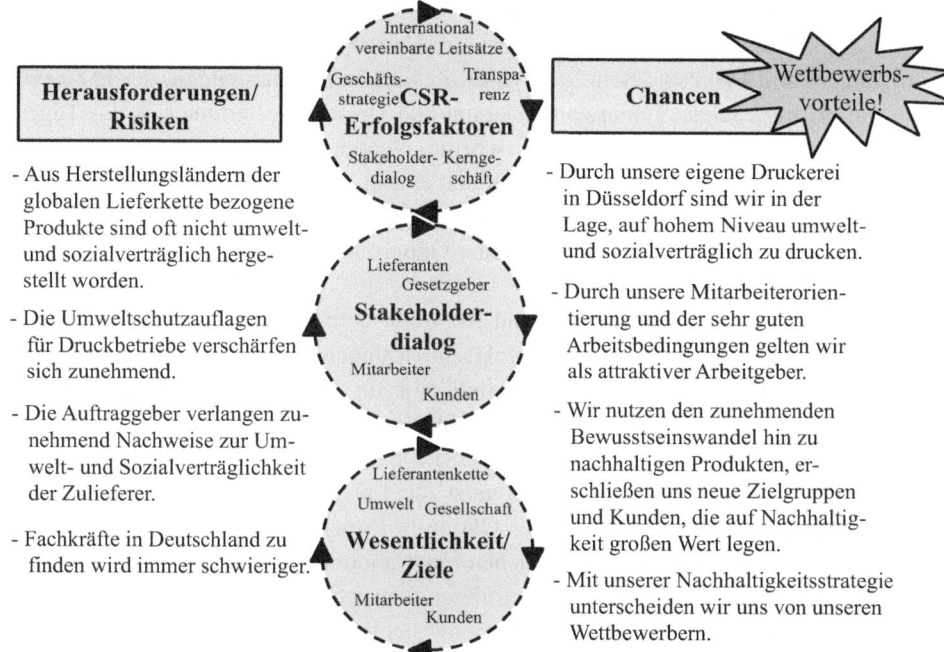

Abb. 4.27 CSR-Risikomanagement und Stakeholdermanagement am Beispiel der FD-Textil GmbH. (Quelle: eigene Darstellung; Daten entnommen: RNE o.J.-c)

(3) *Ziele:* Auf der Basis der DNK-Kriterien (1) und (2) leitet die FD-Textil GmbH ihre strategischen Nachhaltigkeitsziele und Handlungsfelder (Lieferanten/Lieferkette, Umwelt, Kunden, Mitarbeiter, Gesellschaft) ab. Die Operationalisierung erfolgt über das im Unternehmen bereits implementierte Nachhaltigkeitsprogramm. Jeder Maßnahme sind Umsetzungstermine und Verantwortliche zugeordnet.

(4) *Tiefe der Wertschöpfungskette:* Die Wertschöpfungskette der bezogenen Textilien ist global verteilt, beginnend mit der Rohstofferzeugung, der Faserproduktion, der Weiterverarbeitung in Webereien und Nähereien, Textilveredelung, Bedrucken, Vertrieb/Handel, Nutzungsphase, bis zur Phase Recycling/Entsorgung. Die FD-Textil GmbH gibt an, dass bezüglich der Veredelung im eigenen Betrieb eine Überprüfung der sozialen und ökologischen Nachhaltigkeitskriterien direkt und problemlos vor Ort im eigenen Betrieb mit eigenen Mitarbeitern erfolgt. Die Überprüfung im Handlungsfeld „Lieferanten/Lieferkette" stellt aus der Sicht der FD-Textil GmbH die größte Herausforderung dar, da circa 80 % der über Textil-Großhändler bezogenen Materialien und Textilien in Schwellen-/Entwicklungsländern mit Risiken für Mensch und Natur produziert werden. Ein Teil der Lieferanten nutzen für ihre Produkte Textil-/Gütesiegel. Fallweise kommuniziert die FD-Textil GmbH soziale und ökologische Probleme mit Lieferanten. Anfragen für Sonderproduktionen aus Ländern mit hohen Risiken hat die FD-Textil GmbH in der Vergangenheit abgelehnt.

(5) *Verantwortung:* Verantwortlich für die Entwicklung und Umsetzung der Nachhaltigkeitsstrategie ist der Geschäftsführer Enrico Doliwa.

(6) *Regeln und Prozesse:* Seit 2017 wird die Nachhaltigkeitsstrategie der FD-Textil GmbH mit Zielen, Verantwortlichkeiten und Umsetzungsterminen in das Tagesgeschäft implementiert. Die Fortschritte werden regelmäßig kontrolliert, die Ergebnisse der umgesetzten Maßnahmen eines Geschäftsjahres schriftlich festgehalten. Die FD-Textil GmbH verbessert seit 2008 ihre Umweltleistung auf der Basis des Umweltmanagementsystems Ökoprofit (Rezertifizierung: 2010, 2911, 2013, 2019).

(7) *Kontrolle:* Die interne Planung und Kontrolle durch Nutzung der Leistungsindikatoren im Bereich Ökologie erfolgt im Rahmen der Teilnahme an diversen Ökoprofit-Projekten. Als Leistungsindikator für Kundenzufriedenheit dient die Reklamationsrate. Weitere Leistungsindikatoren sind im Aufbau.

Leistungsindikator (5) bis (7): Zu GRI-SRS 102-16 (Werte, Richtlinien, Standards und Verhaltensnormen) verweist die FD-Textil GmbH darauf, dass die Umweltleitlinien im Rahmen der Ökoprofit-Projekte schriftlich festgelegt sind und für alle Prozesse und betrieblichen Entscheidungen gelten. Regeln für soziales Verhalten werden in den Arbeitsverträgen festgeschrieben.

(8) *Anreizsysteme:* Finanzielle Anreizsysteme sieht die FD-Textil GmbH bezogen auf das eigene Unternehmen derzeit als nicht sinnvoll an.

(9) *Beteiligung von Anspruchsgruppen:* Die FD-Textil GmbH verweist auf die unter Kriterien (1) und (2) identifizieren Stakeholder und den kontinuierlichen Stakeholderdialog. Abb. 4.27 zeigt den vorstehenden Zusammenhang.

Leistungsindikator zu (9): Die FD-Textil GmbH berichtet zu GRI- SRS 102-4 (Hauptthemen und Anliegen, die durch die Stakeholderbeziehung aufkamen, wie die Organisation auf diese Schlüsselthemen reagiert hat und Bedenken der Stakeholder). Die FD-Textil GmbH stellt fest, dass einige Großkunden aufgrund verschärfter Compliance-Vorschriften und CSR-Berichtspflichten zunehmend Nachweise über die Umwelt- und Sozialverträglichkeit ihrer Zulieferer verlangen. Die FD-Textil GmbH richtet sich darauf ein, indem sie transparent über ihre ökologischen und sozialen Nachhaltigkeitsleistungen berichtet. Mit den Lieferanten werden die sozialen und ökologischen Probleme in der Lieferkette diskutiert. Um die REACH-Vorgaben einzuhalten, wählt die FD-Textil GmbH zuverlässige und oft höherpreisige Lieferanten. Die Mitarbeiter aus dem Bereich Beschaffung werden in die Aspekte eines öko-fairen Beschaffungswesens eingearbeitet.

(10) *Innovations- und Prozessmanagement:* Die FD-Textil GmbH berichtet über klimaneutrale Druckprojekte, die über einen freiwilligen Kauf und die verbindliche Stilllegung von Klimaschutzzertifikaten realisiert wurden. Die FD-Textil GmbH greift die unter DNK-Kriterium 4 erläuterte Problematik möglicher nicht-nachhaltiger globaler Lieferantenketten auf. Die FD-Textil GmbH will zukünftig von ihren Lieferanten Informationen bezüglich umwelt- und sozialverträglicher Produktion einfordern.

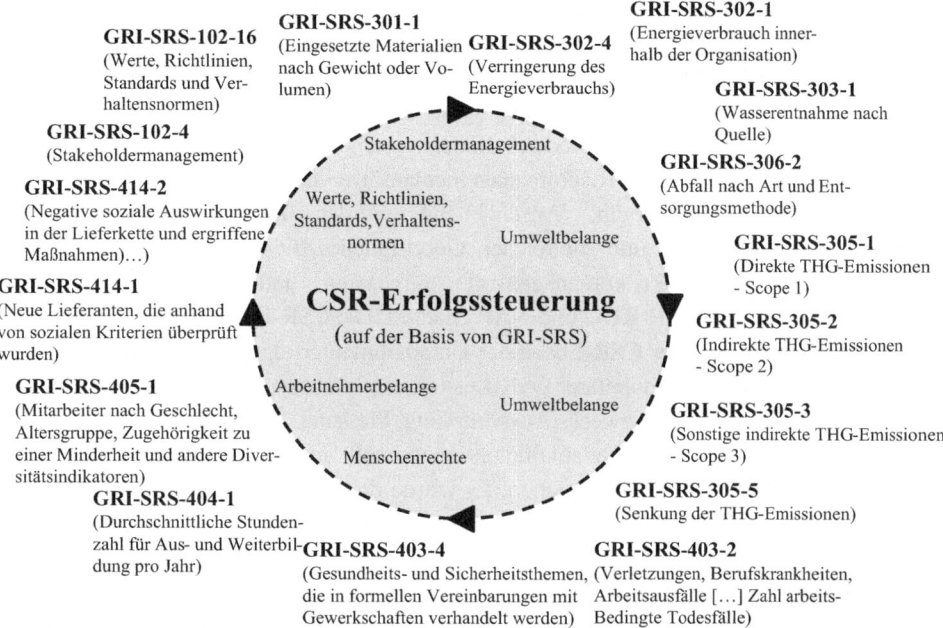

Abb. 4.28 CSR-Erfolgssteuerung auf der Basis relevanter GRI-Erfolgsindikatoren am Beispiel der FD-Textil GmbH. (Quelle: eigene Darstellung; Daten entnommen: RNE o.J.-c)

Die FD-Textil GmbH stellt gemäß DNK-Kriterien 11–20 (Nachhaltigkeitsaspekte) ihr implementiertes CSR-Risiko- und -Chancenmanagement sowie ihre bisher realisierte CSR-Erfolgssteuerung vor. Die FD-Textil GmbH erläutert gemäß DNK-Kriterien 11 bis 20 unter Beachtung des Wesentlichkeitsprinzips das zu den jeweiligen Kriterien verfolgte Konzept, die Ergebnisse, wesentlichen Risiken und den Umgang mit diesen. Im vorstehenden Zusammenhang verweist die FD-Textil GmbH auf die im Rahmen der CSR-Erfolgssteuerung verwendeten relevanten Leistungsindikatoren gemäß GRI-SRS. Abb. 4.25 und 4.28 zeigen schematisch den vorstehenden Zusammenhang.

4.4 Fazit – CSR-Leistungsindikatoren sichern Wettbewerbsvorteile großer Unternehmen und KMU

Die Ausführungen zu Abschn. 4 haben gezeigt, dass im Rahmen der CSR-Erfolgssteuerung zwei Sichtweisen des Risikomanagement zu unterscheiden sind. Während das CSR-Risikomanagement der stakeholderbasierten Sichtweise der Wesentlichkeit entspricht, fokussiert das formale Risikomanagement die geschäftsbezogene Sichtweise der Wesentlichkeit. Vor diesem Hintergrund müssen wiederum zwei Sichtweisen der CSR-Berichterstattung beachtet werden. Die geschäftsbezogene Sichtweise der Lageberichterstattung entspricht dem formalen Risikomanagement gemäß CSR-RUG, die stakeholderbasierte Sichtweise der Nachhaltigkeitsberichterstattung orientiert sich dagegen an das CSR-Risikomanagement auf der Grundlage internationaler CSR-Verhaltenskodizes. In der vorstehenden Analyse wurden die Stärken und Schwächen der beiden Risikomanagementansätze aus der Sicht der CSR-Erfolgssteuerung gegenübergestellt. Anschließend wurden mithilfe anerkannter Berichterstattungsrahmenwerke und zahlreichen Good-Practice-Beispielen Implementierungsschritte für ein CSR-Risikomanagement aufgezeigt und Möglichkeiten einer Berichterstattung gemäß CSR-RUG und NAP erläutert. Die CSR-Erfolgssteuerung der nachhaltigen Entwicklung auf der CSR-Ebene der Unternehmen erfolgt in Good-Practice-Unternehmen auf der Basis nicht-monetärer CSR-Leistungsindikatoren. Im vorstehenden Zusammenhang können Unternehmen zwecks Ausschöpfung, Messung, Überwachung und Steuerung der CSR-Erfolgspotenziale Kennzahlenkataloge gemäß anerkannter Best-Practice-Rahmenwerke (GRI-SRS, DNK) heranziehen. Es wurde deutlich, dass die enge Orientierung an die GRI-SRS auf der Grundlage von Pflichtvorgaben den berichterstattenden Unternehmen die Möglichkeit bietet, CSR als „dualen Erfolgsfaktor" zu implementieren. Vor dem Hintergrund der vorstehenden Analyse wurde gezeigt, dass die Berichterstattungsvorgaben gemäß GRI-SRS aufgrund der zahlreichen Pflichtvorgaben für CSR-Einsteiger und kleine Unternehmen oftmals nicht empfohlen werden können. Insbesondere kleine Unternehmen nutzen aus vorstehendem Grunde die vergleichsweise unkomplizierte DNK-Berichterstattung, die im Gegensatz zu den GRI-SRS zahlreiche „Comply-or-Explain"-Möglichkeiten zulässt und CSR-Einsteigern die schrittweise Implementierung eines glaubwürdigen CSR-Risikomanagement ermöglicht.

Übungsfragen

1. Erläutern Sie ausführlich das formale Risikomanagement gemäß ISO 31000:2018.
2. Erläutern Sie ausführlich das formale Risikomanagement gemäß CSR-RUG. Arbeiten Sie im Rahmen Ihrer Ausführungen die Stärken und Schwächen aus der Sicht der CSR-Erfolgssteuerung heraus.
3. Charakterisieren und beurteilen Sie die GRI-SRS aus der Sicht der CSR-Erfolgssteuerung.
4. Erläutern Sie ausführlich die Wesentlichkeitsanalyse gemäß GRI-SRS.
5. Erläutern Sie die Prinzipien der Berichterstattung gemäß GRI-SRS.
6. Kommentieren Sie ausführlich die nachstehende Aussage: Mithilfe der Pflichtangaben gemäß GRI-SRS 102 (Allgemeine Angaben) dokumentieren Unternehmen ihren jeweiligen CSR-Implementierungsstand.
7. Erläutern Sie die Bedeutung des Managementansatzes gemäß GRI-SRS aus der Sicht der CSR-Erfolgssteuerung.

(Fortsetzung)

8. Beschreiben Sie beispielhaft die Umsetzung einer CSR-Erfolgssteuerung auf der Basis der GRI-Leistungsindikatoren (GRI-SRS 200 bis 300) (z. B. Umsetzung der VN-Leitprinzipien für Wirtschaft- und Menschenrechte, CSR-Risikomanagement)
9. Charakterisieren Sie ausführlich den DNK aus der Sicht der CSR-Erfolgssteuerung.
10. Beschreiben Sie beispielhaft die Umsetzung einer CSR-Erfolgssteuerung auf der Basis der DNK-Kriterien (z. B. Umsetzung NAP, CSR-RUG, CSR-Risikomanagement).
11. Stellen Sie die Vorteile und Nachteile der Berichterstattungsvorgaben gemäß GRI-SRS und DNK aus der Sicht kleiner und mittlerer Unternehmen gegenüber.

Literatur

BMAS (Hrsg.) o.J. Neue CSR-Berichtspflicht für Unternehmen ab 2017. Berlin/Deutschland. https://www.csr-in-deutschland.de/DE/Politik/CSR-national/Aktivitaeten-der-Bundesregierung/CSR-Berichtspflichten/csr-berichtspflichten.html. Zugegriffen: 17.11.2018.

BMW Group 2017a. Geschäftsbericht 2017. München/Deutschland. https://www.press.bmwgroup.com/deutschland/article/detail/T0279390DE/bmw-group-geschaeftsbericht-2017?language=de. Zugegriffen: 31.11.2018.

BMW Group 2017b. Sustainable Value Report 2017. München/Deutschland. https://www.bmwgroup.com/content/dam/bmw-group-websites/bmwgroup_com/ir/downloads/en/2017/BMW-Group-SustainableValueReport-2017%2D%2DEN.pdf. Zugegriffen: 23.12.2019.

Bundesgesetzblatt. 2017. Gesetz zur Stärkung der nichtfinanziellen Berichterstattung der Unternehmen in ihren Lage- und Konzernlageberichten – CSR-Richtlinie-Umsetzungsgesetz – vom 11. April 2017. Änderung des Handelsgesetzbuches. Bonn/Deutschland: Bundesanzeiger Verlag GmbH. https://www.bgbl.de/xaver/bgbl/start.xav?start=%2F%2F*%5B%40attr_id%3D%27bgbl117s0802.pdf%27%5D#__bgbl__%2F%2F*%5B%40attr_id%3D%27bgbl117s0802.pdf%27%5D__152 1205503044. Zugegriffen: 16.09.2018.

BMU (Hrsg.) 2011. Verantwortung neu denken – Risikomanagement und CSR. Berlin/Deutschland. https://www.akzente.de/fileadmin/Publikationen/PDF_Publikationen/BMU_2011_CSR_und_Risikomanagement.pdf. Zugegriffen: 06.05.2018.

Deutsches Institut für Normung e. V. (DIN) (Hrsg.) 2018. Risikomanagement-Leitlinien (ISO 31000:2018). Berlin: Beuth.

Europäische Kommission (Hrsg.). 2011. Eine neue EU-Strategie (2011–14) für die soziale Verantwortung der Unternehmen (CSR), KOM (2011) 681, Brüssel/Belgien. http://eur-lex.europa.eu/LexUriServ/LexUriServ.do?uri=COM:2011:0681:FIN:DE:PDF. Zugegriffen: 20.01.2018.

Europäische Kommission (Hrsg.). 2017. Leitlinien für die Berichterstattung über nichtfinanzielle Informationen (Methode zur Berichterstattung über nichtfinanzielle Informationen), 2017/C 215/01. Brüssel/Belgien. https://eur-lex.europa.eu/legal-content/DE/TXT/?uri=CELEX%3A52017XC0705%2801%29. Zugegriffen: 18.09.2018.

Europäisches Parlament (Hrsg.). 2014. Richtlinie 2014/34/EU im Hinblick auf die Angabe nichtfinanzieller und die Diversität betreffender Informationen durch bestimmte große Unternehmen und Gruppen. Brüssel/Belgien. http://eur-lex.europa.eu/legal-content/DE/TXT/?uri=CELEX%3A32014L0095. Zugegriffen: 21.01.2018.

FD-Textil GmbH (Hrsg.) o.J. Ein Projekt das uns am Herzen liegt: Nachhaltigkeit. Düsseldorf/ Deutschland. https://www.fd-textil.de/nachhaltigkeit/. Zugegriffen: 24.02.2019.

Financial Experts Association e. V. (FEA) (Hrsg.) o.J. FEA-Leitlinien zur Prüfung der nichtfinanziellen Berichterstattung ("CSR-Bericht") durch den Aufsichtsrat. Bremen/Deutschland. https://www.adar.info/fileadmin/AdAR/Dokumente/BOARD/2018/BOARD-1-2018_FEA.pdf. Zugegriffen: 20.09.2018.

Financial Experts Association e. V. (FEA) (Hrsg.) 2017. FEA-Leitlinien zur Prüfung der nichtfinanziellen Berichterstattung ("CSR-Bericht") durch den Aufsichtsrat. Bremen/Deutschland. https://financialexperts.eu/kunden/fea/Dokumente/171114_FEA-Leitlinie_CSR_.pdf?ver=2017-11-14-164124-347. Zugegriffen: 20.09.2018.

Geschäftsstelle Deutsches Global Compact Netzwerk (DGCN) (Hrsg.) 2014. Leitprinzipien für Wirtschaft und Menschenrechte – Umsetzung des Rahmens der Vereinten Nationen „Schutz, Achtung und Abhilfe". Überarbeitete Übersetzung der VN-Leitprinzipien 2011, 2. Auflage, Berlin/Deutschland. https://www.globalcompact.de/wAssets/docs/Menschenrechte/Publikationen/leitprinzipien_fuer_wirtschaft_und_menschenrechte.pdf. Zugegriffen: 21.01.2018.

GRI. o.J. Sustainability Desclosure – Database. http://database.globalreporting.org/. Zugegriffen: 13.12.2018.

GRI-Sustainability Reporting Standards 101 (GRI-SRS 101) 2016. Foundation. Amsterdam/Niederlande. https://www.globalreporting.org/standards/gri-standards-download-center/gri-101-foundation/. Zugegriffen: 10.09.2018.

GRI-Sustainability Reporting Standards 102 (GRI-SRS 102) 2016. General Disclosures. Amsterdam/Niederlande. https://www.globalreporting.org/standards/gri-standards-download-center/gri-102-general-disclosures/. Zugegriffen: 10.09.2018.

GRI-Sustainability Reporting Standards 103 (GRI-SRS 103) 2016. Management Approach. Amsterdam/Niederlande. https://www.globalreporting.org/standards/gri-standards-download-center/gri-103-management-approach-2016/. Zugegriffen: 10.09.2018.

GRI-Sustainability Reporting Standards 201 (GRI-SRS 201). Wirtschaftliche Leistung. Amsterdam/Niederlande. https://www.globalreporting.org/standards/gri-standards-download-center/. Zugegriffen: 11.09.2018.

GRI-Sustainability Reporting Standards 202 (GRI-SRS 202). Marktpräsenz. Amsterdam/Niederlande. https://www.globalreporting.org/standards/gri-standards-download-center/. Zugegriffen: 11.09.2018.

GRI-Sustainability Reporting Standards 203 (GRI-SRS 203). Wirtschaftliche Leistung. Amsterdam/Niederlande. https://www.globalreporting.org/standards/gri-standards-download-center/. Zugegriffen: 11.09.2018.

GRI-Sustainability Reporting Standards 204 (GRI-SRS 204). Beschaffungspraktiken. Amsterdam/Niederlande. https://www.globalreporting.org/standards/gri-standards-download-center/. Zugegriffen: 11.09.2018.

GRI-Sustainability Reporting Standards 205 (GRI-SRS 205). Korruptionsbekämpfung. Amsterdam/Niederlande. https://www.globalreporting.org/standards/gri-standards-download-center/. Zugegriffen: 11.09.2018.

GRI-Sustainability Reporting Standards 206 (GRI-SRS 206). Wettbewerbswidriges Verhalten. Amsterdam/Niederlande. https://www.globalreporting.org/standards/gri-standards-download-center/. Zugegriffen: 11.09.2018.

GRI-Sustainability Reporting Standards 301 (GRI-SRS 301). Materialien. Amsterdam/Niederlande. https://www.globalreporting.org/standards/gri-standards-download-center/. Zugegriffen: 11.09.2018.

GRI-Sustainability Reporting Standards 302 (GRI-SRS 302). Energie. Amsterdam/Niederlande. https://www.globalreporting.org/standards/gri-standards-download-center/. Zugegriffen: 11.09.2018.

GRI-Sustainability Reporting Standards 303 (GRI-SRS 303). Wasser. Amsterdam/Niederlande. https://www.globalreporting.org/standards/gri-standards-download-center/. Zugegriffen: 11.09.2018.
GRI-Sustainability Reporting Standards 304 (GRI-SRS 304). Biodiversität. Amsterdam/Niederlande. https://www.globalreporting.org/standards/gri-standards-download-center/. Zugegriffen: 11.09.2018.
GRI-Sustainability Reporting Standards 305 (GRI-SRS 305). Emissionen. Amsterdam/Niederlande. https://www.globalreporting.org/standards/gri-standards-download-center/. Zugegriffen: 11.09.2018.
GRI-Sustainability Reporting Standards 306 (GRI-SRS 306). Abwasser und Abfall. Amsterdam/Niederlande. https://www.globalreporting.org/standards/gri-standards-download-center/. Zugegriffen: 11.09.2018.
GRI-Sustainability Reporting Standards 307 (GRI-SRS 307). Umwelt-Compliance. Amsterdam/Niederlande. https://www.globalreporting.org/standards/gri-standards-download-center/. Zugegriffen: 11.09.2018.
GRI-Sustainability Reporting Standards 308 (GRI-SRS 308). Umweltbewertung der Lieferanten. Amsterdam/Niederlande. https://www.globalreporting.org/standards/gri-standards-download-center/. Zugegriffen: 11.09.2018.
GRI-Sustainability Reporting Standards 401 (GRI-SRS 401). Beschäftigung. Amsterdam/Niederlande. https://www.globalreporting.org/standards/gri-standards-download-center/. Zugegriffen: 11.09.2018.
GRI-Sustainability Reporting Standards 402 (GRI-SRS 402). Arbeitnehmer-Arbeitgeber-Verhältnis. Amsterdam/Niederlande. https://www.globalreporting.org/standards/gri-standards-download-center/. Zugegriffen: 11.09.2018.
GRI-Sustainability Reporting Standards 403 (GRI-SRS 403). Arbeitssicherheit und Gesundheitsschutz. Amsterdam/Niederlande. https://www.globalreporting.org/standards/gri-standards-download-center/. Zugegriffen: 11.09.2018.
GRI-Sustainability Reporting Standards 404 (GRI-SRS 404). Aus- und Weiterbildung. Amsterdam/Niederlande. https://www.globalreporting.org/standards/gri-standards-download-center/. Zugegriffen: 11.09.2018.
GRI-Sustainability Reporting Standards 405 (GRI-SRS 405). Vielfalt und Chancengleichheit. Amsterdam/Niederlande. https://www.globalreporting.org/standards/gri-standards-download-center/. Zugegriffen: 11.09.2018.
GRI-Sustainability Reporting Standards 406 (GRI-SRS 406). Gleichbehandlung. Amsterdam/Niederlande. https://www.globalreporting.org/standards/gri-standards-download-center/. Zugegriffen: 11.09.2018.
GRI-Sustainability Reporting Standards 407 (GRI-SRS 407). Vereinigungsfreiheit und Tarifverhandlungen. Amsterdam/Niederlande. https://www.globalreporting.org/standards/gri-standards-download-center/. Zugegriffen: 11.09.2018.
GRI-Sustainability Reporting Standards 408 (GRI-SRS 408). Kinderarbeit. Amsterdam/Niederlande. https://www.globalreporting.org/standards/gri-standards-download-center/. Zugegriffen: 11.09.2018.
GRI-Sustainability Reporting Standards 409 (GRI-SRS 409). Zwangs- oder Pflichtarbeit. Amsterdam/Niederlande. https://www.globalreporting.org/standards/gri-standards-download-center/. Zugegriffen: 11.09.2018.
GRI-Sustainability Reporting Standards 410 (GRI-SRS 410). Sicherheitspraktiken. Amsterdam/Niederlande. https://www.globalreporting.org/standards/gri-standards-download-center/. Zugegriffen: 11.09.2018.
GRI-Sustainability Reporting Standards 411 (GRI-SRS 411). Rechte der indigenen Völker. Amsterdam/Niederlande. https://www.globalreporting.org/standards/gri-standards-download-center/. Zugegriffen: 11.09.2018.
GRI-Sustainability Reporting Standards 412 (GRI-SRS 412). Prüfung auf Einhaltung der Menschenrechte. Amsterdam/Niederlande. https://www.globalreporting.org/standards/gri-standards-download-center/. Zugegriffen: 11.09.2018.

GRI-Sustainability Reporting Standards 413 (GRI-SRS 413). Lokale Gemeinschaften. Amsterdam/Niederlande. https://www.globalreporting.org/standards/gri-standards-download-center/. Zugegriffen: 11.09.2018.

GRI-Sustainability Reporting Standards 414 (GRI-SRS 414). Soziale Bewertung der Lieferanten. Amsterdam/Niederlande. https://www.globalreporting.org/standards/gri-standards-download-center/. Zugegriffen: 11.09.2018.

GRI-Sustainability Reporting Standards 415 (GRI-SRS 415). Politische Einflussnahme. Amsterdam/Niederlande. https://www.globalreporting.org/standards/gri-standards-download-center/. Zugegriffen: 11.09.2018.

GRI-Sustainability Reporting Standards 416 (GRI-SRS 416). Kundengesundheit und Kundensicherheit. Amsterdam/Niederlande. https://www.globalreporting.org/standards/gri-standards-download-center/. Zugegriffen: 11.09.2018.

GRI-Sustainability Reporting Standards 417 (GRI-SRS 417). Marketing und Kennzeichnung. Amsterdam/Niederlande. https://www.globalreporting.org/standards/gri-standards-download-center/. Zugegriffen: 11.09.2018.

GRI-Sustainability Reporting Standards 418 (GRI-SRS 418). Schutz der Kundendaten. Amsterdam/Niederlande. https://www.globalreporting.org/standards/gri-standards-download-center/. Zugegriffen: 11.09.2018.

GRI-Sustainability Reporting Standards 419 (GRI-SRS 419). Sozioökonomische Compliance. Amsterdam/Niederlande. https://www.globalreporting.org/standards/gri-standards-download-center/. Zugegriffen: 11.09.2018.

Henkel AG & Co. KGaA 2017a. Geschäftsbericht 2017. Köln/Deutschland. https://www.henkel.de/blob/829906/9c2ada0b4654d89903574231a86bb4da/data/2017-geschaeftsbericht.pdf. Zugegriffen: 06.11.2018.

Henkel AG & Co. KGaA 2017b. Nachhaltigkeitsbericht 2017. Köln/Deutschland. https://www.henkel.de/nachhaltigkeitsbericht-2017.pdf/. Zugegriffen: 04.01.2019.

Henkel AG & Co. KGaA 2017c. Nachhaltigkeitsbericht 2017 – GRI-Index. Köln/Deutschland. https://www.henkel.de/blob/829918/8dc41d1adcc093220d30edc59575b002/data/2017-nachhaltigkeit-gri.pdf. Zugegriffen: 04.01.2019.

Hotwagner, B. 2008. Supply Chain Risk Management und dessen systemische Umsetzung im Unternehmen. In: Supply Chain Risk Management, Schriftenreihe zur Wirtschaftswissenschaftlichen Forschung und Praxis, Band 8, Hrsg. Fachhochschule des bfi-Wien Gesellschaft m.b.H., Wien/Österreich, S. 23–39. https://www.fh-vie.ac.at/var/em_plain_site/storage/original/application/e580f9ab6417bb935838b5ad5219c1e9.pdf. Zugegriffen: 14.09.2018.

Kersten, W., P. Hohrath und M. Winter. 2008. Risikomanagement in Wertschöpfungsnetzwerken – Status quo und aktuelle Herausforderungen. In: Supply Chain Risk Management, Schriftenreihe zur Wirtschaftswissenschaftlichen Forschung und Praxis, Band 8, Hrsg. Fachhochschule des bfi-Wien Gesellschaft m.b.H., Wien/Österreich, S. 7–21. https://www.fh-vie.ac.at/var/em_plain_site/storage/original/application/e580f9ab6417bb935838b5ad5219c1e9.pdf. Zugegriffen: 14.09.2018.

Lasch, R., Chr. Janker, und M. Derno 2015. Risikoorientiertes Lieferantenmanagement. In: Risikomanagement in Supply Chains – Gefahren abwehren, Chancen nutzen, Erfolg generieren, hrsg. Siepermann, Chr., R. Vahrenkamp, und M. Siepermann, 2., neu bearbeitete Auflage, Berlin/Deutschland: Erich Schmidt Verlag, S. 77–99.

Linde Group 2017a. Finanzbericht 2017. Dublin/Irland https://www.the-linde-group.com/de/images/Linde_Finanzbericht-2017_tcm16-459222.pdf. Zugegriffen: 31.10.2018.

Linde Group 2017b. Corporate Responsibility Bericht 2017. Dublin/Irland https://www.the-linde-group.com/de/images/Corporate_Responsibility_Bericht_2017_de_tcm16-460543.pdf. Zugegriffen: 04.01.2019.

Lufthansa Group 2017. Geschäftsbericht 2017. https://investor-relations.lufthansagroup.com/fileadmin/downloads/de/finanzberichte/geschaeftsberichte/LH-GB-2017-d.pdf. Zugegriffen: 31.10.2018.

Loew, T., J. Clausen, und F. Rohde 2011. CSR und Risikomanagement: Gesetzliches und freiwilliges Risikomanagement und die Rolle von Corporate Social Responsibility, Berlin/Deutschland. http://www.4sustainability.de/fileadmin/redakteur/bilder/Publikationen/Loew-Clausen-Rohde_CSR_und_Risikomanagement_2011.pdf. Zugegriffen: 06.05.2018.

Loew, T., und S. Braun. 2018. Mindestanforderungen und Obergrenzen für die Inhalte der nichtfinanziellen Erklärung. Interpretation der neuen HGB-Regelungen zur nichtfinanziellen Berichterstattung aus Sicht der Lage- und der Nachhaltigkeitsberichterstattung. Empfehungen an Unternehmen und Politik. http://www.4sustainability.de/fileadmin/pdf/Loew-Braun-Mindestanforderungen-Obergrenzen-nichtfinanzielle-Erklaerung-2018.pdf. Zugegriffen: 09.02. 2019.

OECD (Hrsg.) 2011. OECD-Leitsätze für multinationale Unternehmen, OECD-Publishing. Paris/Frankreich. http://www.oecd.org/corporate/mne/48808708.pdf. Zugegriffen: 21.01.2018.

Rat für nachhaltige Entwicklung (RNE) (Hrsg.) 2017. Der Deutsche Nachhaltigkeitskodex – Maßstab für nachhaltiges Wirtschaften, 4. Aktualisierte Fassung 2017. Berlin/Deutschland. https://www.deutscher-nachhaltigkeitskodex.de/Documents/PDFs/Sustainability-Code/DNK_Broschuere_2017. Zugegriffen: 12.02.2019.

Rat für nachhaltige Entwicklung (RNE) (Hrsg.) 2018a. Der DNK im Sinne des CSR-Richtlinie-Umsetzungsgesetzes (CSR-RUG) – Eine Orientierungshilfe für Anwender. 3. Fassung, 08. Mai 2018. Berlin/Deutschland. https://www.deutscher-nachhaltigkeitskodex.de/fileadmin/user_upload/dnk/dok/leitfaden/20180213_Anwendungshilfe_DNK_CSR_RUG_Anwender.pdf. Zugegriffen: 22.08.2018.

Rat für nachhaltige Entwicklung (RNE) (Hrsg.) 2018b. DNK-Jahresbilanz 2018: es gab viel zu lesen, es bleibt viel zu tun. (Pressemitteilung). Berlin/Deutschland. https://www.deutscher-nachhaltigkeitskodex.de/de-DE/Home/News/Press-Releases/2018/Jahresbilanz-2018-es-gab-viel-zu-lesen,-es-bleibt. Zugegriffen: 22.02.2019.

Rat für nachhaltige Entwicklung (RNE) (Hrsg.) 2018c. Der Deutsche Nachhaltigkeitskodex – Lessons Learned – Meilensteine in der Entstehung und Weiterentwicklung des Transparenzstandards. Berlin/Deutschland. https://www.deutscher-nachhaltigkeitskodex.de/de-DE/Documents/PDFs/Sustainability-Code/DNK-Meilensteine. Zugegriffen: 15.03.2019.

Rat für nachhaltige Entwicklung (RNE) (Hrsg.) 2019. Leitfaden zum Deutschen Nachhaltigkeitskodex – Orientierungshilfe für Einsteiger. Berlin/Deutschland. https://www.nachhaltigkeitsrat.de/wp-content/uploads/2019/01/DNK_Leitfaden_BITV_DE_190226_1.pdf. Zugegriffen: 15.03.2019.

Rat für nachhaltige Entwicklung (RNE) (Hrsg.) o.J.-a. Der Nachhaltigkeitskodex – Kriterien. Berlin/Deutschland. https://www.deutscher-nachhaltigkeitskodex.de/de-DE/Home/DNK/Criteria. Zugegriffen: 25.11.2018.

Rat für nachhaltige Entwicklung (RNE) (Hrsg.) o.J.-b. Der Nachhaltigkeitskodex – über den DNK. Berlin/Deutschland. https://www.deutscher-nachhaltigkeitskodex.de/de-DE/Home/DNK/DNK-Overview. Zugegriffen: 25.11.2018.

Rat für nachhaltige Entwicklung (RNE) o.J.-c. Datenbank. Berlin/Deutschland. https://www.deutscher-nachhaltigkeitskodex.de/de-DE/Home/News/Sustainability-Code/2018/The-DNK-in-the-sense-of-the-CSR-RUG. Zugegriffen: 24.02.2019.

Stibbe, R., M. Voigtländer, und T. Pilger. 2014. GRI4-Guidlines: Anpassungsschritte und neue Herausforderungen für das CSR-Controlling. Zeitschrift für erfolgsorientierte Unternehmensführung 26(3): 181–188.

Stibbe, R. 2017. Globales Life-Cycle-Controlling – Footprinting in der Praxis. Wiesbaden/Deutschland: Springer-Gabler.

Volkswagen AG 2017. Transformation gestalten – Nachhaltigkeitsbericht 2017. https://www.volkswagenag.com/presence/nachhaltigkeit/documents/sustainability-report/2017/Nichtfinanzieller_Bericht_2017_d.pdf. Wolfsburg/Deutschland. Zugegriffen: 03.01.2019.

5 Schlussbetrachtung aus Ausblick – CSR-Risikomanagement erreicht große Unternehmen und KMU

Die vorstehende Analyse hatte die Zielsetzung, den aktuellen CSR-Paradigmenwechsel in seiner Relevanz für sämtliche CSR-Ebenen zu erläutern. Es wurde gezeigt, dass zahlreiche Unternehmen ihrer gesellschaftlichen Verantwortung in den globalen Wertschöpfungs- und Lieferantenketten auf dem Prinzip der Freiwilligkeit in der Vergangenheit nicht nachgekommen sind. Die Politik nimmt die Unternehmen daher in die Pflicht. CSR-Risikomanagement auf der Basis teils verbindlicher politischer Vorgaben sowie eine gesetzlich vorgeschriebene CSR-Berichterstattungspflicht prägen das aktuelle CSR-Verständnis in der Unternehmenspraxis. Auf der Grundlage empirischer Studien wurde deutlich, dass die Einhaltung international vereinbarter Leitlinien und Leitsätze in den Wertschöpfungs-und Lieferantenketten als entscheidender Erfolgsfaktor in den Modulen „Gesellschaft" und „Wettbewerbsvorteil" genannt werden kann. Sogenannte CSR-Champions orientieren sich an international relevante CSR-Verhaltenskodizes (z. B. OECD-Leitsätze für multinationale Unternehmen, VN-Leitprinzipien für Wirtschaft und Menschenrechte, UN-Global-Compact) und implementieren ein CSR-Risikomanagement entlang ihrer Wertschöpfungs-und Lieferantenketten.

Vor dem Hintergrund der vorstehenden Analyse wurde gezeigt, dass eine zielorientierte CSR-Erfolgssteuerung ohne eine präzise Messung der CSR-Erfolgsgrößen nicht auskommt. Im vorstehenden Zusammenhang wurden die zahlreichen betriebswirtschaftlichen Besonderheiten von CSR-diskutiert und adäquate Instrumente und Konzepte der CSR-Erfolgssteuerung vorgestellt. Es wurde deutlich, dass in der Praxis zwei Perspektiven des Risikomanagement zu unterschieden sind. Mithilfe zahlreicher Good-Practice-Beispiele wurden die Stärken und Schwächen der beiden Risikomanagementansätze aus der Sicht der CSR-Erfolgssteuerung gegenübergestellt.

Zum Abschluss der Analyse wurden auf der Basis anerkannter Berichterstattungsrahmenwerke (GRI-SRS, DNK) und zahlreichen Good-Practice-Beispielen Implementierungsschritte für ein CSR-Risikomanagement aufgezeigt und Möglichkeiten einer CSR-Berichterstattung gemäß CSR-RUG und NAP erläutert. Es wurde deutlich, dass die enge Orientierung an die GRI-SRS den berichterstattenden Unternehmen die Möglichkeit bietet, CSR als dualen Erfolgsfaktor zu implementieren. Die Leser konnten auf der Basis der vorstehenden Analyse erkennen, dass die Berichterstattungsvorgaben gemäß GRI-SRS aufgrund der Pflichtvorgaben für CSR-Einsteiger und kleine Unternehmen nicht immer empfehlenswert sind. Die vorstehende Analyse zeigte allerdings, dass auch zahlreiche KMU erkannt haben, das sich eine CSR-Implementierung rentiert, indem Türen für Absatzmärkte geöffnet und Risiken und Reputationsschäden vermieden werden. Es wurde im vorstehenden Zusammenhang deutlich, dass mit zunehmender Relevanz insbesondere kleine Unternehmen die vergleichsweise unkomplizierte DNK-Berichterstattung nutzen, die im Gegensatz zu den GRI-SRS zahlreiche „Comply-or-Explain"-Möglichkeiten zulässt. Good-Practice-Beispiele verdeutlichten, dass insbesondere CSR-Einsteiger die DNK-Berichterstattungsvorgaben zur schrittweisen Umsetzung einer Nachhaltigkeitsberichterstattung gemäß CSR-RUG und NAP sowie Implementierung eines glaubwürdigen und effektiven CSR-Risikomanagement heranziehen. Aktuelle statistische Erhebungen bestätigen, dass KMU bezüglich der Implementierung von CSR-Risikomanagementprozessen noch einen Nachholbedarf haben. Viele KMU haben allerdings ihren Lernprozess in Richtung CSR-Implementierung eingeleitet und befinden sich auf der Überholspur.